全ての日本人は
神様108柱から
分け御霊を
いただいている

全解説!!
宇宙誕生から日本人誕生までの本当の歴史

伊原聖麿
IHARA SHOMA

幻冬舎 MC

全ての日本人は神様108柱から分け御霊をいただいている

— 全解説!! 宇宙誕生から日本人誕生までの本当の歴史

目 次

まえがき ——————————————————————————— 9

第1章　宇宙 誕生 ——————————————————————— 11

　　　1　宇宙は7,000万の宇宙で構成されている　　12

　　　2　宇宙は12種類の次元で構成されている　　13

　　　3　神様より上の存在1,054柱　　13

　　　4　神様19,995柱が誕生　　14

第2章　地球 誕生 ——————————————————————— 17

　　　1　地球の海底に存在する3次元の善良な宇宙人の世界　　18

　　　2　地球にいる3次元の善良な宇宙人98柱　　18

　　　3　人間 誕生　　18

　　　4　地球にいる3次元の善良な宇宙人148柱　　21

　　　5　龍神様 誕生　　21

　　　6　仏様 誕生　　22

　　　7　日本人 誕生　　23

　　　8　天皇 誕生　　25

　　　9　人間から上を目指しておられる存在8,995柱　　26

　　　10　霊から創世神までの能力の違い　　27

第3章　私が御縁をいただいている神様 ————————— 29

　　　1　素盞嗚尊様の御縁　　30

　　　2　角杙神様の御縁　　32

　　　3　活杙神様の御縁　　33

第4章 全ての日本人は神様に守られている ——— 39

1 日本人は、100％神様の分け御霊をいただいている　40

2 神様の分け御霊108柱を構成している神様　41

（1）造化三神　41

（2）別天津神　42

（3）神世七代　43

（4）造化三神と神世七代の子供　45

（5）造化三神と宇宙の神の子供　47

（6）別天津神と造化三神の子供の子供　48

（7）別天津神と神世七代の子供の子供　48

（8）神世七代の子供　49

（9）神世七代と造化三神の子供の子供　52

（10）神世七代と神世七代の子供の子供　53

（11）神世七代と造化三神の孫の子供　54

（12）神世七代と神世七代の孫の子供　55

（13）神世七代と宇宙の神の子供　55

（14）造化三神の子供と神世七代の子供の子供　55

（15）造化三神の子供と神世七代の孫の子供　58

（16）神世七代の子供と造化三神の孫の子供　58

（17）神世七代の子供と神世七代の孫の子供　59

3 守護神、守護霊にも守られている　62

第5章 神様誕生に携わった124柱の神様 ——— 63

1 神様の生まれた順番　64

2 神様のエネルギーが強い順番　75

3 神様のランクが高い順番　87

第6章 日本全国の氏神神社の 氏神様を構成している神様 ——— 99

1 日本全国の氏神様が全ての日本人を守ってくれている　100

2 氏神神社の氏神様を構成している男神様の系譜　100

3 氏神神社の氏神様を構成している女神様の系譜　186

第7章 龍神様がおられる 神社100社の神様、龍神様 ——— 269

1 神社におられる神様とエネルギー　270

2 龍神様がおられる神社100社の神様、龍神様　271

 1 北海道神宮　272

 2 箱根森八幡宮　273

 3 蕪嶋神社　273

 4 岩手護國神社　273

 5 厳島神社　274

 6 愛宕神社　274

 7 都々古別神社　馬場　275

 8 大甕神社　276

 9 鹿島神宮　277

 10 一之宮貫前神社　278

 11 氷川神社　総本山　279

 12 川越氷川神社　281

 13 香取神宮　281

 14 浅間神社　283

 15 荏柄天神社　284

 16 鶴岡八幡宮　284

17 江島神社 285

18 寒川神社 286

19 龍藏神社 287

20 諏訪神社 288

21 箱根神社 288

22 九頭龍神社 本宮 290

23 諏訪神社 290

24 新潟懸護國神社 291

25 彌彦神社 292

26 居多神社 293

27 重蔵神社 294

28 気多大社 295

29 尾﨑神社 295

30 若狭彦神社 296

31 浅間神社 296

32 武田神社 297

33 諏訪大社 下社秋宮 298

34 三嶋大社 299

35 日枝神社 300

36 砥鹿神社 里宮 301

37 桃太郎神社 302

38 桜天神社 303

39 熱田神宮 303

40 福王神社 305

41 椿大神社 305

42 猿田彦神社 306

43 伊勢神宮 307

44　皇大神宮　別宮瀧原宮　　309

45　田村神社　　309

46　賀茂神社　　310

47　建部大社　　311

48　元伊勢内宮皇大神社　　312

49　下鴨神社　　313

50　平安神宮　　314

51　護王神社　　315

52　八坂神社　　315

53　藤森神社　　317

54　松尾大社　　318

55　出雲大神宮　　319

56　宇治上神社　　320

57　宇治神社　　321

58　白山神社　　322

59　住吉大社　　322

60　大阪天満宮　　325

61　伊弉諾神宮　　327

62　西宮神社　　328

63　神戸神社　　329

64　春日大社　　330

65　白山神社　　332

66　廣瀬大社　　333

67　大和神社　　334

68　大神神社　　335

69　阿紀神社　宇多秋宮　　337

70　橿原神宮　　338

71　御霊神社　　　339

72　玉置神社　　　339

73　熊野那智大社　　340

74　賣布神社　　　341

75　須佐神社　　　342

76　出雲大社　　　343

77　最上稲荷　　　346

78　由加神社　本宮　　347

79　厳島神社　　　347

80　防府天満宮　　349

81　住吉神社　　　350

82　赤間神宮　　　351

83　田村神社　　　352

84　久礼八幡宮　　353

85　宗像大社　　　353

86　太宰府天満宮　　354

87　鷲尾愛宕神社　　356

88　愛宕神社　　　356

89　住吉神社　　　357

90　本渡諏訪神社　　357

91　宇佐神宮　　　358

92　臼杵護国神社　　360

93　天岩戸神社　東本宮　　360

94　白鬚神社　　　361

95　宮崎神宮　　　362

96　霧島神宮　　　362

97　有盛神社　　　363

98　砂川神社　364

99　世持神社　364

100　浮島神社　364

あとがき ——————————— 366

大切な天命に生きる　366

地球の未来　371

まえがき

　この本を手にとっていただき、ありがとうございます。伊原聖麿と申します。

　この本はひとことで言うならば、神様と日本人との関係について書かれたものです。

　神様といえば、多くの日本人は神社に祀られている神様を思い浮かべると思います。

　日本全国には神社が80,000社あり、そのうち氏神神社は38,888社あります。日本人は初詣や七五三など、折々に神社にお参りしますが、そこにどんな神様や氏神様が祀られているかを知らない人が多いのではないでしょうか。

　実は、私たちは神様の「分け御霊」（神様の魂を分けたもの）をいただいて生まれてきているのですが、ほとんどの人が、その事実を知らずに育っています。かく言う私自身も長い間、そのことを知らずに過ごしてきました。

　そして、日本人には100％、つまり一人の例外もなく、生まれたときに108柱で構成されている神様の分け御霊が入られ、守られて生きているのです（この時代は特別に選ばれた7人に、神様が入られています）。

　一方、日本人以外には、全体の11％の人しか神様の分け御霊が入られていませんし、まして神様が入られている人は一人もいません。

　ここには神様の〝特別な想い〟があります。その想いとは、日本人は14,000柱の神様（なぜ14,000柱の神様なのか第6章で詳しく説明します）に守られて生きていることに誇りを持って生きてほしい、そして世界の人々に先駆けて、平和な世界になるように努力してほしいというものです。

　平和な世界を実現させるためには地球を次元上昇（アセンション）させて、5次元に引き上げることが大切です。私は神様より地球を5次元に引き上げる礎を創るという、大きな、そして非常に重大な天命を与えられて生まれてきました。そして、その天命を全うするためにやり遂げなければならないこととして、次のような使命も神様よりいただいています。

①宇宙、神様、人間、龍神様、仏様、日本人、天皇がどのようにして誕生
　したのか、そのことを正しく伝えること。
②日本全国に38,888社ある氏神神社の氏神様、全国に氏神神社を含め
　80,000社ある神社のうち神様、龍神様がおられる神社から、どんな神
　社にどんな神様、龍神様がおられるのか「伝えるべき神社」を選んで伝
　えること。

　大変な作業ですが、こうしたことができるのは世界中で私しかいないと
2022年4月8日に言われ、まず何をすればいいか考えた結果、この本を書
かせていただくことにしました。

　読者の皆様は、なぜ①②が天命を遂行するために必要なのか疑問に思わ
れるかも知れませんが、①②を通して、自分という人間がどのような経緯
で今ここに存在しているのか、また自分は、どんな神様や龍神様と御縁が
あるのかということを知っていただくためです。
　自分とご縁のある神様を知ることができれば身近に感じられるようにな
り、神様の想いにも気付くことができるのではないでしょうか。

　この本が、神様、龍神様などのことを知るだけでなく、私たちが神様の
「分け御霊」をいただいて生まれてきており、神様に守られて生きている
ことを知るきっかけになれば幸いに存じます。
　なお、この本の内容は全て、この宇宙の神様を創世した神様の上の存在
である活杙神（イクグイノカミ）様に教えていただいたものです。

第1章

宇宙 誕生

第1章　宇宙誕生

1　宇宙は7,000万の宇宙で構成されている

　この宇宙の成り立ちについて説明します。

　宇宙が誕生したとき（239億2,984年前の4月8日0時0分0秒）に、創造主様の祖父祖母にあたる方が同時に誕生し、その方の子供にあたる存在（創造主様の両親）が3,500万柱の夫婦の組み合わせで誕生されました。

　そして、その3,500万柱の夫婦から1〜3柱の創造主様が誕生し、7,000万柱の創造主様が誕生しました。この宇宙は、その7,000万柱の創造主様の宇宙です。これ以上は増えないそうです。

　私たちの住んでいる宇宙は1/7,000万の宇宙で、1/3,500万の創造主様の両親から3柱の創造主様が生まれ、3つの宇宙が誕生しました。

　1つ目が長男の宇宙、2つ目が次男の宇宙、3つ目が長女の宇宙です。そして、地球はその中の3つ目の宇宙になります。

　3つ目の宇宙が誕生したとき（138億3,565年前の11月7日23時0分12秒）に誕生した創造主様が、7,000万の宇宙の創造主様の中でNo.2の力があります。

　そして、3年後の138億3,562年前の11月7日の同じ日に、2つ目の次男の宇宙で誕生したのが創造主様の下のNo.1の方です。

　995年後の138億2,570年前の11月7日の同じ日に、2つ目の次男の宇宙で誕生したのが創造主様の下のNo.2の方です。

　2,897年後の138億668年前の11月7日の同じ日に、2つ目の次男の宇宙で誕生したのが創造主様の下のNo.3の活杙神（イクグイノカミ）様とNo.4の角杙神（ツヌグイノカミ）様です。

　以上の4柱には、この宇宙の創造主様の魂のカケラが入っているので凄い力があります。

　No.1の方は2つ目の宇宙の活杙神様と角杙神様の5親等前の先祖、No.2の方は2つ目の宇宙の活杙神様と角杙神様の4親等前の先祖で、活杙神様と角杙神様も含め2つ目の宇宙から移ってきております。

　ちなみに、1つ目の宇宙が誕生したのは140億158年前の12月4日23時

58分27秒、2つ目の宇宙が誕生したのは139億3,095年前の12月31日23時58分4秒です。

2　宇宙は12種類の次元で構成されている

宇宙には、33次元、11次元、9次元、8次元、5次元、3次元、2次元、1次元と、8次元、5次元、3次元、2次元のもう一つの世界のパラレルワールドの存在があり、12種類の次元で構成されています。

3　神様より上の存在1,054柱

創造主様の命により、活杁神様と角杁神様は自分たちのエネルギーを分け与えながら1,049柱の神様より上の存在を誕生させました。

神様より上の存在は、33次元の1柱が創造主様、11次元に1,019柱、9次元に4柱、8次元に30柱の総計1,054柱で、この宇宙での神様より上の存在になります。

8次元より上には、神様より上の存在しかおらず、18段のピラミッドで構成され、1,054番までのランクがついております。

1段目が創造主様、2段目が創造主様の下のNo.1の方とNo.2の方、No.3の活杁神様とNo.4の角杁神様の4柱です。

角杁神様以外597番までは全て女性で、598番から1,054番までは全て男性になっており、女性のほうが力があるようです。

創造主様はかなり別格で、その下のNo.1の方とNo.2の方、No.3の活杁神様とNo.4の角杁神様の4柱も、その下の5番から1,054番までの神様より上の存在とは別格で、100倍以上のエネルギーがあると教えていただきました。

その中で、1,003番目の11次元のバジャール様（エネルギーが39,728です）と1,007番目の11次元のシーコイ様（エネルギーが39,675です）の2柱が地球の担当で、地球を守ってくれています。

13

第 1 章　宇宙誕生

4　神様19,995柱が誕生

　さらに創造主様の命により、3つ目の宇宙に今の神々様を誕生させるために、11次元の活杁神様と角杁神様は、3親等、2親等、1親等上の先祖10柱の5次元の神様（宇摩志阿斯訶備比古遅神、須比智邇神様、宇比地邇神様、天之常立神様、高御産巣日神様、神産巣日神様、建御名方神様、武甕槌神様、瀬織津姫様、櫛名田比売神様）に2つ目の宇宙から移ってきてもらい、3つ目の宇宙の神様を誕生させました。

　3つ目の宇宙には19,995柱の神様がおり、3つ目の宇宙の神様は、活杁神様、角杁神様の考えで2つ目の宇宙から移ってきてもらった10柱の神様の能力に合わせて誕生させました。

　2つ目の宇宙から移ってきてもらった10柱以外の19,985柱は、活杁神様の子孫で構成されています。その中に、活杁神様と角杁神様から誕生した1,049柱の神様より上の存在から誕生した神様が、3,264柱おられます。

　神様も4段のピラミッドで構成され、19,995番までのランクがついております。11次元の活杁神様、11次元の角杁神様、11次元のバジャール様、11次元のシーコイ様の4柱は神様の上の存在になりますので、数には入っていません。
　1段目が宇摩志阿斯訶備比古遅神様、2段目が大斗乃弁神様、須比智邇神様、意富斗能地神様、宇比地邇神様、阿夜訶志古泥神様、淤母陀流神様、伊邪那岐神様、伊邪那美神様、天之常立神様、天之御中主神様、高御産巣日神様、神産巣日神様、素盞嗚尊様、豊受大神〔イネ〕様、高龗神様、八意思兼命様、天児屋根命様、天太玉命様、活杁神様と高御産巣日神様の長男のクロノス様（ギリシャのトップ）、と次男のティーターン様（フランスとイタリアとスイスとベルギーとスロバキアとオーストリアの6カ国のトップ）の2柱が日本以外で唯一おります。また、神様より上の存在の1,049柱から誕生した3,264柱の神様と他の星を守っている神様の1,068柱で4,332柱、3段目が建御名方神様、武甕槌神様、瀬織津姫様、天照大御神様、櫛名田比売神様……豊雲野神様、国之常立様、……で6,788

14

柱、4段目が8,854柱の構成になっています。

　実は、今から7,998年前に、最初に活杁神様、角杁神様を含め96柱の神様が初めて地球にやってこられたときから、このままでは地球の生命が滅びるのは目に見えていました。日本人が誕生する前に地球にいたのは3,300柱の神様でしたが、日本人を誕生させてから、活杁神様と角杁神様の指示により素晴らしい星である地球を残すため、他の星から多くの神様が移ってこられ、17,100柱の神様がおられるようになりました。そして、日本には14,000柱の神様がおられるようになり、神の国と呼ばれるようになりました。現在は他の星を守りながら日本を守ってくれております。

　また、地球の神様は5つの地域に分かれて、全て4段のピラミッドで構成されています。

　日本で14,000柱、ギリシャで1,100柱、フランスとイタリアとスイスとベルギーとスロバキアとオーストリアの6カ国で704柱、インドとタイとフィリピンとシンガポールとラオスとマレーシアとベトナムの7カ国で896柱、中国とモンゴルで400柱の神様です。

　この5つの地域のトップは、日本のトップが活杁神様の2親等目の天照大御神様、ギリシャのトップが活杁神様の1親等目のクロノス様、フランスとイタリアとスイスとベルギーとスロバキアとオーストリアの6カ国のトップが活杁神様の1親等目のティーターン様、インド、タイ、フィリピン、シンガポール、ラオス、マレーシア、ベトナムの7カ国のトップと中国、モンゴルの2カ国のトップは活杁神様の3親等になります。全て3段目以上の上位の神様だと教えていただきました。

　日本の神様のランクは、この宇宙の神様のランクとは違い、大斗乃弁神様の指示で、1段目が天照大御神様、2段目が天之常立神様、天之御中主神様、高産巣日神様、神産巣日神様、素盞嗚尊様、豊受大神〔イネ〕様、高龗神様、八意思兼命様、天児屋根命様、天太玉命様、豊雲野神様、国之常立神様の12柱、3段目が建御名方神様、武甕槌神様、瀬織津姫様、櫛名田比売神様……で4,996柱、4段目が7,545柱という構成になっていま

第 1 章　宇宙 誕生

す。

　宇摩志阿斯訶備比古遅神様、大斗乃弁神様、須比智邇神様、意富斗能地神様、宇比地邇神様、阿夜訶志古泥神様、淤母陀流神様、伊邪那岐神様、伊邪那美神様の9柱と、神様より上の存在から誕生した神様3,264柱のうちの日本の神様になっている神様1,437柱は別格で、日本のピラミッドに入っておりません。

　19,995柱の神様は、124億年以上前に全て誕生しており、現在は意図的に新しい神様は誕生させておらず、今（2022年）から188年後の2210年から40年かけて、活杤神様と角杤神様から長女、次女、長男、次男の順番に4柱の神様を誕生させるそうです。

　活杤神様は、この宇宙では創造主様の下のNo.3ですが、エネルギーは創造主様の次に高いと教えていただきました。

　また、活杤神様と角杤神様は統合していなくても、3つ目の宇宙の神様とは別格で、200倍以上のエネルギーがあると教えていただきました。活杤神様と角杤神様が統合したときには、計り知れないエネルギーになると教えていただきました。もちろん統合しても創造主様とは格段に差があるそうです。

第 2 章

地球 誕生

第2章　地球 誕生

1　地球の海底に存在する3次元の善良な宇宙人の世界

　52億3,224年前の地球の誕生と同時に、3次元の善良な宇宙人（95億9,999年前に11次元の神様より上の存在が遺伝子操作により誕生させた3次元の宇宙人から誕生した存在）19柱が他の星から地球に移り住むようになり、宇宙人の海底の世界が誕生しました。現在は272柱の宇宙人が海底に住んでいます。仏様の下の存在になるそうです。

　11次元の神様より上の存在が、遺伝子操作により誕生させた3次元の宇宙人は315種類おり、その3次元の宇宙人から地球人を含め多くの宇宙人が誕生しています。

2　地球にいる3次元の善良な宇宙人98柱

　7億997年前に地球に3次元の善良な宇宙人（18億6,862年前に11次元の神様より上の存在が、遺伝子操作により誕生させた存在）9柱が住むようになり、現在は98柱が地球を守りながら住んでいます。龍神様の下の存在になるそうです。

　81柱目から98柱目の3次元の善良な宇宙人が、地球を5次元に引き上げるために、神様がいないアメリカに力を貸しています。

　10柱目から14柱目の宇宙人5柱は、私の家の約200メートル上空によくおられて、見守ってくれています。真っ白の宇宙人です。

3　人間 誕生

　地球にいる3次元の善良な宇宙人9柱が、神様が地球に来られる前で恐竜が生まれる前の4億889年前に、遺伝子操作により日本人以外の11種類の人間を誕生させました。したがって、地球は日本人を含め12種類の人間で構成されています。

　日本人以外は、4億889年前に遺伝子操作により誕生していますので、405 〜 410回の輪廻転生が行われているそうです。

18

☆DNAが違う11種類の人種の国

①エスワティニ、ガイアナ、ガンビア、クロアチア、グアドループ島、グリーンランド、グレナダ、ケイマン諸島、サントメ・プリンシペ、デンマーク、ドイツ、ハイチ、バーレーン、バハマ、パラグアイ、米領サモア、米領バージン諸島、ロシア

②アイスランド、アルバ、アルバニア、アルメニア、オーストラリア、カナダ、コートジボワール、ココス諸島、サモア、スイス、トケラウ諸島、バヌアツ、パプアニューギニア、ピトケアン島、ブルネイ、プエルトリコ、マレーシア、モザンビーク、ルーマニア、ルクセンブルク

③アイルランド、アンギラ、イタリア、ギニア、ギリシャ、クウェート、サンピエール島・ミクロン島、シリア、ジョンストン島、スウェーデン、チャネル諸島、セルビア、ソマリア、チェコ、東ティモール、フランス、フランス領ギアナ、フランス領ポリネシア、ポーランド、モルディブ、リヒテンシュタイン、ルワンダ

④ウクライナ、英国、オーストリア、オランダ、北マリアナ諸島、コソボ、コモロ連合、ザンビア、スペイン、セントクリストファー・ネイビス、セントビンセント及びグレナディーン諸島、セントヘレナ島、セントルシア、チャド、フェロー諸島、バルバドス、マン島、ベルギー、ポルトガル、マダガスカル、ジブラルタル

⑤カシミール、キプロス、キルギス、クリスマス島、グアテマラ、グアム、ジブチ、スリランカ、タークス諸島・カイコス諸島、ナウル、ノルウェー、バングラディシュ、フォークランド（マルビナス）諸島、米国、ベラルーシ、ボツワナ、マラウイ、モーリタニア、モルドバ、モンセラット、モンテネグロ、ヨルダン、リビア、リベリア

⑥アンドラ、ウガンダ、エストニア、北マケドニア、キリバス、クック諸島、シエラレオネ、シンガポール、スリナム、セネガル、ソロモン

諸島、南極大陸、西サハラ、ニューカレドニア、ニュージーランド、ネパール、ノーフォーク島、バチカン市国、パキスタン、フィンランド、ブルキナファソ、ホンジュラス、マイヨット島、ミッドウェー諸島、モロッコ

⑦アフガニスタン、ウルグアイ、ガボン、北朝鮮、韓国、ギニアビサウ、スバールバル諸島・ヤンマイエン諸島、タイ、タジキスタン、中国、ベナン、マーシャル諸島、マルチニーク島、ミクロネシア連邦、モーリシャス、モナコ、リトアニア

⑧ウェーク島、コスタリカ、ジンバブエ、台湾、タンザニア、ニカラグア、パラオ、フィリピン、ベトナム、ペルー、ラオス、レソト、ワリス・フテュナ諸島

⑨アルゼンチン、アンゴラ、イスラエル、オマーン、カタール、キューバ、コンゴ共和国、サンマリノ、ジョージア、スーダン、スロベニア、セイシェル、赤道ギニア、チリ、トルクメニスタン、ドミニカ共和国、ドミニカ国、ナミビア、パナマ、パレスチナ、ブラジル、ブルガリア、ブルンジ、ベネズエラ、ボスニア・ヘルツェゴビナ、マカオ、マリ、マルタ、南アフリカ、南スーダン、ミャンマー、メキシコ、モンゴル、レユニオン

⑩イラク、イラン、ウズベキスタン、エジプト、エリトリア、エルサルバドル、カーボヴェルデ、カザフスタン、カメルーン、カンボジア、コンゴ民主共和国、サウジアラビア、スロバキア、トーゴ、ニウエ、ハンガリー、フィジー諸島、ブータン、ベリーズ、ボリビア、ラトビア、レバノン

⑪アゼルバイジャン、アルジェリア、アラブ首長国連邦、アンティグア・バーブーダ、イエメン、インド、インドネシア、エクアドル、エチオピア、ガーナ、ケニア、コロンビア、ジャマイカ、中央アフリカ、チュニジア、ツバル、トリニダード・トバゴ、トルコ、トンガ、

ナイジェリア、ニジェール、バミューダ諸島

4 地球にいる3次元の善良な宇宙人148柱

8,576年前に、地球に17柱の3次元の善良な宇宙人（12億2,277年前に11次元の神様より上の存在が、遺伝子操作により誕生させた3次元の宇宙人から誕生した存在）が他の星から地球に移り住むようになり、現在は148柱が地球を守りながら住んでいます。3次元の善良な宇宙人98柱の下の存在になるそうです。

主にアメリカ大陸を守っていると教えていただきました。

霊能者によく、「地球を創ったのは……」と話しかけてくる神様と名乗る方は、3次元の善良な宇宙人98柱とこの善良な宇宙人148柱だと教えていただきました。

※宇宙人が人間を誘拐するという話を聞いたことがあるかと思いますが、その目的は人間にチップを入れて観測するためだそうです。そういうことをするのは地球にいる宇宙人ではなく、他の星の宇宙人で、他にもたくさんの宇宙人が観測のために地球に来ていると教えていただきました。

5 龍神様 誕生

龍神様は、稚産霊神様と田道間守命様の長男と阿夜訶志古泥神様の三男と活杙神様から誕生した三女の神様が、6,601年前に長女の金龍様、6,600年前に次女の金龍様、6,600年前に長男の金龍様、6,596年前に次男の金龍様の4柱の龍神様を誕生させました。

そして、長女の金龍様と長男の金龍様の12柱目の子供に女性の銀龍様が誕生し、13柱目の子供に男性の銀龍様が誕生しました。

さらに、長女の金龍様と男性の銀龍様から長女黄龍様と長男黄龍様が誕生、

長女の金龍様と長男の黄龍様から長女白龍様と長男白龍様が誕生、

長女の金龍様と長男の白龍様から長女黒龍様と長男黒龍様が誕生、

第2章　地球誕生

　長女の金龍様と長男の黒龍様から長女赤龍様と長男赤龍様が誕生、
　長女の金龍様と長男の赤龍様から長女朱龍様と長男朱龍様が誕生、
　長女の金龍様と長男の朱龍様から長女青龍様と長男青龍様が誕生。
　全8種類となり、今（2022年11月7日現在）の2,411柱の龍神様が誕生しています。

　内訳は、No.1の金龍様92柱、No.2の銀龍様298柱、No.3の黄龍様330柱、No.4の白龍様276柱、No.5の黒龍様374柱、No.6の赤龍様433柱、No.7の朱龍様455柱、No.8の青龍様153柱です。神様の下の存在になるそうです。
　龍神様には日本の神様の家来（眷属）の役割があり、活杙神様、角杙神様と2,409柱の神様の家来をしておられます。
　No.1の長女の金龍様は活杙神様の家来、No.2の次女の金龍様は角杙神様の家来、No.3の長男の金龍様は大斗乃弁神様の家来などです。龍神様は、初めは海外にもいましたが、4,277年前から日本にしかいなくなりました。

6　仏様 誕生

　仏様については、天照大神様と豊雲野神様と迦具土神様が6,338年前にインドで阿弥陀如来様、薬師如来様、金剛法菩薩様、薬上菩薩様、愛染明王様、金剛夜叉明王様、大黒天様、月天様の8柱を誕生させました。
　そして、そこから現在の8,781柱（如来様965柱、菩薩様2,998柱、明王様2,995柱、天様1,823柱）の仏様が誕生しました。3次元の善良な宇宙人148柱の下の存在になるそうです。
　仏様も日本の神様の家来の役割があり、如来様、菩薩様、明王様は神様1柱、天様は神様2柱か3柱の家来をしておられ、11,591柱の神様の家来をしておられます。
　No.1の大日如来様は天照大神様の家来、No.2の阿弥陀如来様は家都御子神様の家来、No.3の薬師如来様は素盞嗚尊様の家来などです。
　また、亡くなった方で、過去世が神様の人以外の全ての人は、天界で仏様の化身になり修行されるそうです。

7 日本人 誕生

　日本人の誕生についても教えていただきました。

　今から7,998年前に、最初に活杁神様、角杁神様、神様より上の存在15柱、神様79柱が初めて地球にやってきて地球を観測していました。

　しかし、このままでは地球が滅びるのが目に見えていることから、今から3,022年前の紀元前1,000年（縄文時代末期）に、活杁神様と角杁神様は自らを11次元から3次元に変更し（この宇宙で次元の変更ができるのは、創造主様と創造主様の魂のカケラが入っているNo.1の方とNo.2の方とNo.3の活杁神様とNo.4の角杁神様の5柱だけだそうです）、260年の間地上界（日本）に降りられ、長男長女の順に16組の夫婦の組み合わせで32人の子供を、魂の成長のため他の人間の能力に合わせて誕生させました。

　そして、32人全ての子供に神様を入れられたと教えていただきました。

　ここからが、日本人の始まりになります。

　16組の夫婦が32人の子供を全てこのときからお腹から誕生させ、300年後に天界に戻られました。それからは今の寿命になりました。

　1の筋から16の筋に入れられていた神様
・1の筋
　　長男に素盞嗚尊様、長女に高龗の神様（私の先祖）
・2の筋
　　次男に八意思兼命様、次女に天児屋根命様（ツインレイの先祖）
・3の筋
　　三男に天太玉命様、三女に誉田別命様（私の母方の先祖）
・4の筋
　　四男に賀茂別雷神様、四女に熊野夫須美神様（ツインレイの母方の先祖）
・5の筋
　　五男に稚産霊神様、五女に天手力男命様
・6の筋
　　六男に少彦名命様、六女に大山祇神様

・7の筋
　七男に家都御子神様、七女に多岐都姫命様
・8の筋
　八男に天目一箇命様、八女に天之御影命様
・9の筋
　九男に火雷神様、九女に神産巣日神様
・10の筋
　10男に稚日女命様、10女に熱田神様
・11の筋
　11男に瀬織津姫神様、11女に大山咋神様
・12の筋
　12男に市杵島姫命様、12女に多紀理姫命様
・13の筋
　13男に高御産巣日神様、13女に大国主命様
・14の筋
　14男に久久能智神様、14女に伊奢沙別命様
・15の筋
　15男に天石門別命様、15女に天日槍命様
・16の筋
　16男に天照大御神様、16女に熊野速玉男神様です。

　日本人のアイヌ民族は10の筋、琉球民族は11の筋、ウィルタ民族は12の筋、ニヴフ民族は12の筋、サンカは12の筋、家船は12の筋で誕生していると教えていただきました。

　ロシアに純日本人が262人（12の筋）いるそうです。ロシアには、純日本人でない12の筋の人が212人いるとも教えていただきました。

　そして、現在は純粋な日本人は全体の78％しかいないと教えていただきました。

　日本人は全員が1〜16の筋で生まれ、全員が神様の血筋になりますので、日本人は必ず日本人としてでしか生まれず、99％以上同じ筋で生まれてくるとも教えていただきました。

そこから輪廻転生（日本人は270年から570年の間で生まれ変わっている）を繰り返し、現在、8回目の輪廻転生が2人（私とツインレイ）、7回目の輪廻転生が27人（昭和に亡くなられた人が4人、平成に亡くなられた人が2人、その前はいない）、6回目の輪廻転生が全体の約1/3、5回目の輪廻転生が全体の約1/3、4回目の輪廻転生も全体の約1/3で構成されていて、3回目、2回目、1回目の輪廻転生の人はいないそうです。

日本人が誕生するまで日本列島にはユダヤ人が住んでいました。彼らはとても徳が高い人たちでしたので、活代神様と角代神様が、神様が入られた子供を誕生させたので、「私たちは出ていきます」と言って全員自ら日本を出ていき、今のラオスの国を創ったと教えていただきました。したがって、ラオス人の先祖はユダヤ人になるそうです。現在、ラオスにはユダヤ人の子孫が全人口の68％になるそうです。

8　天皇 誕生

そして、16男（天照大御神様が入られていた）と16女（熊野速玉男神様が入られていた）の夫婦の32人目の子供の孫が、初代天皇の神武天皇になります。そして、神武天皇から現在に至るまで、天皇家は純粋な日本人として神様の血筋を引き継いでおります。

天皇家を中心に日本を守るために、伊邪那岐神様、伊邪那美神様、素盞嗚尊様、高龗神様、天照大御神様、家都御子神様、熊野夫須美神様、熊野速玉男神様、多紀理姫命様、市杵島姫命様、多岐都姫命様、豊受大神〔ムギ〕様、稲田姫命様、天御柱命様、国御柱命様、経津主命様、伊奢沙別命様、饒速日命様、五十猛命様、保食神様、田道間守命様、高倉下命様、天穂日命様、大年神様、大禍津日神様、矢乃波波木神様、天忍穂耳命様、金精神様、衣通姫様、哭沢女神様の30柱の神様のうち、1柱以上がその時代の天皇家の誰かの身体に神様として入られ、天皇家と日本を守っていると教えていただきました。

神様が身体に入っている人は、神様の分け御霊が入っている人と能力はそこまで変わらなくても、20倍以上の力を発揮できる可能性があると教えていただきました。

第2章　地球誕生

　天皇は日本国を守るために戦いを繰り返していましたが、それは外国から攻めてきた人たちとの戦いでした。

　また、天皇だけは最大3つの魂が入っていて、今までの天皇の65％以上に3つの魂が入っていたとも教えていただきました（3つの魂が入っていたということは、3人に過去世の同じ記憶があるということです）。

　そして、私は、活代神様の過去世以降は6回全て天皇として生まれ、6回全て素盞嗚尊様が神様として入ってくれていた、と教えていただきました。

　私の過去世の3回目の景行天皇の過去世の魂を持っている人がもう1人おり、その方には素盞嗚尊様の分け御霊が入られています。

　4回目の文武天皇の過去世の魂を持っている人ももう1人おり、その方には国御柱命様の分け御霊が入られています。

　5回目の安徳天皇の過去世の魂を持っている人ももう1人おり、その方には伊邪那美神様が神様で入られています。他の3天皇は、私1人の過去世だと教えていただきました。

9　人間から上を目指しておられる存在8,995柱

　神様ではないのですが、神様、龍神様、3次元の善良な宇宙人、仏様の下にいて人間の魂から上を目指しておられる存在が、地球に今（2022年11月7日現在）8,995柱おられるそうです。そして、神様の下は5段から8段で構成されていて、世界の4つの地域も一緒になっていると教えていただきました。

　今のところ、5段目は3次元の善良な宇宙人98柱と148柱のみで、6段目に上がっている人は誰もいないそうです。

　7段目は42柱で、8段目が8,953柱で、日本人は7段目に16柱、8段目に578柱いると教えていただきました。有名な方では、空海様の魂を持った人、日蓮聖人様の魂を持った人が7段目に、織田信長様の魂を持った人、菅原道真様の魂を持った人が8段目にいると教えていただきました。

　人間から上を目指されている8,995柱の方も生まれ変わるそうで、空海様は、生まれ変わりの3回目が空海様で、その後2回生まれ変わっています。日蓮聖人様は、生まれ変わりの3回目が日蓮聖人様で、その後2回生

まれ変わっています。織田信長様は、生まれ変わりの4回目が織田信長様で、その後1回生まれ変わっています。菅原道真様は、生まれ変わりの3回目が菅原道真様で、その後3回生まれ変わっています。

龍神様、仏様はピラミッドには入ってないそうです。

10 霊から創世神までの能力の違い

- 霊
  - →0〜3
- 人間（96％以上の方は0〜1で構成されています）
  - →0〜6
- 神様に仕えていないキツネ
  - →2〜4
- 神様に仕えているキツネ
  - →2〜4
- 人間から上を目指しておられる存在
  - →3〜7
- 妖怪
  - →2〜10
- 妖精様（座敷童子は10）
  - →1〜12
- 天使様
  - →19〜27
- 天様
  - →26〜27
- 明王様
  - →29〜30
- 海底に存在する3次元の善良な宇宙人
  - →29〜33
- 菩薩様
  - →32〜33
- 如来様

第2章　地球 誕生

　　　→34 〜 36
・3次元の善良な宇宙人148柱
　　　→47 〜 52
・3次元の善良な宇宙人98柱
　　　→77 〜 88
・龍神様
　　　→118 〜 138
・神様
　　　→16,498 〜 28,111
・神様より上の存在1,049柱
　　　→38,212 〜 52,267
・角杙神様（創世神）
　　　→7,588,238
・活杙神様（創世神）
　　　→7,727,797

第 3 章

私が御縁を
いただいている神様

第3章　私が御縁をいただいている神様

1　素盞嗚尊様の御縁

　幼少期の私は、周りの子供たちと比べていろいろな能力が劣っていたために、親はずいぶん心配し、病院でMRI検査をして調べてもらったこともあったそうです。

　学校の先生には私の兄弟と比較されたり、周りからは本当に兄弟なのかと酷くけなされ、屈辱的で本当に辛い辛い幼少期を過ごしてきました。子供心に、この世界に自分が生きている必要があるのかとよく考えていました。

　でも、私には他の子供たちにはない能力がありました。それは神様とお話ができることでした。辛くてたまらないときなど、神様に「なぜ私をこんなふうに生んだのですか？」とよく話しかけていました。

　私の問いかけに対して、神様は何度かビジョンを見せてくれました。それは次のようなものでした。私が天使のような格好をして角杙神様と遊んでいるときに、創造主様から集まるように言われ、私を含めて6柱が集まって何やら話し合うことになりました。そこで、私が創造主様に、「能力を全て剥ぎ取って私自ら生まれます」と宣言して、自ら望んで能力を全て剥ぎ取って生まれてきたという、そういうビジョンでした。

　それから数十年後の2022年4月6日にようやく能力が戻り、子供の頃からいつも話しかけ、何度もビジョンを見せてくれていたのは、私の身体に入っておられる神様の素盞嗚尊様だとようやく分かるようになりました。素盞嗚尊様に道を標していただき、いつも守られながら過ごしていたことを知り、感謝の気持ちでいっぱいになりました。

　今は、過去が全てどうだったのか聞きながら分かるようになりましたので、創造主様に言われて集まって話し合っていた6柱は、神世七代の活杙神様、角杙神様、須比智邇神様、意富斗能地神様、宇比地邇神様、淤母陀流神様だったと分かりました。

　しかし、なぜ能力を全て剥ぎ取って生まれないとダメだったのかという理由については分からず、いつも疑問に思っていました。そこには深い意味があったようです。

30

一つには、周りと比べて能力がないことで弱い人の気持ちを理解し、ピュアな心を保つために必要だったとのこと。もう一つは、能力がなくて覚えが悪いことでエリート街道を歩まず、「地球を守る」という、私に与えられた一番大切な天命を全うさせるためとのことでした。

　そのおかげで、ピュアな心を保つことができ、素盞嗚尊様から子供の頃から何度もビジョンを降ろしていただき道標を受け取ることができ、大切な天命を全うするために絶対に必要だった活杙神様との統合ができたのでした。

　素盞嗚尊様が降ろしてくれていたビジョンの中でも、特によく降ろしてくれていたビジョンがあります。それは、生まれる前にいた天界で、創造主様から、「2柱（活杙神様と角杙神様）で力を合わせて天命をまっとうするんだぞ」と言われていたビジョンで、私はそれを何度も見せていただきながら育ちました。

　子供の頃は、何なんだろうと不思議に思っていましたが、今は大切な天命を全て思い出したことで、天命を2柱で全うするんだぞという創造主様からの応援だったんだとようやく理解することができました。

　私が今まで生きてこられたのは、創造主様、神様たち、そして能力がない私を責めることなく育ててくれた母親のおかげだと思うと、感謝の気持ちでいっぱいになりました。

　ところで、私が12歳のときの10月6日の4時51分に、素盞嗚尊様に「弟は日本武尊だからな」と教えていただきました。

　そして、同じ年の12月27日の4時37分に、再び素盞嗚尊様が話しかけてきてくれたときに、「私は誰ですか？」と尋ねたら「日本武尊の父親だ」と教えてくれたので、私の3回目の過去世が景行天皇だと分かりました。

　今思えば、こういうことを軽率に人に話すべきではなかったのですが、13歳のときについ調子に乗って、そのときのお告げをうっかり人に話してしまい、頭がおかしい人扱いされてしまったことがあります。

　ショックのあまり、自分はおかしい人間なんだと思い込んで心を閉ざしてしまい、メンタルブロック（心の壁）ができてしまいました。それでも

31

第3章　私が御縁をいただいている神様

素盞嗚尊様はビジョンを降ろしてくれていましたが、大切なときにしか神様と話をしなくなってしまい、大切な天命を全うすることをすっかり忘れて日々を平凡に過ごしてしまっていました。

　この想定外の出来事で、能力が戻るのにかなりの時間がかかることになり、大変苦労しましたが、天命を思い出すのは、予定より144日早かったと教えていただきました。

2　角杙神様の御縁

　そして、2019年7月25日11時27分に、約束して生まれてきた運命の人（角杙神様の過去世の魂で、高龗神様が身体に入っている私の魂の片割れである方）Mさんとの再会を果たしました。

　素盞嗚尊様が2020年3月22日20時31分に、私が22歳のときの5月17日3時57分と5月20日3時57分に角杙神様が天界から話しかけてくれていた同じビジョンを降ろしてくださったことで、消されていた記憶がよみがえり、このMさんが本当に運命の人だと確信することができました。

　また、2021年5月28日15時57分には、生まれる前の天界で創造主様から、「2柱［活杙神様（私）と角杙神様（Mさん）］で力を合わせて天命をまっとうするんだぞ」と言われていたビジョンを素盞嗚尊様が降ろしてくださったおかげで、大切な天命をすっかり忘れてしまっていたことにようやく気が付くことができました。

　しかし、まだ奥にある大切な天命がはっきりと分からずもがいていたところ、「奥にある泉を掘りあてろ！　メンターに出会えるぞ」という道標をいただき、ようやく私の過去世のときに私の母であった方と再会することができました。その方は、株式会社Central&Mission 代表取締役西澤裕倖先生です。

　西澤先生に初めてお会いしたときに過去世のビジョンが降りてきましたが、そのときには確信もありませんでしたので、そこでは何も言いませんでした。

　そして西澤先生が主宰されているDNAシフトセラピスト養成講座を受

けさせていただくことで、メンタルブロックがなくなり、能力が戻ってきたのです。おかげで神様とまた話ができるようになり、未来も見えるようになりました。そして、先生が私の過去世のときに私の母であったこともはっきりと分かりました。

　西澤先生の志は本当に素晴らしく、世界中の人が自分の使命に気が付いて行動すれば争いがなくなり、平和な世界になると信じ、そのような世界の実現を目指して行動しておられます。DNAの書き換えの仕方を惜しみなく伝える姿にも本当に頭が下がります。
　西澤先生との出会いでようやく奥にある大切な天命を全て思い出すことができました。先生には本当に感謝の気持ちでいっぱいです。
　私は先生とは別の角度からにはなりますが、私の大切な天命をやりきらなければなりませんので、そのために生きていきます。本当にありがとうございました。

3　活柷神様の御縁

　冒頭でもお伝えしましたように、この本の内容は全て活柷神様に教えていただいたことです。ここではその活柷神様の存在について書かせていただきます。H先生との出会いが始まりになります。
　H先生は神様を起こしたり降ろしたり、神様とお話ができる高い能力をお持ちの方です。凄い先生がおられるという噂を聞いて、私もぜひお目にかかりたいと思い、アポを取って先生に鑑定してもらうことにしました。
　初対面で挨拶をして席に座ろうとしたときに、「あなた、見える人でしょう」と一瞬で私の能力に気が付かれました。噂通り凄い方で信用できると思い、「実は神様が御霊で見えるんです」と伝えました。
　まさに運命的な出会いでした。それから数カ月後には奉仕でH先生の脇侍（わきじ）をするようになり、神様に携わることが非常に多くなりました。

　この出会いのおかげで定期的に鑑定をしてもらうようになり、そのある鑑定中に、私が2歳〜15歳のときに素盞嗚尊様が108回、12歳のときに高龗神様が2回、11歳〜13歳のときに磐長姫の神様が8回、私の住んで

いる家の床下の地面のこのあたりに宝があると何度も言われていたビジョンが降りてきました。

そこで、H先生にそのことを伝え、何度も探しましたが見つからなかったので、先生に「何の宝でしょうか」と尋ねると、「神様に聞いてみましょう」と言って、神様に聞いてくれました。

そして、先生はビックリした表情で、「凄いね！ その宝はあなたが生まれたときに、あなたと一緒に降りてこられたあなたの一番最初の過去世の神様ですよ」と驚きながら教えてくれました。なんと、宝の正体は私の一番最初の過去世の神様だったのです。

「あなた、最初の過去世が神様なんだね」と、そのことにもビックリしていました。「心が非常に綺麗だと、あなたによく言っていたが、そういうことか」とも言われました。

そして先生に、私の一番最初の過去世の神様とは「神世七代の活杙神様」だと教えていただき、活杙神様が身体に戻してほしいと言われているので戻したほうが良いとのことでした。そこで、日程を調整していただき、2016年5月25日15時59分51秒に私の身体に戻していただきました。そのとき凄いエネルギーが身体に充満し、とても暖かくなったのを今でもはっきり憶えています。

H先生に、神様がついている人は何人か見たことがあるが、身体に入ってるのを見るのは初めてだ、と言われました。しかし、私の身体に入っている素盞嗚尊様の存在と、H先生自身の身体に入っている伊邪那岐神様には気が付いておられませんでした。

私には、活杙神様が入っているので分かるのですが、素盞嗚尊様1柱のみでは分からなかったとも教えていただきました。本当にありがたいことです。

H先生と出会うことは生まれる前から決まっていたようで、H先生でなければ活杙神様を私の身体に戻すことはできませんでした。H先生と出会ったときにそのビジョンが降りてくるようにしていたと教えていただきました。

また、H先生は日本一霊能力（能力が6）がある方で、神様の言葉を57％正確に聞き取れているのはH先生以外にはいないことや、H先生は過

去世が神様（大屋都姫命と多岐都姫命の三女）で、地球と他の星を守っている神様であることなども教えていただきました。

　活杙神様は、最初は私の身体の真ん中におられましたが、2016年6月30日の3時58分59秒に左足に移動され、何かあったら筋肉反射でピクピク動いて教えてくれていました。そして、2020年6月30日の3時58分59秒に、右足に角杙神様が入ってくれました。右足がピクピク動いてくれたのですぐに分かりました。
　活杙神様は、角杙神様が入られるのは想定されていて、左足に動いたそうです。角杙神様は活杙神様が左足に入られていたので右足に入ることができましたが、他の神様は入ることできないとも教えていただきました。私の身体にはすでに素盞嗚尊様がオヘソより下に入られていますので、このときから3柱が入ってくれていたことになります。

　活杙神様によると、人間の身体に神様が2柱以上入るのは初めての試みだそうです。それまで神様が入って分け御霊が違うのは2回あり、1回目が地球と他の星を守っている大国主命様と天穂日命様の次男の神様の魂を持っている67代三条天皇、2回目は今回で須比智邇神様の魂を持っている方になるそうです。そのときは全て天照大御神様の神様と天之御中主神様の分け御霊の組み合わせで入られていて、天之御中主神様は必要な大切な時期にしか入らず、神様が2柱以上入るのは初めてだと教えていただきました。
　活杙神様と角杙神様以外の神様は、生まれて30日後に自分たち（活杙神様と角杙神様）が決めた神様しか人間の身体に入れないようになっていると教えていただきました。

　私は別として、今でも神様の言葉を58％以上正確に聞き取れている人は、この地球にはいません。間違って聞き取った40％以上の言葉を神様の言葉だと思っている人（多くは霊能者）は、神様に仕えていないキツネ等に騙されています。神様の話は基本的に端的に話されて終わりますが、その後から話してくるので神様の言葉が続いていると勘違いしているのです。キツネも自分は偉いと勘違いして神様になりきって話してくるので、

35

途中から騙されてしまうようです。長い話をされた場合は、7割以上騙されてるそうです。

　キツネ等は、人間より能力が高いため教えてあげたくなり、悪気なく話してきます。菩薩界から先祖や身内の方が霊能者に話してくるのは、全てキツネ等です。その方の気持ちをくむことができる能力があるので話してきますが、キツネ等がその人の先祖や身内の方と話しているわけではありません。菩薩界から話しかけることはできないそうです。

　しかし、キツネ等の話を聞き取れるということは能力があるということです。能力が0.5以上で聞き取りが可能だそうです。修行すれば誰でも0.5以上になれるそうですので、キツネ等は悪気はないので、菩薩界の方と話がしたい方は、修行してキツネ等に頼むのもいいかも知れません。宗教などで先祖に聞いてみますねというのは、全てキツネ等にきいていますから、簡単な質問なら大丈夫ですが、キツネ等は、過去世など難しい質問は分かりません。

　しかし、キツネ等が調子に乗り、最初から神様になりきって話しかけてくる場合もあり、日本人が、霊能者から過去世は外国人と言われた場合は、その霊能者はキツネに一部騙されていますので、もう一度その霊能者が話されている神様もしくは仏様に「○○の神様もしくは○○の仏様ですよね」と聞き直してもらってください。

　本当の神様は絶対に日本人の過去世を外国人ということはありえません。霊能者にはどうしてもキツネが途中で割り込んで話してくるそうなので、長い話をされたり、神様どうしの悪口などおかしな内容はキツネ等が調子に乗り騙してきていますので、その都度何度も話されている神様もしくは仏様に確認し聞き直してもらってください。そのように聞くとキツネは抵抗できないようですので、おかしいと思ったら聞き直してみてください。神様仏様の聞き取りが50％以上ある方は60％を超えられると活杙神様も言われていますので、参考にしてください。

　能力が10以上になると騙されることがなくなり、能力が26以上になると神様が私のためになることでも嘘をつかなくなり、能力が27以上になると思考が入らなくなると教えていただきました。

私は神様のおかげで騙されることも、思考が入ることもなく聞き取れているのだと教えていただきました。

　神様からは、その人が騙されていても、そのことを教えると意識し過ぎて神様のお言葉も聞き取れなくなる可能性が高いので、教えないように決めていると教えていただきました。40%でも神様のお言葉を聞き取り伝えてくれることを嬉しく思われているからです。

　また、50%以上聞き取れている方はかなり優秀で、地球には102人しかおらず、日本には18人しかいないと教えていただきました。

第4章

全ての日本人は
神様に守られている

第4章　全ての日本人は神様に守られている

1　日本人は、100％神様の分け御霊をいただいている

　活柷神様から、全ての日本人には生まれたときに神様108柱で構成された神様の分け御霊が入れられているが、故意に悪い行いをすると出ていかれ、現在（2022年11月7日現在）生きている方のうち15,533人の方から、神様の分け御霊が身体から出ていかれていると教えていただきました。

　人間に生まれ変わっている神様の過去世の魂を持っている方は、神代七世の神様5人と、地球と他の星を守っている神様が35人、地球以外の他の星を守っている神様が3人の合計43人。この人たちが時代毎に約7等分毎に分かれて生まれてきていたが、この時代は特別に神代七世の神様5人、地球と他の星を守っている神様が32人、地球以外の他の星を守っている神様1人が生まれてきており、残りの5人も5次元に切り換わるまでのこの大切な時代に全て生まれてくると、活柷神様から教えていただきました。一度に集結するのも初めてで、それほどこの時代が大切だということです。

　日本人で神様が身体についている人は695人、この時代には特別に神様が身体に入っている人が以下のように7人います。

神代七世の神様5人と神様が入られている2人
①活柷神様（1回目活柷神様本人、2回目〜8回目素盞嗚尊様が神様、8回目だけ途中から活柷神様、角柷神様の神様も入られています）
②角柷神様（1回目角柷神様本人、2回目〜8回目高龗神様が神様として入られています）
③大斗乃弁神様（1回目〜6回目天御柱命様、7回目豊受大神〔イネ〕様が神様として入られています）
④須比智邇神様（7回全て天照大御神様が神様、7回目だけ天之御中主神様の分け御霊も入られています）
⑤阿夜訶志古泥神様（7回全て豊受大神〔ムギ〕様が神様として入られています）
⑥大屋都姫命と多岐都姫命の三女の神様の過去世を持っておられるH先

40

生（今回は伊邪那岐神様が神様として入られています）

⑦過去世が神様ではなく、天皇家の方（今回は伊邪那美神様が神様として入られています）

　日本人の先祖の始まりは活杙神様、角杙神様ですので、日本人の最初の先祖は全ての人が神様になります。あと、この時代には特別にいろんな筋で生まれていますが、今まで神様が入られているのは、51回素盞嗚尊様が入られている1の筋の私の先祖以外は、天皇家の16の筋にしか入っていません。現在の天皇家には神様の過去世の人が4人おられるとも教えていただきました。

　日本人で仏様が身体についている人は15,552人で、仏様が身体に入っている人は699人います（2022年11月7日現在）。

　神様は、神様として身体に一度入ると死ぬまでずっと一緒だそうですが、仏様は身体に入っても、この人は駄目だと思うと出たり入ったりします。身体に入って身体の半分以上の大きさになったら身体から出ることはないそうです。身体の半分以上になって天界に一緒に行ったのは、外国人4名、日本人5名の9名しかいないそうです。

2　神様の分け御霊108柱を構成している神様

　神様の分け御霊108柱は、造化三神、別天津神、神世七代、2つ目の宇宙から来られた5柱の親族から構成されています

（1）造化三神

● 天之御中主神

（アメノミナカヌシノカミ・男）分け御霊1柱　16番目に古い

　宇摩志阿斯訶備比古遅神と活杙神の九男。

　※天之御中主神様は大斗乃弁神様の旦那様です。

　※長男、次男、長女、次女、三男、四男、五男、三女、六男、七男、八男、四女、五女は、他の星の神様になっています。

第4章　全ての日本人は神様に守られている

● 高御産巣日神
　（タカミムスビノカミ・男）分け御霊1柱　3番目に古い
　　2つ目の宇宙の神（男）と天之常立神の五男
　　※高御産巣日神様は神産巣日神様の旦那様です。

● 神産巣日神
　（カミムスビノカミ・女）分け御霊1柱　4番目に古い
　　2つ目の宇宙の神（男）と天之常立神の八女
　　※神産巣日神様は高御産巣日神様の奥様です。

（2）別天津神

　　塩土老翁神様、櫛名田比売神様、建御名方神様、武甕槌神様は、別天津神ではありませんが、別天津神の場所に記載しています。

● 宇摩志阿斯訶備比古遅神
　（ウマシアシカビヒコヂノカミ・男）　1番目に古い
　　2つ目の宇宙の神（男）と2つ目の宇宙の神（女）の長男
　　※宇摩志阿斯訶備比古遅神様は豊受大神〔イネ〕の旦那様です。

● 天之常立神
　（アメノトコタチノカミ・女）　2番目に古い
　　2つ目の宇宙の神（男）と2つ目の宇宙の神（女）の長女

● 塩土老翁神
　（シオツチノオジノカミ・男）分け御霊9柱　65番目に古い
　　2つ目の宇宙の神（男）と2つ目の宇宙の神（女）の八男
　　※別天津神ではありません。三兄弟です。
　　※塩土老翁神様は、2つ目の宇宙より途中から来られました。

● 櫛名田比売神
　（クシナダヒメノカミ・女）分け御霊7柱　5番目に古い
　　2つ目の宇宙の神（男）と2つ目の宇宙の神（女）の次女

※2つ目の宇宙の神（男）は同じで2つ目の宇宙の神（女）が違うの
　　で、宇摩志阿斯訶備比古遅神様、天之常立神様、塩土老翁神様とは
　　腹違いの兄弟です。
　※別天津神ではありません。
　※櫛名田比売神様は素盞嗚尊様の奥様です。

● 建御名方神
（タケミナカタノカミ・男）分け御霊11柱　6番目に古い
　宇摩志阿斯訶備比古遅神と2つ目の宇宙の神（女）の七男
　※別天津神ではありません。

● 武甕槌神
（タケミカヅチノカミ・男）分け御霊8柱　7番目に古い
　宇摩志阿斯訶備比古遅神と2つ目の宇宙の神（女）の八男
　※別天津神ではありません。
　※武甕槌神様は多岐都姫命様の旦那様です。

（3）神世七代
　瀬織津姫神様は神世七代ではありませんが、神世七代の場所に記載して
います。

● 国之常立神
（クニノトコタチノカミ・女）　47番目に古い
　国御柱命と瀬織津姫神の次女
　※国之常立神様は豊雲野神様の奥様です。

● 豊雲野神
（トヨクモノカミ・男）　48番目に古い
　国御柱命と瀬織津姫神の次男
　※豊雲野神様は国之常立神様の旦那様です。

43

第4章　全ての日本人は神様に守られている

● 瀬織津姫神
（セオリツヒメノカミ・女）分け御霊8柱　8番目に古い
　高御産巣日神と神産巣日神の長女
　※神世七代ではありません。
　※瀬織津姫神様は家都御子神様の奥様です。

● 宇比地邇神
（ウヒヂニノカミ・男）　9番目に古い
　高御産巣日神と神産巣日神の長男

● 須比智邇神
（スヒヂニノカミ・女）　10番目に古い
　高御産巣日神と神産巣日神の次女
　※宇比地邇神様（兄）と須比智邇神様（妹）は双子で夫婦です。

● 角杙神
（ツヌグイノカミ・男）神様1柱　分け御霊1柱　12番目に古い
　宇比地邇神と須比智邇神の長男

● 活杙神
（イクグイノカミ・女）神様1柱　11番目に古い
　宇比地邇神と須比智邇神の長女
　※角杙神様と活杙神様が、私たちが住んでいるこの宇宙の神様と神様の
　　上を創生した神様です。
　※角杙神様（弟）と活杙神様（姉）は双子で夫婦です。

● 意富斗能地神
（オホトノジノカミ・男）　18番目に古い
　角杙神と活杙神の長男

● 大斗乃弁神
（オホトノベノカミ・女）　17番目に古い

角代神と活代神の長女

※意富斗地神様（弟）と大斗乃弁神様（姉）は双子ではありません。

※大斗乃弁神様は天之御中主神様の奥様です。

● 淤母陀流神

（オモダルノカミ・男）　23番目に古い

　意富斗能地神と大斗乃弁神の長男

● 阿夜訶志古泥神

（アヤカシコネノカミ・女）　22番目に古い

　意富斗能地神と大斗乃弁神の長女

※淤母陀流神様（弟）と阿夜訶志古泥神様（姉）は双子ではなく夫婦です。

● 伊邪那岐神

（イザナギノカミ・男）神様1柱　分け御霊5柱　24番目に古い

　意富斗能地神と大斗乃弁神の次男

※伊邪那岐神様は菊理媛神様の旦那様です。

● 伊邪那美神

（イザナミノカミ・女）神様1柱　分け御霊6柱　25番目に古い

　意富斗能地神と大斗乃弁神の次女

※伊邪那岐神様（兄）と伊邪那美神様（妹）は双子ではありません。

※伊邪那美神様は大国主命様の奥様です。

（4）造化三神と神世七代の子供

● 天御柱命

（アメノミハシラノミコト・女）　分け御霊1柱　39番目に古い

　天之御中主神と大斗乃弁神の長女

※天御柱命様は役行者様の奥様です。

45

第4章　全ての日本人は神様に守られている

● 国御柱命
（クニノミハシラノミコト・男）　分け御霊3柱　40番目に古い
　　天之御中主神と大斗乃弁神の長男

● 豊受大神 アワ
（トヨウケノオオカミ・女）　分け御霊8柱　41番目に古い
　　天之御中主神と大斗乃弁神の次女

● 役行者
（エンノギョウジャ・男）　分け御霊8柱　42番目に古い
　　天之御中主神と大斗乃弁神の次男
　　※役行者様は天御柱命様の旦那様です。

● 誉田別命
（ホンダワケノミコト・男）　分け御霊13柱　49番目に古い
　　高御産巣日神と国之常立神の長男

● 天之御影命
（アメノミカゲノミコト・男）　分け御霊82柱　50番目に古い
　　高御産巣日神と国之常立神の次男
　　※天之御影命様は熱田神様の旦那様です。

● 天目一箇命
（アメノマヒトツミコト・男）　分け御霊2柱　51番目に古い
　　高御産巣日神と国之常立神の三男

● 熱田神
（アツタノカミ・女）　分け御霊82柱　52番目に古い
　　高御産巣日神と国之常立神の長女
　　※熱田神様は天之御影命様の奥様です。

● 八意思兼命

（ヤゴコロオモイカネノミコト・女）　分け御霊17柱　13番目に古い

　高御産巣日神と活杙神の長女

　※八意思兼命様は賀茂別雷神様の奥様です。

● 天児屋根命

（アメノコヤネノミコト・女）　分け御霊22柱　14番目に古い

　高御産巣日神と活杙神の次女

　※天児屋根命様は高龗神様の奥様です。

● 天太玉命

（アメノフトダマノミコト・女）　分け御霊8柱　15番目に古い

　高御産巣日神と活杙神の三女

　※三姉妹の弟である長男がギリシャのクロノス、次男がヨーロッパの
　　ティーターンの神様です。

　※クロノスと天太玉命の三男がゼウスの神様です。

● 賀茂別雷神

（カモワケイカヅチノカミ・男）　分け御霊880柱　26番目に古い

　淤母陀流神と神産巣日神の長男

　※賀茂別雷神様は八意思兼命様の旦那様です。

（5）造化三神と宇宙の神の子供

● 吉備津彦命

（キビツヒコノミコト・男）　分け御霊8,800,000柱　76番目に古い

　宇宙の神（男）と神産巣日神の長男

　※宇宙の神は、活杙神様と熊野速玉男神の次男、他の星の神様になって
　　います。

● 神大市姫命

（カミオオイチヒメノミコト・男）　分け御霊8,800,000柱　77番目に古
い

第4章　全ての日本人は神様に守られている

宇宙の神（男）と神産巣日神の次男
※宇宙の神は活杙神様と熊野速玉男神の次男、他の星の神様になっています。

● 柿本人麿
（カキノモトノヒトマロ・男）　分け御霊8,800,000柱　78番目に古い
宇宙の神（男）と神産巣日神の三男
※宇宙の神は活杙神様と熊野速玉男神の次男、他の星の神様になっています。

（6）別天津神と造化三神の子供の子供

● 底筒男命
（ソコツツノオノミコト・女）　分け御霊10柱　97番目に古い
塩土老翁神と天御柱命の長女
※底筒男命様は玉祖命様の奥様です。

● 中筒男命
（ナカツツノオノミコト・男）　分け御霊11柱　98番目に古い
塩土老翁神と天御柱命の長男
※中筒男命様は伊奢沙別命様の旦那様です。

● 上筒男命
（ウワツツノオノミコト・男）　分け御霊8柱　99番目に古い
塩土老翁神と天御柱命の次男
※底筒男命様、中筒男命様、上筒男命様が住吉三神です。

（7）別天津神と神世七代の子供の子供

● 須勢理姫神
（スセリヒメノカミ・女）　分け御霊8,800柱　79番目に古い
素盞鳴尊と櫛名田比売神の長女

● 大禍津日神

（オオマガツヒノカミ・男）　分け御霊8柱　68番目に古い
　建御名方神と天照大御神の長男

● 矢乃波波木神

（ヤノハハキノカミ・男）　分け御霊13柱　71番目に古い
　建御名方神と天照大御神の次男

● 奥津彦命

（オキツヒコノミコト・男）　分け御霊8,800柱　72番目に古い
　建御名方神と天照大御神の三男

● 奥津姫命

（オキツヒメノミコト・女）　分け御霊8,800柱　73番目に古い
　建御名方神と天照大御神の長女

● 天忍穂耳命

（アメノオシホミミノミコト・女）　分け御霊8柱　86番目に古い
　武甕槌神と天照大御神の長女
　※天忍穂耳命様は火雷神様の奥様です。

(8) 神世七代の子供

● 磐長姫命

（イワナガヒメノミコト・女）　分け御霊4柱　59番目に古い
　豊雲野神と国之常立神の長女

● 木花咲耶姫神

（コノハナサクヤヒメノカミ・女）　分け御霊11柱　61番目に古い
　豊雲野神と国之常立神の三女
　※次女は他の星の神様になっています。

第4章　全ての日本人は神様に守られている

● 天日槍命
（アメノヒボコノミコト・女）　分け御霊880,000柱　80番目に古い
　　豊雲野神と大斗乃弁神の長女

● 天香山命
（アメノカグヤマノミコト・女）　分け御霊880,000柱　81番目に古い
　　豊雲野神と大斗乃弁神の次女

● 天火明命
（アメノホアカリノミコト・女）　分け御霊880,000柱　82番目に古い
　　豊雲野神と大斗乃弁神の三女
　　※天火明命様は保食神様の奥様です。

● 素盞嗚尊
（スサノオノミコト・男）　神様1柱　分け御霊7柱　19番目に古い
　角杙神と活杙神の次男
　※素盞嗚尊様は櫛名田比売神様の旦那様です。

● 豊受大神 イネ
（トヨウケノオオカミ・女）　神様1柱　20番目に古い
　角杙神と活杙神の次女
　※豊受大神〔イネ〕は伊勢神宮の外宮に祀られています。
　※豊受大神〔イネ〕は宇摩志阿斯訶備比古遅神様の奥様です。

● 高龗神
（タカオカミノカミ・男）　神様1柱　分け御霊7柱　21番目に古い
　角杙神と活杙神の三男
　※高龗神様は天児屋根命様の旦那様です。
　※四男、五男、六男は、他の星の神様になっています。
　※四男は2035年10月5日に生まれてきます（宇摩志阿斯訶備比古遅神
　　様が初めて人間の身体に神様として入られる）。
　※五男は2037年6月12日に生まれてきます（大国主命様が初めて人間

50

の身体に神様として入られる）。

※六男は私の弟として生まれています（誉田別命様の分け御霊が入られている）。

● 天照大御神

（アマテラスオオミカミ・女）　神様1柱　分け御霊2柱　27番目に古い
　意富斗能地神と大斗乃弁神の三女

● 月読命

（ツキヨミノミコト・男）　分け御霊27柱　28番目に古い
　意富斗能地神と大斗乃弁神の三男
　※月読命様は稚産霊神様の旦那様です。

● 大国主命

（オオクニヌシノミコト・男）　分け御霊8柱　29番目に古い
　意富斗能地神と大斗乃弁神の四男
　※大国主命様は伊邪那美神様の旦那様です。
　※五男は他の星の神様になっています。

● 家都御子神

（ケツミコノカミ・男）　分け御霊8柱　30番目に古い
　淤母陀流神と阿夜訶志古泥神の長男
　※家都御子神様は瀬織津姫神様の旦那様です。

● 熊野夫須美神

（クマノフスミノカミ・女）　分け御霊6柱　31番目に古い
　淤母陀流神と阿夜訶志古泥神の長女

● 熊野速玉男神

（クマノハヤタマノオノカミ・男）　分け御霊3柱　32番目に古い
　淤母陀流神と阿夜訶志古泥神の次男
　※家都御子神様、熊野夫須美神様、熊野速玉男神様が熊野三社です。

第4章　全ての日本人は神様に守られている

● 多紀理姫命

（タギリヒメノミコト・女）　分け御霊17柱　33番目に古い
　伊邪那岐神と伊邪那美神の長女

● 市杵島姫命

（イチキシマヒメノミコト・女）　分け御霊17柱　34番目に古い
　伊邪那岐神と伊邪那美神の次女
　※市杵島姫命様は少彦名命様の奥様です。

● 多岐都姫命

（タギツヒメノミコト・女）　分け御霊4柱　35番目に古い
　伊邪那岐神と伊邪那美神の三女
　※多岐都姫命様は武甕槌神様の奥様です。

● 豊受大神 ムギ

（トヨウケノオオカミ・女）　神様1柱　分け御霊6柱　36番目に古い
　伊邪那岐神と伊邪那美神の四女

● 稲田姫命

（イナダヒメノミコト・女）　分け御霊880柱　37番目に古い
　伊邪那岐神と伊邪那美神の五女
　※稲田姫命様は経津主命様の奥様です。

● 稚産霊神

（ワクムスビノカミ・女）　分け御霊19柱　38番目に古い
　伊邪那岐神と伊邪那美神の六女
　※稚産霊神様は月読命様の奥様です。
　※多紀理姫命様、市杵島姫命様、多岐都姫命様が宗像三神です。

（9）神世七代と造化三神の子供の子供

● 宇迦之御魂神

（ウカノミタマノカミ・女）　分け御霊880,000柱　87番目に古い

役行者と国之常立神の長女

● 豊玉姫命

（トヨタマヒメノミコト・女）　分け御霊880,000柱　88番目に古い
　役行者と国之常立神の次女

● 弟橘媛命

（オトタチバナヒメノミコト・女）分け御霊880,000柱　89番目に古い
　役行者と国之常立神の四女

● 鸕鷀草葺不合尊

（ウガヤフキアエズノミコト・女）　分け御霊8,800,000柱　90番目に古
い
　役行者と国之常立神の五女
　※三女、長男、次男は他の星の神様になっています。

● 菊理媛神

（ククリヒメノカミ・女）　分け御霊3柱　45番目に古い
　国御柱命と瀬織津姫神の長女
　※菊理媛神様は伊邪那岐神様の奥様です。

● 経津主命

（フツヌシノミコト・男）46番目に古い
　国御柱命と瀬織津姫神の長男
　※経津主命様は稲田姫命様の旦那様です。

（10）神世七代と神世七代の子供の子供

● 大山咋神

（オオヤマクイノカミ・女）　分け御霊880,000柱　83番目に古い
　豊雲野神と豊受大神〔イネ〕の長女
　※大山咋神様は稚日女命様の奥様です。

53

第4章　全ての日本人は神様に守られている

● 大山祇神
（オオヤマヅミノカミ・男）　分け御霊880,000柱　84番目に古い
　豊雲野神と豊受大神〔イネ〕の長男
　※大山祇神様は迦具土神様の旦那様です。

● 若宇加能売命
（ワカウカノメノミコト・女）　85番目に古い
　豊雲野神と豊受大神〔イネ〕の次女
　※若宇加能売命様は饒速日命様の奥様です。

● 豊受大神 ヒエ
（トヨウケノオオカミ・女）　分け御霊4柱　44番目に古い
　大国主命と伊邪那美神の長女

（11）神世七代と造化三神の孫の子供

● 天石門別命
（アメノイワトワケノミコト・男）　分け御霊19柱　54番目に古い
　伊邪那岐神と菊理媛神の長男
　※天石門別命様は豊受大神〔コメ〕様の旦那様です。

● 少彦名命
（スクナヒコナノミコト・男）　分け御霊18柱　55番目に古い
　伊邪那岐神と菊理媛神の次男
　※少彦名命様は市杵島姫命様の旦那様です。

● 伊奢沙別命
（イザサワケノミコト・女）　分け御霊19柱　53番目に古い
　経津主命と伊邪那美神の長女
　※伊奢沙別命様は中筒男命様の奥様です。

（12）神世七代と神世七代の孫の子供

● 金毘羅神

（コンピラシン・女）　分け御霊8,800,000柱　63番目に古い

　淤母陀流神と天宇受売命の長女

　※金毘羅神様は彦火火出見命様の奥様です。

（13）神世七代と宇宙の神の子供

● 磐鹿六雁命

（イワカムツカリノミコト・女）　分け御霊19柱　74番目に古い

　宇宙の神（男）と瀬織津姫神の長女

　※宇宙の神は活杙神様と熊野速玉男神の次男、他の星の神様になっています。

● 大宮能売命

（オオミヤノメノミコト・女）　分け御霊8,800柱　75番目に古い

　宇宙の神（男）と瀬織津姫神の次女

　※宇宙の神は活杙神様と熊野速玉男神の次男、他の星の神様になっています。

　※大宮能売命様は猿田彦命様の奥様です。

● 豊受大神 コメ

（トヨウケノオオカミ・女）　分け御霊1柱　43番目に古い

　宇宙の神（男）と阿夜訶志古泥神の長女

　※宇宙の神は活杙神様と大国主命の次男、他の星の神様になっています。

　※毎年正月の1月1日の3時57分に玄関の門松に分身で降りてこられ、1月3日の3時57分までおられる神様（年神様）です。

　※豊受大神〔コメ〕様は天石門別命様の奥様です。

（14）造化三神の子供と神世七代の子供の子供

● 饒速日命

（ニギハヤヒノミコト・男）　分け御霊59柱　56番目に古い

第4章　全ての日本人は神様に守られている

素盞嗚尊と天御柱命の長男
※饒速日命様は若宇加能売命様の旦那様です。

● 猿田彦命
（サルタヒコノミコト・男）　分け御霊66柱　57番目に古い
素盞嗚尊と天御柱の次男
※猿田彦命様は大宮能売命様の旦那様です。

● 天宇受売命
（アメノウズメノミコト・女）　分け御霊4柱　58番目に古い
素盞嗚尊と天御柱命の長女
※天宇受売命様は天津彦根命様の奥様です。

● 五十猛命
（イソタケルノミコト・男）　分け御霊8,800柱　60番目に古い
素盞嗚尊と天御柱命の三男

● 保食神
（ウケモチノカミ・男）　分け御霊8,800柱　62番目に古い
素盞嗚尊と天御柱命の四男
※保食神様は天火明命様の旦那様です。

● 田道間守命
（タジマモリノミコト・男）　分け御霊8,800柱　66番目に古い
素盞嗚尊と天御柱命の五男
※田道間守命様は倭迹迹日百襲姫命様の旦那様です。

● 高倉下命
（タカクラジノミコト・男）　分け御霊8,800柱　67番目に古い
素盞嗚尊と天御柱命の六男
※七男、八男、次女、九男は他の星の神様になっています。

● 火雷神

（ホノイカヅチノカミ・男）　分け御霊8,800,000柱　91番目に古い
　誉田別命と熊野夫須美神の長男
　※火雷神様は天忍穂耳命様の旦那様です。

● 天手力男命

（アメノタヂカラオノミコト・男）　分け御霊880柱　92番目に古い
　誉田別命と熊野夫須美神の次男

● 稚日女命

（ワカヒルメノミコト・男）　分け御霊880,000柱　93番目に古い
　誉田別命と熊野夫須美神の三男
　※稚日女命様は大山咋神様の旦那様です。

● 久久能智神

（ククノチノカミ・男）　分け御霊30柱　94番目に古い
　誉田別命と熊野夫須美神の四男

● 気長足姫神

（オキナガタラシヒメノカミ・女）　分け御霊12柱　95番目に古い
　誉田別命と熊野夫須美神の長女

● 武内宿禰

（タケノウチノスクネ・男）　分け御霊3柱　96番目に古い
　誉田別命と熊野夫須美神の五男

● 天穂日命

（アメノホヒノミコト・女）　分け御霊880柱　69番目に古い
　高龗神と熱田神の長女
　※天穂日命様は思金神様の奥様です。

第4章　全ての日本人は神様に守られている

● 大年神

（オオトシノカミ・女）　分け御霊880柱　70番目に古い

　高靇神と熱田神の次女

　※大年神様は宇摩志麻遅命様の奥様です。

（15）造化三神の子供と神世七代の孫の子供

● 栲幡千千姫命

（タクハタチヂヒメノミコト・男）　分け御霊880柱　64番目に古い

　役行者と天宇受売命の長男

（16）神世七代の子供と造化三神の孫の子供

● 罔象女神

（ミズハノメノカミ・男）　分け御霊　80柱　114番目に古い

　熊野速玉男神と玉依姫命の四男

● 大屋都姫命

（オオヤツヒメノミコト・男）　分け御霊880,000柱　115番目に古い

　熊野速玉男神と玉依姫命の五男

● 天津彦根命

（アマツヒコネノミコト・男）　分け御霊6柱　116番目に古い

　熊野速玉男神と玉依姫命の六男

　※天津彦根命様は天宇受売命様の旦那様です。

● 大綿津見神

（オオワタツミノカミ・男）　分け御霊8,800,000柱　117番目に古い

　熊野速玉男神と玉依姫命の七男

　※大綿津見神様は衣通姫様の旦那様です。

● 事代主命

（コトシロヌシノミコト・男）　分け御霊880,000柱　118番目に古い

　熊野速玉男神と玉依姫命の八男

※事代主命様は玉依姫命様の旦那様です。

● 阿遅鋤高彦根命
（アジスキタカヒコネノミコト・男）　分け御霊880柱　119番目に古い
　熊野速玉男神と玉依姫命の九男
　※長男、次男、三男は他の星の神様になっています。

（17）神世七代の子供と神世七代の孫の子供

● 玉祖命
（タマノオヤノミコト・男）　分け御霊8,800,000柱　109番目に古い
　五十猛命と市杵島姫命の長男
　※玉祖命様は古事記での火照命（ホデリ＝海幸彦）になります。
　※玉祖命様は底筒男命様の旦那様です。

● 天稚彦命
（アメノワカヒコノミコト・男）　分け御霊8,800,000柱　110番目に古い
　五十猛命と市杵島姫命の次男
　※天稚彦命様は古事記での火須勢理命（ホセリ）になります。

● 天羽槌雄命
（アメノハヅチオノミコト・男）　分け御霊8,800,000柱　111番目に古い
　五十猛命と市杵島姫命の三男
　※天羽槌雄命様は古事記での火遠理命（ホオリ＝山幸彦）になります。

● 玉依姫命
（タマヨリヒメノミコト・女）　分け御霊880柱　112番目に古い
　五十猛命と市杵島姫命の長女
　※玉依姫命様は事代主命様の奥様です。

● 彦火火出見命
（ヒコホホデミノミコト・男）　分け御霊88,000柱　113番目に古い
　五十猛命と市杵島姫命の四男

第4章　全ての日本人は神様に守られている

※彦火火出見命様は金毘羅神様の旦那様です。
※玉祖命様（兄）と天稚彦命様（弟）は双子です。

● 野見宿禰

（ノミノスクネ・女）　分け御霊8,800,000柱　104番目に古い
　田道間守命と多岐都姫命の長女

● 石凝姥命

（イシコリドメノミコト・女）　分け御霊880,000柱　105番目に古い
　田道間守命と多岐都姫命の次女

● 甕布都神

（ミカフツノカミ・女）　分け御霊8,800,000柱　123番目に古い
　高倉下命と多岐都姫命の長女

● 金山彦命

（カナヤマヒコノミコト・女）　分け御霊8,800,000柱　124番目に古い
　高倉下命と多岐都姫命の次女

● 金精神

（コンセイノカミ・男）　分け御霊880柱　106番目に古い
　猿田彦命と稲田姫命の長男

● 思金神

（オモイカネノカミ・男）　分け御霊880柱　107番目に古い
　猿田彦命と稲田姫命の次男
　※思金神様は天穂日命様の旦那様です。

● 衣通姫

（ソトオリヒメ・女）　分け御霊8,800,000柱　108番目に古い
　猿田彦命と稲田姫命の長女
　※衣通姫様は大綿津見神様の奥様です。

● 鹿屋野姫神

（カヤノヒメノカミ・男）　分け御霊880,000柱　120番目に古い
　保食神と稚産霊神の長男

● 大宜都比売神

（オオゲツヒメノカミ・男）　分け御霊8,800柱　121番目に古い
　保食神と稚産霊神の次男

● 哭沢女神

（ナキサワメノカミ・男）　分け御霊8,800柱　122番目に古い
　保食神と稚産霊神の三男

● 宇摩志麻遅命

（ウマシマジノミコト・男）　分け御霊88,000柱　100番目に古い
　饒速日命と若宇加能売命の長男
　※宇摩志麻遅命様は大年神様の旦那様です

● 瓊瓊杵尊

（ニニギノミコト・男）　分け御霊88,000柱　101番目に古い
　饒速日命と若宇加能売命の次男

● 倭迹迹日百襲姫命

（ヤマトトトヒモモソヒメノミコト・女）　分け御霊880,000柱　102番目
に古い。
　饒速日命と若宇加能売命の長女
　※倭迹迹日百襲姫命様は田道間守命様の奥様です。

● 迦具土神

（カグツチノカミ・女）　分け御霊88,000柱　103番目に古い
　饒速日命と若宇加能売命の次女
　※迦具土神様は大山祇神様の奥様です。

第4章　全ての日本人は神様に守られている

　124柱のうち、12柱は分け御霊0柱ですので112柱の分け御霊になりますが、角杙神様と活杙神様と豊受大神様〔イネ〕は、今回は特別に神様と分け御霊で入られました。通常入ることはありません。今回が初めてです。

　天之御中主神様も必要な時代にしか入りませんので、112から4を引いて108柱で構成されています。

　124柱のうち、活杙神様、角杙神様、宇摩志阿斯訶備比古遅神様、大斗乃弁神様、須比智邇神様、意富斗能地神様、宇比地邇神様、阿夜訶志古泥神様、淤母陀流神様、天之常立神様、天之御中主神様、豊受大神〔イネ〕様の12柱以外の112柱の神様から108柱の神様の分け御霊が常に構成されていると教えていただきました。

　この時代には108柱の神様の分け御霊になっていない経津主命様は88柱、国之常立神様は88柱、豊雲野神様は88柱、若宇加能売命様は880柱の分け御霊が用意されております。

　88柱より少ない神様の分け御霊も、全て88柱の分け御霊が用意されております。

　88柱以上の分け御霊は、用意されている分け御霊で記載しています。

3　守護神、守護霊にも守られている

　守護神、守護霊についても教えていただきました。

　守護霊は、父方の先祖関係が4柱、母方の先祖関係が4柱の最大8柱つくことができ、父方の先祖関係の2柱のみついている方は91％以上だそうです。

　守護神、守護霊は、100％夫婦でしかつかないので、2柱か4柱か6柱か8柱で構成されていて、守護神がついている方も夫婦神でついています。

　守護仏は存在しないそうです。

第5章

神様誕生に携わった
124柱の神様

第 5 章　神様誕生に携わった 124 柱の神様

　神様誕生に携わった124柱は、活柆神様、角柆神様の2柱がバランスを
考えて選ばれた神様で、活柆神様の1親等から4親等の神様で構成されて
おり、最初のほうに誕生した神様になっております。ですので、ランクは
別として、こちらの124柱目の神様よりエネルギーが高い神様は、地球に
5,703柱、そのうち、4,322柱が日本におられるそうです。
　神様の誕生には、大斗乃弁神様、須比智邇神様、意富斗能地神様、宇比
地邇神様、阿夜訶志古泥神様、淤母陀流神様、伊邪那岐神様、伊邪那美神
様の8柱が特に多く携わっておられます。
　こちらの124柱には活柆神様、角柆神様が携わっておられますので、お
二方は神様の上の存在ですが、以下に記載しております。

1　神様の生まれた順番

1　宇摩志阿斯訶備比古遅神（ウマシアシカビヒコヂノカミ・男）
　　（2つ目の宇宙の神〈男〉と2つ目の宇宙の神〈女〉の長男）

2　天之常立神（アメノトコタチノカミ・女）
　　（2つ目の宇宙の神〈男〉と2つ目の宇宙の神〈女〉の長女）

3　高御産巣日神（タカミムスビノカミ・男）
　　（2つ目の宇宙の神〈男〉と天之常立神〈女〉の五男）

4　神産巣日神（カミムスビノカミ・女）
　　（2つ目の宇宙の神〈男〉と天之常立神〈女〉の八女）

5　櫛名田比売神（クシナダヒメノカミ・女）
　　（2つ目の宇宙の神〈男〉と2つ目の宇宙の神〈女〉の次女）

6　建御名方神（タケミナカタノカミ・男）
　　（宇摩志阿斯訶備比古遅神〈男〉と2つ目の宇宙の神〈女〉の七男）

64

7　武甕槌神（タケミカヅチノカミ・男）
　　（宇摩志阿斯訶備比古遅神〈男〉と2つ目の宇宙の神〈女〉の八男）

8　瀬織津姫神（セオリツヒメノカミ・女）
　　（高御産巣日神と神産巣日神の長女）

9　宇比地邇神（ウヒヂニノカミ・男）
　　（高御産巣日神と神産巣日神の長男）

10　須比智邇神（スヒヂニノカミ・女）
　　（高御産巣日神と神産巣日神の次女）

11　活杙神（イクグイノカミ・女）
　　（宇比地邇神と須比智邇神の長女）

12　角杙神（ツヌグイノカミ・男）
　　（宇比地邇神と須比智邇神の長男）

13　八意思兼命（ヤゴコロオモイカネノミコト・女）
　　（高御産巣日神と活杙神の長女）

14　天児屋根命（アメノコヤネノミコト・女）
　　（高御産巣日神と活杙神の次女）

15　天太玉命（アメノフトダマノミコト・女）
　　（高御産巣日神と活杙神の三女）

16　天之御中主神（アメノミナカヌシノカミ・男）
　　（宇摩志阿斯訶備比古遅神と活杙神の九男）

17　大斗乃弁神（オホトノベノカミ・女）
　　（角杙神と活杙神の長女）

第 5 章　神様誕生に携わった 124 柱の神様

18　意富斗能地神（オホトノジノカミ・男）
　　（角杙神と活杙神の長男）

19　素盞嗚尊（スサノオノミコト・男）
　　（角杙神と活杙神の次男）

20　豊受大神〔イネ〕（トヨウケノオオカミ・女）
　　（角杙神と活杙神の次女）

21　高龗神（タカオカミノカミ・男）
　　（角杙神と活杙神の三男）

22　阿夜訶志古泥神（アヤカシコネノカミ・女）
　　（意富斗能地神と大斗乃弁神の長女）

23　淤母陀流神（オモダルノカミ・男）
　　（意富斗能地神と大斗乃弁神の長男）

24　伊邪那岐神（イザナギノカミ・男）
　　（意富斗能地神と大斗乃弁神の次男）

25　伊邪那美神（イザナミノカミ・女）
　　（意富斗能地神と大斗乃弁神の次女）

26　賀茂別雷神（カモワケイカヅチノカミ・男）
　　（淤母陀流神と神産巣日神の長男）

27　天照大御神（アマテラスオオミカミ・女）
　　（意富斗能地神と大斗乃弁神の三女）

28　月読命（ツキヨミノミコト・男）
　　（意富斗能地神と大斗乃弁神の三男）

66

29 大国主命（オオクニヌシノミコト・男）
   （意富斗能地神と大斗乃弁神の四男）

30 家都御子神（ケツミコノカミ・男）
   （淤母陀流神と阿夜訶志古泥神の長男）

31 熊野夫須美神（クマノフスミノカミ・女）
   （淤母陀流神と阿夜訶志古泥神の長女）

32 熊野速玉男神（クマノハヤタマノオノカミ・男）
   （淤母陀流神と阿夜訶志古泥神の次男）

33 多紀理姫命（タギリヒメノミコト・女）
   （伊邪那岐神と伊邪那美神の長女）

34 市杵島姫命（イチキシマヒメノミコト・女）
   （伊邪那岐神と伊邪那美神の次女）

35 多岐都姫命（タギツヒメノミコト・女）
   （伊邪那岐神と伊邪那美神の三女）

36 豊受大神〔ムギ〕（トヨウケノオオカミ・女）
   （伊邪那岐神と伊邪那美神の四女）

37 稲田姫命（イナダヒメノミコト・女）
   （伊邪那岐神と伊邪那美神の五女）

38 稚産霊神（ワクムスビノカミ・女）
   （伊邪那岐神と伊邪那美神の六女）

39 天御柱命（アメノミハシラノミコト・女）
   （天之御中主神と大斗乃弁神の長女）

第5章　神様誕生に携わった124柱の神様

40　国御柱命（クニノミハシラノミコト・男）
　　（天之御中主神と大斗乃弁神の長男）

41　豊受大神〔アワ〕（トヨウケノオオカミ・女）
　　（天之御中主神と大斗乃弁神の次女）

42　役行者（エンノギョウジャ・男）
　　（天之御中主神と大斗乃弁神の次男）

43　豊受大神 コメ（トヨウケノオオカミ・女）
　　（宇宙の神〈男〉と阿夜訶志古泥神の長女）

44　豊受大神 ヒエ（トヨウケノオオカミ・女）
　　（大国主命と伊邪那美神の長女）

45　菊理媛神（ククリヒメノカミ・女）
　　（国御柱命と瀬織津姫神の長女）

46　経津主命（フツヌシノミコト・男）
　　（国御柱命と瀬織津姫神の長男）

47　国之常立神（クニノトコタチノカミ・女）
　　（国御柱命と瀬織津姫神の次女）

48　豊雲野神（トヨクモノカミ・男）
　　（国御柱命と瀬織津姫神の次男）

49　誉田別命（ホンダワケノミコト・男）
　　（高御産巣日神と国之常立神の長男）

50　天之御影命（アメノミカゲノミコト・男）
　　（高御産巣日神と国之常立神の次男）

51　天目一箇命（アメノマヒトツミコト・男）
　　（高御産巣日神と国之常立神の三男）

52　熱田神（アツタノカミ・女）
　　（高御産巣日神と国之常立神の長女）

53　伊奢沙別命（イザサワケノミコト・女）
　　（経津主命と伊邪那美神の長女）

54　天石門別命（アメノイワトワケノミコト・男）
　　（伊邪那岐神と菊理媛神の長男）

55　少彦名命（スクナヒコナノミコト・男）
　　（伊邪那岐神と菊理媛神の次男）

56　饒速日命（ニギハヤヒノミコト・男）
　　（素盞嗚尊と天御柱命の長男）

57　猿田彦命（サルタヒコノミコト・男）
　　（素盞嗚尊と天御柱命の次男）

58　天宇受売命（アメノウズメノミコト・女）
　　（素盞嗚尊と天御柱命の長女）

59　磐長姫命（イワナガヒメノミコト・女）
　　（豊雲野神と国之常立神の長女）

60　五十猛命（イソタケルノミコト・男）
　　（素盞嗚尊と天御柱命の三男）

61　木花咲耶姫神（コノハナサクヤヒメノカミ・女）
　　（豊雲野神と国之常立神の三女）

第5章　神様誕生に携わった124柱の神様

62　保食神（ウケモチノカミ・男）
　　（素盞嗚尊と天御柱命の四男）

63　金毘羅神（コンピラシン・女）
　　（淤母陀流神と天宇受売命の長女）

64　栲幡千千姫命（タクハタチヂヒメノミコト・男）
　　（役行者と天宇受売命の長男）

65　塩土老翁神（シオツチノオジノカミ・男）
　　（2つ目の宇宙の神〈男〉と2つ目の宇宙の神〈女〉の八男）

66　田道間守命（タジママモリノミコト・男）
　　（素盞嗚尊と天御柱命の五男）

67　高倉下命（タカクラジノミコト・男）
　　（素盞嗚尊と天御柱命の六男）

68　大禍津日神（オオマガツヒノカミ・男）
　　（建御名方神と天照大御神の長男）

69　天穂日命（アメノホヒノミコト・女）
　　（高龗神と熱田神の長女）

70　大年神（オオトシノカミ・女）
　　（高龗神と熱田神の次女）

71　矢乃波波木神（ヤノハハキノカミ・男）
　　（建御名方神と天照大御神の次男）

72　奥津彦命（オキツヒコノミコト・男）
　　（建御名方神と天照大御神の三男）

70

73　奥津姫命（オキツヒメノミコト・女）
　　（建御名方神と天照大御神の長女）

74　磐鹿六雁命（イワカムツカリノミコト・女）
　　（宇宙の神〈男〉と瀬織津姫神の長女）

75　大宮能売命（オオミヤノメノミコト・女）
　　（宇宙の神〈男〉と瀬織津姫神の次女）

76　吉備津彦命（キビツヒコノミコト・男）
　　（宇宙の神〈男〉と神産巣日神の長男）

77　神大市姫命（カミオオイチヒメノミコト・男）
　　（宇宙の神〈男〉と神産巣日神の次男）

78　柿本人麿（カキノモトノヒトマロ・男）
　　（宇宙の神〈男〉と神産巣日神の三男）

79　須勢理姫神（スセリヒメノカミ・女）
　　（素盞鳴尊と櫛名田比売神の長女）

80　天日槍命（アメノヒボコノミコト・女）
　　（豊雲野神と大斗乃弁神の長女）

81　天香山命（アメノカグヤマノミコト・女）
　　（豊雲野神と大斗乃弁神の次女）

82　天火明命（アメノホアカリノミコト・女）
　　（豊雲野神と大斗乃弁神の三女）

83　大山咋神（オオヤマクイノカミ・女）
　　（豊雲野神と豊受大神〔イネ〕の長女）

第 5 章　神様誕生に携わった 124 柱の神様

84　大山祇神（オオヤマヅミノカミ・男）
　　（豊雲野神と豊受大神〔イネ〕の長男）

85　若宇加能売命（ワカウカノメノミコト・女）
　　（豊雲野神と豊受大神〔イネ〕の次女）

86　天忍穂耳命（アメノオシホミミノミコト・女）
　　（武甕槌神と天照大御神の長女）

87　宇迦之御魂神（ウカノミタマノカミ・女）
　　（役行者と国之常立神の長女）

88　豊玉姫命（トヨタマヒメノミコト・女）
　　（役行者と国之常立神の次女）

89　弟橘媛命（オトタチバナヒメノミコト・女）
　　（役行者と国之常立神の四女）

90　鸕鷀草葺不合尊（ウガヤフキアエズノミコト・女）
　　（役行者と国之常立神の五女）

91　火雷神（ホノイカズチノカミ・男）
　　（誉田別命と熊野夫須美神の長男）

92　天手力男命（アメノタヂカラオノミコト・男）
　　（誉田別命と熊野夫須美神の次男）

93　稚日女命（ワカヒルメノミコト・男）
　　（誉田別命と熊野夫須美神の三男）

94　久久能智神（ククノチノカミ・男）
　　（誉田別命と熊野夫須美神の四男）

95　気長足姫神（オキナガタラシヒメノカミ・女）
　　（誉田別命と熊野夫須美神の長女）

96　武内宿禰（タケノウチノスクネ・男）
　　（誉田別命と熊野夫須美神の五男）

97　底筒男命（ソコツツノオノミコト・女）
　　（塩土老翁神と天御柱命の長女）

98　中筒男命（ナカツツノオノミコト・男）
　　（塩土老翁神と天御柱命の長男）

99　上筒男命（ウワツツノオノミコト・男）
　　（塩土老翁神と天御柱命の次男）

100　宇摩志麻遅命（ウマシマジノミコト・男）
　　（饒速日命と若宇加能売命の長男）

101　瓊瓊杵尊（ニニギノミコト・男）
　　（饒速日命と若宇加能売命の次男）

102　倭迹迹日百襲姫命（ヤマトトトヒモモソヒメノミコト・女）
　　（饒速日命と若宇加能売命の長女）

103　迦具土神（カグツチノカミ・女）
　　（饒速日命と若宇加能売命の次女）

104　野見宿禰（ノミノスクネ・女）
　　（田道間守命と多岐都姫命の長女）

105　石凝姥命（イシコリドメノミコト・女）
　　（田道間守命と多岐都姫命の次女）

第5章　神様誕生に携わった124柱の神様

106　金精神（コンセイノカミ・男）
　　　（猿田彦命と稲田姫命の長男）

107　思金神（オモイカネノカミ・男）
　　　（猿田彦命と稲田姫命の次男）

108　衣通姫（ソトオリヒメ・女）
　　　（猿田彦命と稲田姫命の長女）

109　玉祖命（タマノオヤノミコト・男）
　　　（五十猛命と市杵島姫命の長男）

110　天稚彦命（アメノワカヒコノミコト・男）
　　　（五十猛命と市杵島姫命の次男）

111　天羽槌雄命（アメノハヅチオノミコト・男）
　　　（五十猛命と市杵島姫命の三男）

112　玉依姫命（タマヨリヒメノミコト・女）
　　　（五十猛命と市杵島姫命の長女）

113　彦火火出見命（ヒコホホデミノミコト・男）
　　　（五十猛命と市杵島姫命の四男）

114　罔象女神（ミズハノメノカミ・男）
　　　（熊野速玉男神と玉依姫命の四男）

115　大屋都姫命（オオヤツヒメノミコト・男）
　　　（熊野速玉男神と玉依姫命の五男）

116　天津彦根命（アマツヒコネノミコト・男）
　　　（熊野速玉男神と玉依姫命の六男）

117　大綿津見神（オオワタツミノカミ・男）
　　（熊野速玉男神と玉依姫命の七男）

118　事代主命（コトシロヌシノミコト・男）
　　（熊野速玉男神と玉依姫命の八男）

119　阿遅鋤高彦根命（アジスキタカヒコネノミコト・男）
　　（熊野速玉男神と玉依姫命の九男）

120　鹿屋野姫神（カヤノヒメノカミ・男）
　　（保食神と稚産霊神の長男）

121　大宜都比売神（オオゲツヒメノカミ・男）
　　（保食神と稚産霊神の次男）

122　哭沢女神（ナキサワメノカミ・男）
　　（保食神と稚産霊神の三男）

123　甕布都神（ミカフツノカミ・女）
　　（高倉下命と多岐都姫命の長女）

124　金山彦命（カナヤマヒコノミコト・女）
　　（高倉下命と多岐都姫命の次女）

2　神様のエネルギーが強い順番

1　活杙神（イクグイノカミ・女）
　　（宇比地邇神と須比智邇神の長女）→7,727,797

2　角杙神（ツヌグイノカミ・男）
　　（宇比地邇神と須比智邇神の長男）→7,588,238

第 5 章　神様誕生に携わった 124 柱の神様

3　宇摩志阿斯訶備比古遅神（ウマシアシカビヒコヂノカミ・男）
　　（2つ目の宇宙の神〈男〉と2つ目の宇宙の神〈女〉の長男）→28,111

4　大斗乃弁神（オホトノベノカミ・女）
　　（角杙神と活杙神の長女）→26,999

5　須比智邇神（スヒヂニノカミ・女）
　　（高御産巣日神と神産巣日神の次女）→26,688

6　意富斗能地神（オホトノジノカミ・男）
　　（角杙神と活杙神の長男）→26,423

7　宇比地邇神（ウヒヂニノカミ・男）
　　（高御産巣日神と神産巣日神の長男）→26,367

8　阿夜訶志古泥神（アヤカシコネノカミ・女）
　　（意富斗能地神と大斗乃弁神の長女）→26,352

9　淤母陀流神（オモダルノカミ・男）
　　（意富斗能地神と大斗乃弁神の長男）→26,232

10　伊邪那美神（イザナミノカミ・女）
　　（意富斗能地神と大斗乃弁神の次女）→25,798

11　伊邪那岐神（イザナギノカミ・男）
　　（意富斗能地神と大斗乃弁神の次男）→25,788

12　天之御中主神（アメノミナカヌシノカミ・男）
　　（宇摩志阿斯訶備比古遅神と活杙神の九男）→25,433

13　素盞嗚尊（スサノオノミコト・男）
　　（角杙神と活杙神の次男）→25,333

76

14 天之常立神（アメノトコタチノカミ・女）
（2つ目の宇宙の神〈男〉と2つ目の宇宙の神〈女〉の長女）→25,323

15 神産巣日神（カミムスビノカミ・女）
（2つ目の宇宙の神〈男〉と天之常立神の八女）→25,182

16 高御産巣日神（タカミムスビノカミ・男）
（2つ目の宇宙の神〈男〉と天之常立神の五男）→25,162

17 豊受大神〔イネ〕（トヨウケノオオカミ・女）
（角杙神と活杙神の次女）→25,082

18 高龗神（タカオカミノカミ・男）
（角杙神と活杙神の三男）→25,042

19 櫛名田比売神（クシナダヒメノカミ・女）
（2つ目の宇宙の神〈男〉と2つ目の宇宙の神〈女〉の次女）→24,898

20 八意思兼命（ヤゴコロオモイカネノミコト・女）
（高御産巣日神と活杙神の長女）→24,593

21 天児屋根命（アメノコヤネノミコト・女）
（高御産巣日神と活杙神の次女）→24,288

22 天太玉命（アメノフトダマノミコト・女）
（高御産巣日神と活杙神の三女）→24,263

23 天照大御神（アマテラスオオミカミ・女）
（意富斗能地神と大斗乃弁神の三女）→24,022

24 建御名方神（タケミナカタノカミ・男）
（宇摩志阿斯訶備比古遅神と2つ目の宇宙の神〈女〉の七男）

第5章　神様誕生に携わった124柱の神様

　　　　→23,182

25　武甕槌神（タケミカヅチノカミ・男）
　　（宇摩志阿斯訶備比古遅神と2つ目の宇宙の神〈女〉の八男）
　　→23,172

26　大国主命（オオクニヌシノミコト・男）
　　（意富斗能地神と大斗乃弁神の四男）→23,016

27　瀬織津姫神（セオリツヒメノカミ・女）
　　（高御産巣日神と神産巣日神の長女）→22,999

28　家都御子神（ケツミコノカミ・男）
　　（淤母陀流神と阿夜訶志古泥神の長男）→22,982

29　熊野夫須美神（クマノフスミノカミ・女）
　　（淤母陀流神と阿夜訶志古泥神の長女）→22,888

30　多紀理姫命（タギリヒメノミコト・女）
　　（伊邪那岐神と伊邪那美神の長女）→22,733

31　熊野速玉男神（クマノハヤタマノオノカミ・男）
　　（淤母陀流神と阿夜訶志古泥神の次男）→22,699

32　豊受大神〔コメ〕（トヨウケノオオカミ・女）
　　（宇宙の神〈男〉と阿夜訶志古泥神の長女）→22,592

33　市杵島姫命（イチキシマヒメノミコト・女）
　　（伊邪那岐神と伊邪那美神の次女）→22,482

34　多岐都姫命（タギツヒメノミコト・女）
　　（伊邪那岐神と伊邪那美神の三女）→22,398

35　豊受大神〔ムギ〕（トヨウケノオオカミ・女）
　　（伊邪那岐神と伊邪那美神の四女）→22,333

36　稚産霊神（ワクムスビノカミ・女）
　　（伊邪那岐神と伊邪那美神の六女）→22,332

37　稲田姫命（イナダヒメノミコト・女）
　　（伊邪那岐神と伊邪那美神の五女）→22,331

38　役行者（エンノギョウジャ・男）
　　（天之御中主神と大斗乃弁神の次男）→22,322

39　天御柱命（アメノミハシラノミコト・女）
　　（天之御中主神と大斗乃弁神の長女）→22,293

40　国御柱命（クニノミハシラノミコト・男）
　　（天之御中主神と大斗乃弁神の長男）→22,282

41　豊受大神〔アワ〕（トヨウケノオオカミ・女）
　　（天之御中主神と大斗乃弁神の次女）→22,262

42　金毘羅神（コンピラシン・女）
　　（淤母陀流神と天宇受売命の長女）→22,248

43　国之常立神（クニノトコタチノカミ・女）
　　（国御柱命と瀬織津姫神の次女）→22,223

44　豊雲野神（トヨクモノカミ・男）
　　（国御柱命と瀬織津姫神の次男）→22,222

45　賀茂別雷神（カモワケイカヅチノカミ・男）
　　（淤母陀流神と神産巣日神の長男）→22,222

46 柿本人麿（カキノモトノヒトマロ・男）
（宇宙の神〈男〉と神産巣日神の三男）→ 22,221

47 吉備津彦命（キビツヒコノミコト・男）
（宇宙の神〈男〉と神産巣日神の長男）→ 22,213

48 神大市姫命（カミオオイチヒメノミコト・男）
（宇宙の神〈男〉と神産巣日神の次男）→ 22,212

49 菊理媛神（ククリヒメノカミ・女）
（国御柱命と瀬織津姫神の長女）→ 22,208

50 経津主命（フツヌシノミコト・男）
（国御柱命と瀬織津姫神の長男）→ 22,204

51 磐鹿六雁命（イワカムツカリノミコト・女）
（宇宙の神〈男〉と瀬織津姫神の長女）→ 22,202

52 大宮能売命（オオミヤノメノミコト・女）
（宇宙の神〈男〉と瀬織津姫神の次女）→ 22,201

53 天之御影命（アメノミカゲノミコト・男）
（高御産巣日神と国之常立神の次男）→ 22,194

54 熱田神（アツタノカミ・女）
（高御産巣日神と国之常立神の長女）→ 22,171

55 天目一箇命（アメノマヒトツノミコト・男）
（高御産巣日神と国之常立神の三男）→ 22,133

56 饒速日命（ニギハヤヒノミコト・男）
（素盞嗚尊と天御柱命の長男）→ 22,123

57 豊受大神〔ヒエ〕（トヨウケノオオカミ・女）
（大国主命と伊邪那美神の長女）→22,103

58 誉田別命（ホンダワケノミコト・男）
（高御産巣日神と国之常立神の長男）→22,081

59 猿田彦命（サルタヒコノミコト・男）
（素盞嗚尊と天御柱命の次男）→21,709

60 天宇受売命（アメノウズメノミコト・女）
（素盞嗚尊と天御柱命の長女）→21,424

61 五十猛命（イソタケルノミコト・男）
（素盞嗚尊と天御柱命の三男）→21,331

62 保食神（ウケモチノカミ・男）
（素盞嗚尊と天御柱命の四男）→21,280

63 田道間守命（タジママモリノミコト・男）
（素盞嗚尊と天御柱命の五男）→21,012

64 高倉下命（タカクラジノミコト・男）
（素盞嗚尊と天御柱命の六男）→21,005

65 大禍津日神（オオマガツヒノカミ・男）
（建御名方神と天照大御神の長男）→20,943

66 矢乃波波木神（ヤノハハキノカミ・男）
（建御名方神と天照大御神の次男）→20,888

67 奥津彦命（オキツヒコノミコト・男）
（建御名方神と天照大御神の三男）→20,632

第5章　神様誕生に携わった124柱の神様

68　天忍穂耳命（アメノオシホミミノミコト・女）
　　（武甕槌神と天照大御神の長女）→20,542

69　奥津姫命（オキツヒメノミコト・女）
　　（建御名方神と天照大御神の長女）→20,423

70　天日槍命（アメノヒボコノミコト・女）
　　（豊雲野神と大斗乃弁神の長女）→20,237

71　天香山命（アメノカグヤマノミコト・女）
　　（豊雲野神と大斗乃弁神の次女）→20,198

72　天火明命（アメノホアカリノミコト・女）
　　（豊雲野神と大斗乃弁神の三女）→20,168

73　須勢理姫神（スセリヒメノカミ・女）
　　（素盞嗚尊と櫛名田比売神の長女）→20,142

74　大山咋神（オオヤマクイノカミ・女）
　　（豊雲野神と豊受大神〔イネ〕の長女）→20,142

75　大山祇神（オオヤマヅミノカミ・男）
　　（豊雲野神と豊受大神〔イネ〕の長男）→20,139

76　天穂日命（アメノホヒノミコト・女）
　　（高龗神と熱田神の長女）→20,138

77　若宇加能売命（ワカウカノメノミコト・女）
　　（豊雲野神と豊受大神〔イネ〕の次女）→20,137

78　大年神（オオトシノカミ・女）
　　（高龗神と熱田神の次女）→20,136

79　天石門別命（アメノイワトワケノミコト・男）
　　（伊邪那岐神と菊理媛神の長男）→20,133

80　少彦名命（スクナヒコナノミコト・男）
　　（伊邪那岐神と菊理媛神の次男）→20,131

81　伊奢沙別命（イザサワケノミコト・女）
　　（経津主命と伊邪那美神の長女）→20,131

82　宇迦之御魂神（ウカノミタマノカミ・女）
　　（役行者と国之常立神の長女）→20,128

83　栲幡千千姫命（タクハタチヂヒメノミコト・男）
　　（役行者と天宇受売命の長男）→20,122

84　弟橘媛命（オトタチバナヒメノミコト・女）
　　（役行者と国之常立神の四女）→20,121

85　鸕鷀草葺不合尊（ウガヤフキアエズノミコト・女）
　　（役行者と国之常立神の五女）→20,120

86　豊玉姫命（トヨタマヒメノミコト・女）
　　（役行者と国之常立神の次女）→20,113

87　火雷神（ホノイカズチノカミ・男）
　　（誉田別命と熊野夫須美神の長男）→20,111

88　稚日女命（ワカヒルメノミコト・男）
　　（誉田別命と熊野夫須美神の三男）→20,110

89　久久能智神（ククノチノカミ・男）
　　（誉田別命と熊野夫須美神の四男）→20,107

第5章 神様誕生に携わった124柱の神様

90 武内宿禰（タケノウチノスクネ・男）
（誉田別命と熊野夫須美神の五男）→20,105

91 気長足姫神（オキナガタラシヒメノカミ・女）
（誉田別命と熊野夫須美神の長女）→20,103

92 倭迹迹日百襲姫命（ヤマトトトヒモモソヒメノミコト・女）
（饒速日命と若宇加能売命の長女）→20,102

93 天手力男命（アメノタヂカラオノミコト・男）
（誉田別命と熊野夫須美神の次男）→20,102

94 宇摩志麻遅命（ウマシマジノミコト・男）
（饒速日命と若宇加能売命の長男）→20,100

95 瓊瓊杵尊（ニニギノミコト・男）
（饒速日命と若宇加能売命の次男）→20,099

96 迦具土神（カグツチノカミ・女）
（饒速日命と若宇加能売命の次女）→20,099

97 金精神（コンセイノカミ・男）
（猿田彦命と稲田姫命の長男）→20,099

98 思金神（オモイカネノカミ・男）
（猿田彦命と稲田姫命の次男）→20,099

99 磐長姫命（イワナガヒメノミコト・女）
（豊雲野神と国之常立神の長女）→20,099

100 月読命（ツキヨミノミコト・男）
（意富斗能地神と大斗乃弁神の三男）→20,099

101 玉祖命（タマノオヤノミコト・男）
（五十猛命と市杵島姫命の長男）→20,099

102 天稚彦命（アメノワカヒコノミコト・男）
（五十猛命と市杵島姫命の次男）→20,099

103 塩土老翁神（シオツチノオジノカミ・男）
（2つ目の宇宙の神〈男〉と2つ目の宇宙の神〈女〉の八男）
→20,099

104 衣通姫（ソトオリヒメ・女）
（猿田彦命と稲田姫命の長女）→20,099

105 天羽槌雄命（アメノハヅチオノミコト・男）
（五十猛命と市杵島姫命の三男）→20,098

106 玉依姫命（タマヨリヒメノミコト・女）
（五十猛命と市杵島姫命の長女）→20,098

107 彦火火出見命（ヒコホホデミノミコト・男）
（五十猛命と市杵島姫命の四男）→20,098

108 大屋都姫命（オオヤツヒメノミコト・男）
（熊野速玉男神と玉依姫命の五男）→20,098

109 哭沢女神（ナキサワメノカミ・男）
（保食神と稚産霊神の三男）→20,098

110 大宜都比売神（オオゲツヒメノカミ・男）
（保食神と稚産霊神の次男）→20,098

85

111 阿遅鋤高彦根命（アジスキタカヒコネノミコト・男）
　　（熊野速玉男神と玉依姫命の九男）→20,098

112 鹿屋野姫神（カヤノヒメノカミ・男）
　　（保食神と稚産霊神の長男）→20,098

113 大綿津見神（オオワタツミノカミ・男）
　　（熊野速玉男神と玉依姫命の七男）→20,098

114 天津彦根命（アマツヒコネノミコト・男）
　　（熊野速玉男神と玉依姫命の六男）→20,097

115 事代主命（コトシロヌシノミコト・男）
　　（熊野速玉男神と玉依姫命の八男）→20,097

116 罔象女神（ミズハノメノカミ・男）
　　（熊野速玉男神と玉依姫命の四男）→20,097

117 石凝姥命（イシコリドメノミコト・女）
　　（田道間守命と多岐都姫命の次女）→20,097

118 野見宿禰（ノミノスクネ・女）
　　（田道間守命と多岐都姫命の長女）→20,097

119 金山彦命（カナヤマヒコノミコト・女）
　　（高倉下命と多岐都姫命の次女）→20,097

120 甕布都神（ミカフツノカミ・女）
　　（高倉下命と多岐都姫命の長女）→20,096

121 底筒男命（ソコツツノオノミコト・女）
　　（塩土老翁神と天御柱命の長女）→20,096

122　上筒男命（ウワツツノオノミコト・男）
　　　（塩土老翁神と天御柱命の次男）→ 20,096

123　中筒男命（ナカツツノオノミコト・男）
　　　（塩土老翁神と天御柱命の長男）→ 20,096

124　木花咲耶姫神（コノハナサクヤヒメノカミ・女）
　　　（豊雲野神と国之常立神の三女）→ 20,096

3　神様のランクが高い順番

1　活杙神（イクグイノカミ・女）
　　（宇比地邇神と須比智邇神の長女）

2　角杙神（ツヌグイノカミ・男）
　　（宇比地邇神と須比智邇神の長男）

3　宇摩志阿斯訶備比古遅神（ウマシアシカビヒコヂノカミ・男）
　　（2つ目の宇宙の神〈男〉と2つ目の宇宙の神〈女〉の長男）

4　大斗乃弁神（オホトノベノカミ・女）
　　（角杙神と活杙神の長女）

5　須比智邇神（スヒヂニノカミ・女）
　　（高御産巣日神と神産巣日神の次女）

6　意富斗能地神（オホトノジノカミ・男）
　　（角杙神と活杙神の長男）

7　宇比地邇神（ウヒヂニノカミ・男）
　　（高御産巣日神と神産巣日神の長男）

第 5 章　神様誕生に携わった 124 柱の神様

8　阿夜訶志古泥神（アヤカシコネノカミ・女）
　　（意富斗能地神と大斗乃弁神の長女）

9　淤母陀流神（オモダルノカミ・男）
　　（意富斗能地神と大斗乃弁神の長男）

10　伊邪那岐神（イザナギノカミ・男）
　　（意富斗能地神と大斗乃弁神の次男）

11　伊邪那美神（イザナミノカミ・女）
　　（意富斗能地神と大斗乃弁神の次女）

12　天之常立神（アメノトコタチノカミ・女）
　　（2つ目の宇宙の神〈男〉と2つ目の宇宙の神〈女〉の長女）

13　天之御中主神（アメノミナカヌシノカミ・男）
　　（宇摩志阿斯訶備比古遅神と活杙神の九男）

14　高御産巣日神（タカミムスビノカミ・男）
　　（2つ目の宇宙の神〈男〉と天之常立神の五男）

15　神産巣日神（カミムスビノカミ・女）
　　（2つ目の宇宙の神〈男〉と天之常立神の八女）

16　素盞鳴尊（スサノオノミコト・男）
　　（角杙神と活杙神の次男）

17　豊受大神〔イネ〕（トヨウケノオオカミ・女）
　　（角杙神と活杙神の次女）

18　高龗神（タカオカミノカミ・男）
　　（角杙神と活杙神の三男）

88

19　八意思兼命（ヤゴコロオモイカネノミコト・女）
　　（高御産巣日神と活杙神の長女）

20　天児屋根命（アメノコヤネノミコト・女）
　　（高御産巣日神と活杙神の次女）

21　天太玉命（アメノフトダマノミコト・女）
　　（高御産巣日神と活杙神の三女）

22　建御名方神（タケミナカタノカミ・男）
　　（宇摩志阿斯訶備比古遅神と2つ目の宇宙の神〈女〉の七男）

23　武甕槌神（タケミカヅチノカミ・男）
　　（宇摩志阿斯訶備比古遅神と2つ目の宇宙の神〈女〉の八男）

24　瀬織津姫神（セオリツヒメノカミ・女）
　　（高御産巣日神と神産巣日神の長女）

25　天照大御神（アマテラスオオミカミ・女）
　　（意富斗能地神と大斗乃弁神の三女）

26　大国主命（オオクニヌシノミコト・男）
　　（意富斗能地神と大斗乃弁神の四男）

27　櫛名田比売神（クシナダヒメノカミ・女）
　　（2つ目の宇宙の神〈男〉と2つ目の宇宙の神〈女〉の次女）

28　家都御子神（ケツミコノカミ・男）
　　（淤母陀流神と阿夜訶志古泥神の長男）

29　熊野夫須美神（クマノフスミノカミ・女）
　　（淤母陀流神と阿夜訶志古泥神の長女）

第 5 章　神様誕生に携わった 124 柱の神様

30　熊野速玉男神（クマノハヤタマノオノカミ・男）
　　（淤母陀流神と阿夜訶志古泥神の次男）

31　多紀理姫命（タギリヒメノミコト・女）
　　（伊邪那岐神と伊邪那美神の長女）

32　市杵島姫命（イチキシマヒメノミコト・女）
　　（伊邪那岐神と伊邪那美神の次女）

33　多岐都姫命（タギツヒメノミコト・女）
　　（伊邪那岐神と伊邪那美神の三女）

34　月読命（ツキヨミノミコト・男）
　　（意富斗能地神と大斗乃弁神の三男）

35　豊受大神〔ムギ〕（トヨウケノオオカミ・女）
　　（伊邪那岐神と伊邪那美神の四女）

36　稲田姫命（イナダヒメノミコト・女）
　　（伊邪那岐神と伊邪那美神の五女）

37　稚産霊神（ワクムスビノカミ・女）
　　（伊邪那岐神と伊邪那美神の六女）

38　天御柱命（アメノミハシラノミコト・女）
　　（天之御中主神と大斗乃弁神の長女）

39　国御柱命（クニノミハシラノミコト・男）
　　（天之御中主神と大斗乃弁神の長男）

40　豊受大神〔アワ〕（トヨウケノオオカミ・女）
　　（天之御中主神と大斗乃弁神の次女）

41　役行者（エンノギョウジャ・男）
　　（天之御中主神と大斗乃弁神の次男）

42　賀茂別雷神（カモワケイカヅチノカミ・男）
　　（淤母陀流神と神産巣日神の長男）

43　豊受大神〔コメ〕（トヨウケノオオカミ・女）
　　（宇宙の神〈男〉と阿夜訶志古泥神の長女）

44　豊受大神〔ヒエ〕（トヨウケノオオカミ・女）
　　（大国主命と伊邪那美神の長女）

45　吉備津彦命（キビツヒコノミコト・男）
　　（宇宙の神〈男〉と神産巣日神の長男）

46　神大市姫命（カミオオイチヒメノミコト・男）
　　（宇宙の神〈男〉と神産巣日神の次男）

47　柿本人麿（カキノモトノヒトマロ・男）
　　（宇宙の神〈男〉と神産巣日神の三男）

48　塩土老翁神（シオツチノオジノカミ・男）
　　（2つ目の宇宙の神〈男〉と2つ目の宇宙の神〈女〉の八男）

49　天日槍命（アメノヒボコノミコト・女）
　　（豊雲野神と大斗乃弁神の長女）

50　天香山命（アメノカグヤマノミコト・女）
　　（豊雲野神と大斗乃弁神の次女）

51　天火明命（アメノホアカリノミコト・女）
　　（豊雲野神と大斗乃弁神の三女）

第5章 神様誕生に携わった124柱の神様

52 磐鹿六雁命（イワカムツカリノミコト・女）
（宇宙の神〈男〉と瀬織津姫神の長女）

53 大宮能売命（オオミヤノメノミコト・女）
（宇宙の神〈男〉と瀬織津姫神の次女）

54 誉田別命（ホンダワケノミコト・男）
（高御産巣日神と国之常立神の長男）

55 菊理媛神（ククリヒメノカミ・女）
（国御柱命と瀬織津姫神の長女）

56 経津主命（フツヌシノミコト・男）
（国御柱命と瀬織津姫神の長男）

57 国之常立神（クニノトコタチノカミ・女）
（国御柱命と瀬織津姫神の次女）

58 豊雲野神（トヨクモノカミ・男）
（国御柱命と瀬織津姫神の次男）

59 天石門別命（アメノイワトワケノミコト・男）
（伊邪那岐神と菊理媛神の長男）

60 天之御影命（アメノミカゲノミコト・男）
（高御産巣日神と国之常立神の次男）

61 天目一箇命（アメノマヒトツノミコト・男）
（高御産巣日神と国之常立神の三男）

62 熱田神（アツタノカミ・女）
（高御産巣日神と国之常立神の長女）

63 少彦名命（スクナヒコナノミコト・男）
　　（伊邪那岐神と菊理媛神の次男）

64 金毘羅神（コンピラシン・女）
　　（淤母陀流神と天宇受売命の長女）

65 伊奢沙別命（イザサワケノミコト・女）
　　（経津主命と伊邪那美神の長女）

66 饒速日命（ニギハヤヒノミコト・男）
　　（素盞嗚尊と天御柱命の長男）

67 猿田彦命（サルタヒコノミコト・男）
　　（素盞嗚尊と天御柱命の次男）

68 天宇受売命（アメノウズメノミコト・女）
　　（素盞嗚尊と天御柱命の長女）

69 五十猛命（イソタケルノミコト・男）
　　（素盞嗚尊と天御柱命の三男）

70 保食神（ウケモチノカミ・男）
　　（素盞嗚尊と天御柱命の四男）

71 田道間守命（タジママモリノミコト・男）
　　（素盞嗚尊と天御柱命の五男）

72 高倉下命（タカクラジノミコト・男）
　　（素盞嗚尊と天御柱命の六男）

73 宇迦之御魂神（ウカノミタマノカミ・女）
　　（役行者と国之常立神の長女）

第 5 章　神様誕生に携わった 124 柱の神様

74　大山咋神（オオヤマクイノカミ・女）
　　（豊雲野神と豊受大神〔イネ〕の長女）

75　大山祇神（オオヤマヅミノカミ・男）
　　（豊雲野神と豊受大神〔イネ〕の長男）

76　若宇加能売命（ワカウカノメノミコト・女）
　　（豊雲野神と豊受大神〔イネ〕の次女）

77　天穂日命（アメノホヒノミコト・女）
　　（高龗神と熱田神の長女）

78　大年神（オオトシノカミ・女）
　　（高龗神と熱田神の次女）

79　大禍津日神（オオマガツヒノカミ・男）
　　（建御名方神と天照大御神の長男）

80　矢乃波波木神（ヤノハハキノカミ・男）
　　（建御名方神と天照大御神の次男）

81　天忍穂耳命（アメノオシホミミノミコト・女）
　　（武甕槌神と天照大御神の長女）

82　奥津彦命（オキツヒコノミコト・男）
　　（建御名方神と天照大御神の三男）

83　須勢理姫神（スセリヒメノカミ・女）
　　（素盞嗚尊と櫛名田比売神の長女）

84　奥津姫命（オキツヒメノミコト・女）
　　（建御名方神と天照大御神の長女）

85　中筒男命（ナカツツノオノミコト・男）
　　（塩土老翁神と天御柱命の長男）

86　底筒男命（ソコツツノオノミコト・女）
　　（塩土老翁神と天御柱命の長女）

87　上筒男命（ウワツツノオノミコト・男）
　　（塩土老翁神と天御柱命の次男）

88　磐長姫命（イワナガヒメノミコト・女）
　　（豊雲野神と国之常立神の長女）

89　木花咲耶姫神（コノハナサクヤヒメノカミ・女）
　　（豊雲野神と国之常立神の三女）

90　火雷神（ホノイカズチノカミ・男）
　　（誉田別命と熊野夫須美神の長男）

91　天手力男命（アメノタヂカラオノミコト・男）
　　（誉田別命と熊野夫須美神の次男）

92　稚日女命（ワカヒルメノミコト・男）
　　（誉田別命と熊野夫須美神の三男）

93　久久能智神（ククノチノカミ・男）
　　（誉田別命と熊野夫須美神の四男）

94　武内宿禰（タケノウチノスクネ・男）
　　（誉田別命と熊野夫須美神の五男）

95　気長足姫神（オキナガタラシヒメノカミ・女）
　　（誉田別命と熊野夫須美神の長女）

第 5 章　神様誕生に携わった 124 柱の神様

96　岡象女神（ミズハノメノカミ・男）
　　（熊野速玉男神と玉依姫命の四男）

97　大屋都姫命（オオヤツヒメノミコト・男）
　　（熊野速玉男神と玉依姫命の五男）

98　天津彦根命（アマツヒコネノミコト・男）
　　（熊野速玉男神と玉依姫命の六男）

99　大綿津見神（オオワタツミノカミ・男）
　　（熊野速玉男神と玉依姫命の七男）

100　事代主命（コトシロヌシノミコト・男）
　　（熊野速玉男神と玉依姫命の八男）

101　阿遅鋤高彦根命（アジスキタカヒコネノミコト・男）
　　（熊野速玉男神と玉依姫命の九男）

102　豊玉姫命（トヨタマヒメノミコト・女）
　　（役行者と国之常立神の次女）

103　弟橘媛命（オトタチバナヒメノミコト・女）
　　（役行者と国之常立神の四女）

104　鸕鶿草葺不合尊（ウガヤフキアエズノミコト・女）
　　（役行者と国之常立神の五女）

105　栲幡千千姫命（タクハタチヂヒメノミコト・男）
　　（役行者と天宇受売命の長男）

106　玉祖命（タマノオヤノミコト・男）
　　（五十猛命と市杵島姫命の長男）

107　天稚彦命（アメノワカヒコノミコト・男）
　　　（五十猛命と市杵島姫命の次男）

108　天羽槌雄命（アメノハヅチオノミコト・男）
　　　（五十猛命と市杵島姫命の三男）

109　玉依姫命（タマヨリヒメノミコト・女）
　　　（五十猛命と市杵島姫命の長女）

110　彦火火出見命（ヒコホホデミノミコト・男）
　　　（五十猛命と市杵島姫命の四男）

111　野見宿禰（ノミノスクネ・女）
　　　（田道間守命と多岐都姫命の長女）

112　石凝姥命（イシコリドメノミコト・女）
　　　（田道間守命と多岐都姫命の次女）

113　甕布都神（ミカフツノカミ・女）
　　　（高倉下命と多岐都姫命の長女）

114　金山彦命（カナヤマヒコノミコト・女）
　　　（高倉下命と多岐都姫命の次女）

115　金精神（コンセイノカミ・男）
　　　（猿田彦命と稲田姫命の長男）

116　思金神（オモイカネノカミ・男）
　　　（猿田彦命と稲田姫命の次男）

117　衣通姫（ソトオリヒメ・女）
　　　（猿田彦命と稲田姫命の長女）

第 5 章　神様誕生に携わった 124 柱の神様

118　鹿屋野姫神（カヤノヒメノカミ・男）
　　　（保食神と稚産霊神の長男）

119　大宜都比売神（オオゲツヒメノカミ・男）
　　　（保食神と稚産霊神の次男）

120　哭沢女神（ナキサワメノカミ・男）
　　　（保食神と稚産霊神の三男）

121　宇摩志麻遅命（ウマシマジノミコト・男）
　　　（饒速日命と若宇加能売命の長男）

122　瓊瓊杵尊（ニニギノミコト・男）
　　　（饒速日命と若宇加能売命の次男）

123　倭迹迹日百襲姫命（ヤマトトトヒモモソヒメノミコト・女）
　　　（饒速日命と若宇加能売命の長女）

124　迦具土神（カグツチノカミ・女）
　　　（饒速日命と若宇加能売命の次女）

第 6 章

日本全国の氏神神社の
氏神様を構成している神様

第6章　日本全国の氏神神社の氏神様を構成している神様

1　日本全国の氏神様が全ての日本人を守ってくれている

　この宇宙には19,995柱の神様が、地球には他の星を守りながら17,100柱の神様が、そして、日本には14,000柱の神様がおられるようになりました。

　神様は、活杁神様と神様の分け御霊108柱＋15柱からの子孫と、神様より上の存在から誕生した神様で構成されています。

　そして、日本全国に38,888社ある氏神神社の氏神様は、活杁神様と分け御霊108柱になっている神様＋12柱の神様の1親等から6親等までの子孫の次女、三女、三男の神様1,880柱（全て3段目の神様）で構成されています。活杁神様の1親等、2親等の長女、長男、次男の96％以上の神様は地球以外の星を守っていると教えていただきました。

　1,558柱が20社、322柱が24社の氏神神社を担当され、神無月にも出雲大社に行かず、日々氏子を守られています。

　氏神神社の神様の担当神社は、20社か24社ですので、月毎に1日か2日のローテーションが決められているそうです。そのため常に同じ神社にいるわけではありません。決められた神社に御霊がおられなくてもエネルギーを感じるのは全知全能の神様ですので、他の神社におられてもエネルギーを送ることができ、全てお分かりになられると教えていただきました。

2　氏神神社の氏神様を構成している男神様の系譜

　氏神神社の氏神様は、活杁神様と分け御霊108柱＋12柱の中の男神様63柱の次女、三女、三男の1親等から6親等までの子孫で構成されています（1,010柱）。

　なお、神様のランク順（87ページ参照）で記載しております。

活杙神と意富斗能地神の次女、三女、三男の1親等から6親等の18柱

- 活杙神と意富斗能地神 次女
  →24社担当
- 活杙神と意富斗能地神 次女　淤母陀流神 三女
  →20社担当
- 活杙神と意富斗能地神 次女　淤母陀流神 三女　猿田彦命 三女
  →20社担当
- 活杙神と意富斗能地神 次女　淤母陀流神 三女　猿田彦命 三女　彦火火出見命 次女
  →20社担当
- 活杙神と意富斗能地神 次女　淤母陀流神 三女　猿田彦命 三女　彦火火出見命 次女　熊野速玉男神 三女
  →20社担当
- 活杙神と意富斗能地神 次女　淤母陀流神 三女　猿田彦命 三女　彦火火出見命 次女　熊野速玉男神 三女　天之御影命 次女
  →20社担当
- 活杙神と意富斗能地神 三女
  →24社担当
- 活杙神と意富斗能地神 三女　伊邪那岐神 三女
  →20社担当
- 活杙神と意富斗能地神 三女　伊邪那岐神 三女　哭沢女神 三女
  →20社担当
- 活杙神と意富斗能地神 三女　伊邪那岐神 三女　哭沢女神 三女　天稚彦命 三女
  →20社担当
- 活杙神と意富斗能地神 三女　伊邪那岐神 三女　哭沢女神 三女　天稚彦命 三女　誉田別命 三女
  →20社担当
- 活杙神と意富斗能地神 三女　伊邪那岐神 三女　哭沢女神 三女　天稚彦命 三女　誉田別命 三女　宇摩志麻遅命 三女

→20社担当
・活杙神と意富斗能地神 三男
　　→24社担当
・活杙神と意富斗能地神 三男　阿夜訶志古泥神 三男
　　→20社担当
・活杙神と意富斗能地神 三男　阿夜訶志古泥神 三男　天香山命 次男
　　→20社担当
・活杙神と意富斗能地神 三男　阿夜訶志古泥神 三男　天香山命 次男
　気長足姫神 次男
　　→20社担当
・活杙神と意富斗能地神 三男　阿夜訶志古泥神 三男　天香山命 次男
　気長足姫神 次男　須勢理姫神 三男
　　→20社担当
・活杙神と意富斗能地神 三男　阿夜訶志古泥神 三男　天香山命 次男
　気長足姫神 次男　須勢理姫神 三男　天穂日命 次男
　　→20社担当

 活杙神と宇比地邇神の次女、三女、三男の1親等から6親等の18柱

・活杙神と宇比地邇神 次女
　　→24社担当
・活杙神と宇比地邇神 次女　淤母陀流神 次女
　　→20社担当
・活杙神と宇比地邇神 次女　淤母陀流神 次女　大宜都比売神 三女
　　→20社担当
・活杙神と宇比地邇神 次女　淤母陀流神 次女　大宜都比売神 三女　栲幡千千姫命 次女
　　→20社担当
・活杙神と宇比地邇神 次女　淤母陀流神 次女　大宜都比売神 三女　栲幡千千姫命 次女　思金神 次女
　　→20社担当

- 活杙神と宇比地邇神 次女　淤母陀流神 次女　大宜都比売神 三女　栲
幡千千姫命 次女　思金神 次女　熊野速玉男神 次女
　→20社担当
- 活杙神と宇比地邇神 三女
　→24社担当
- 活杙神と宇比地邇神 三女　意富斗能地神 三女
　→20社担当
- 活杙神と宇比地邇神 三女　意富斗能地神 三女　大禍津日神 三女
　→20社担当
- 活杙神と宇比地邇神 三女　意富斗能地神 三女　大禍津日神 三女　武
内宿禰 三女
　→20社担当
- 活杙神と宇比地邇神 三女　意富斗能地神 三女　大禍津日神 三女　武
内宿禰 三女　宇摩志麻遅命　次女
　→20社担当
- 活杙神と宇比地邇神 三女　意富斗能地神 三女　大禍津日神　三女
武内宿禰 三女　宇摩志麻遅命 次女　瓊瓊杵尊 三女
　→20社担当
- 活杙神と宇比地邇神 三男
　→24社担当
- 活杙神と宇比地邇神 三男　大斗乃弁神 次男
　→20社担当
- 活杙神と宇比地邇神 三男　大斗乃弁神 次男　豊受大神〔コメ〕三男
　→20社担当
- 活杙神と宇比地邇神 三男　大斗乃弁神 次男　豊受大神〔コメ〕三男
大宮能売命 三男
　→20社担当
- 活杙神と宇比地邇神 三男　大斗乃弁神 次男　豊受大神〔コメ〕三男
大宮能売命 三男　野見宿禰 次男
　→20社担当
- 活杙神と宇比地邇神 三男　大斗乃弁神 次男　豊受大神〔コメ〕三男
大宮能売命 三男　野見宿禰 次男　天日槍命 次男

→20社担当

 活杙神と淤母陀流神の次女、三女、三男の1親等から6親等の18柱

- 活杙神と淤母陀流神 次女
  →24社担当
- 活杙神と淤母陀流神 次女　宇比地邇神 次女
  →20社担当
- 活杙神と淤母陀流神 次女　宇比地邇神 次女　大宜都比売神 三女
  →20社担当
- 活杙神と淤母陀流神 次女　宇比地邇神 次女　大宜都比売神 三女　素盞嗚尊 次女
  →20社担当
- 活杙神と淤母陀流神 次女　宇比地邇神 次女　大宜都比売神 三女　素盞嗚尊 次女　久久能智神 三女
  →20社担当
- 活杙神と淤母陀流神 次女　宇比地邇神 次女　大宜都比売神 三女　素盞嗚尊 次女　久久能智神 三女　中筒男命 次女
  →20社担当
- 活杙神と淤母陀流神 三女
  →24社担当
- 活杙神と淤母陀流神 三女　宇比地邇神 三女
  →20社担当
- 活杙神と淤母陀流神 三女　宇比地邇神 三女　天羽槌雄命 三女
  →20社担当
- 活杙神と淤母陀流神 三女　宇比地邇神 三女　天羽槌雄命 三女　奥津彦命 三女
  →20社担当
- 活杙神と淤母陀流神 三女　宇比地邇神 三女　天羽槌雄命 三女　奥津彦命 三女　玉祖命 三女
  →20社担当

104

- 活杙神と淤母陀流神 三女　宇比地邇神 三女　天羽槌雄命 三女　奥津彦命 三女　玉祖命 三女　柿本人麿 三女
  →20社担当
- 活杙神と淤母陀流神 三男
  →24社担当
- 活杙神と淤母陀流神 三男　伊邪那美神 三男
  →20社担当
- 活杙神と淤母陀流神 三男　伊邪那美神 三男　玉依姫命 三男
  →20社担当
- 活杙神と淤母陀流神 三男　伊邪那美神 三男　玉依姫命 三男　須勢理姫神 三男
  →20社担当
- 活杙神と淤母陀流神 三男　伊邪那美神 三男　玉依姫命 三男　須勢理姫神 三男　稚産霊神 三男
  →20社担当
- 活杙神と淤母陀流神 三男　伊邪那美神 三男　玉依姫命 三男　須勢理姫神 三男　稚産霊神 三男　奥津姫命 次男
  →20社担当

活杙神と伊邪那岐神の次女、三女、三男の1親等から6親等の18柱

- 活杙神と伊邪那岐神 次女
  →24社担当
- 活杙神と伊邪那岐神 次女　伊邪那岐神 三女
  →20社担当
- 活杙神と伊邪那岐神 次女　伊邪那岐神 三女　天目一箇命 三女
  →20社担当
- 活杙神と伊邪那岐神 次女　伊邪那岐神 三女　天目一箇命 三女　上筒男命 三女
  →20社担当
- 活杙神と伊邪那岐神 次女　伊邪那岐神 三女　天目一箇命 三女　上筒

105

男命 三女　饒速日命 三女
　→20社担当
・活杙神と伊邪那岐神 次女　伊邪那岐神 三女　天目一箇命 三女　上筒
男命 三女　饒速日命 三女　誉田別命 三女
　→20社担当
・活杙神と伊邪那岐神 三女
　→24社担当
・活杙神と伊邪那岐神 三女　伊邪那岐神 三女
　→20社担当
・活杙神と伊邪那岐神 三女　伊邪那岐神 三女　哭沢女神 次女
　→20社担当
・活杙神と伊邪那岐神 三女　伊邪那岐神 三女　哭沢女神 次女　天之御
影命 三女
　→20社担当
・活杙神と伊邪那岐神 三女　伊邪那岐神 三女　哭沢女神 次女　天之御
影命 三女　大宜都比売神 三女
　→20社担当
・活杙神と伊邪那岐神 三女　伊邪那岐神 三女　哭沢女神 次女　天之御
影命 三女　大宜都比売神 三女　猿田彦命 三女
　→20社担当
・活杙神と伊邪那岐神 三男
　→24社担当
・活杙神と伊邪那岐神 三男　阿夜訶志古泥神 三男
　→20社担当
・活杙神と伊邪那岐神 三男　阿夜訶志古泥神 三男　衣通姫 三男
　→20社担当
・活杙神と伊邪那岐神 三男　阿夜訶志古泥神 三男　衣通姫 三男　八意
思兼命 三男
　→20社担当
・活杙神と伊邪那岐神 三男　阿夜訶志古泥神 三男　衣通姫 三男　八意
思兼命 三男　金山彦命 三男
　→20社担当

- 活杙神と伊邪那岐神 三男　阿夜訶志古泥神 三男　衣通姫 三男　八意思兼命 三男　金山彦命 三男　磐長姫命 三男
  →20社担当

 活杙神と天之御中主神の次女、三女、三男の1親等から6親等の18柱

- 活杙神と天之御中主神 次女
  →24社担当
- 活杙神と天之御中主神 次女　伊邪那岐神 三女
  →20社担当
- 活杙神と天之御中主神 次女　伊邪那岐神 三女　吉備津彦命 三女
  →20社担当
- 活杙神と天之御中主神 次女　伊邪那岐神 三女　吉備津彦命 三女　柿本人麿 三女
  →20社担当
- 活杙神と天之御中主神 次女　伊邪那岐神 三女　吉備津彦命 三女　柿本人麿 三女　彦火火出見命 次女
  →20社担当
- 活杙神と天之御中主神 次女　伊邪那岐神 三女　吉備津彦命 三女　柿本人麿 三女　彦火火出見命 次女　阿遅鋤高彦根命 三女
  →20社担当
- 活杙神と天之御中主神 三女
  →24社担当
- 活杙神と天之御中主神 三女　淤母陀流神 次女
  →20社担当
- 活杙神と天之御中主神 三女　淤母陀流神 次女　岡象女神 三女
  →20社担当
- 活杙神と天之御中主神 三女　淤母陀流神 次女　岡象女神 三女　天津彦根命 次女
  →20社担当
- 活杙神と天之御中主神 三女　淤母陀流神 次女　岡象女神 三女　天津

彦根命 次女　大屋都姫命 次女
　→20社担当
・活杙神と天之御中主神 三女　淤母陀流神 次女　罔象女神 三女　天津彦根命 次女　大屋都姫命 次女　事代主命 三女
　→20社担当
・活杙神と天之御中主神 三男
　→24社担当
・活杙神と天之御中主神 三男　阿夜訶志古泥神 三男
　→20社担当
・活杙神と天之御中主神 三男　阿夜訶志古泥神 三男　金山彦命 三男
　→20社担当
・活杙神と天之御中主神 三男　阿夜訶志古泥神 三男　金山彦命 三男　野見宿禰 三男
　→20社担当
・活杙神と天之御中主神 三男　阿夜訶志古泥神 三男　金山彦命 三男　野見宿禰 三男　玉依姫命 次男
　→20社担当
・活杙神と天之御中主神 三男　阿夜訶志古泥神 三男　金山彦命 三男　野見宿禰 三男　玉依姫命 次男　甕布都神 三男
　→20社担当

活杙神と高御産巣日神の次女、三女の2親等から6親等、三男の1親等から5親等の15柱

・活杙神と高御産巣日神 次女　伊邪那岐神 次女
　→19社担当
・活杙神と高御産巣日神 次女　伊邪那岐神 次女　天目一箇命 三女
　→20社担当
・活杙神と高御産巣日神 次女　伊邪那岐神 次女　天目一箇命 三女　思金神 三女
　→20社担当
・活杙神と高御産巣日神 次女　伊邪那岐神 次女　天目一箇命 三女　思

金神 三女　鹿屋野姫神 三女
　　→20社担当
・活枚神と高御産巣日神 次女　伊邪那岐神 次女　天目一箇命 三女　思
金神 三女　鹿屋野姫神 三女　大屋都姫命 三女
　　→20社担当
・活枚神と高御産巣日神 三女　伊邪那岐神 三女
　　→20社担当
・活枚神と高御産巣日神 三女　伊邪那岐神 三女　天津彦根命 三女
　　→20社担当
・活枚神と高御産巣日神 三女　伊邪那岐神 三女　天津彦根命 三女　哭
沢女神 次女
　　→20社担当
・活枚神と高御産巣日神 三女　伊邪那岐神 三女　天津彦根命 三女　哭
沢女神 次女　鹿屋野姫神 次女
　　→20社担当
・活枚神と高御産巣日神 三女　伊邪那岐神 三女　天津彦根命 三女　哭
沢女神 次女　鹿屋野姫神 次女　高龗神 三女
　　→20社担当
・活枚神と高御産巣日神 三男
　　→20社担当
・活枚神と高御産巣日神 三男　伊邪那美神 三男
　　→20社担当
・活枚神と高御産巣日神 三男　伊邪那美神 三男　野見宿禰 次男
　　→20社担当
・活枚神と高御産巣日神 三男　伊邪那美神 三男　野見宿禰 次男　大山
咋神 三男
　　→20社担当
・活枚神と高御産巣日神 三男　伊邪那美神 三男　野見宿禰 次男　大山
咋神 三男　豊受大神〔ヒエ〕三男
　　→20社担当

活杙神と素盞嗚尊の次女、三女、三男の1親等から6親等の18柱

- 活杙神と素盞嗚尊 次女
  →24社担当
- 活杙神と素盞嗚尊 次女　意富斗能地神 次女
  →20社担当
- 活杙神と素盞嗚尊 次女　意富斗能地神 次女　瓊瓊杵尊 次女
  →20社担当
- 活杙神と素盞嗚尊 次女　意富斗能地神 次女　瓊瓊杵尊 次女　大国主命 三女
  →20社担当
- 活杙神と素盞嗚尊 次女　意富斗能地神 次女　瓊瓊杵尊 次女　大国主命 三女　宇摩志麻遅命 三女
  →20社担当
- 活杙神と素盞嗚尊 次女　意富斗能地神 次女　瓊瓊杵尊 次女　大国主命 三女　宇摩志麻遅命 三女　天之御中主神 次女
  →20社担当
- 活杙神と素盞嗚尊 三女
  →24社担当
- 活杙神と素盞嗚尊 三女　宇比地邇神 次女
  →20社担当
- 活杙神と素盞嗚尊 三女　宇比地邇神 次女　事代主命 三女
  →20社担当
- 活杙神と素盞嗚尊 三女　宇比地邇神 次女　事代主命 三女　彦火火出見命 次女
  →20社担当
- 活杙神と素盞嗚尊 三女　宇比地邇神 次女　事代主命 三女　彦火火出見命 次女　天之御中主神 三女
  →20社担当
- 活杙神と素盞嗚尊 三女　宇比地邇神 次女　事代主命 三女　彦火火出見命 次女　天之御中主神 三女　大宜都比売神 次女

→20社担当
- 活杙神と素盞嗚尊 三男
　　→24社担当
- 活杙神と素盞嗚尊 三男　大斗乃弁神 次男
　　→20社担当
- 活杙神と素盞嗚尊 三男　大斗乃弁神 次男　金山彦命 次男
　　→20社担当
- 活杙神と素盞嗚尊 三男　大斗乃弁神 次男　金山彦命 次男　天御柱命 三男
　　→20社担当
- 活杙神と素盞嗚尊 三男　大斗乃弁神 次男　金山彦命 次男　天御柱命 三男　気長足姫神 次男
　　→20社担当
- 活杙神と素盞嗚尊 三男　大斗乃弁神 次男　金山彦命 次男　天御柱命 三男　気長足姫神 次男　櫛名田比売神 次男
　　→20社担当

活杙神と高龗神の次女、三女、三男の1親等から6親等の18柱

- 活杙神と高龗神 次女
　　→24社担当
- 活杙神と高龗神 次女　淤母陀流神 三女
　　→20社担当
- 活杙神と高龗神 次女　淤母陀流神 三女　宇摩志麻遅命 次女
　　→20社担当
- 活杙神と高龗神 次女　淤母陀流神 三女　宇摩志麻遅命 次女　役行者 次女
　　→20社担当
- 活杙神と高龗神 次女　淤母陀流神 三女　宇摩志麻遅命 次女　役行者 次女　哭沢女神 三女
　　→20社担当

・活杙神と高龗神 次女　淤母陀流神 三女　宇摩志麻遅命 次女　役行者
次女　哭沢女神 三女　保食神 次女
　　→20社担当
・活杙神と高龗神 三女
　　→24社担当
・活杙神と高龗神 三女　宇比地邇神 三女
　　→20社担当
・活杙神と高龗神 三女　宇比地邇神 三女　思金神 三女
　　→20社担当
・活杙神と高龗神 三女　宇比地邇神 三女　思金神 三女　彦火火出見命
次女
　　→20社担当
・活杙神と高龗神 三女　宇比地邇神 三女　思金神 三女　彦火火出見命
次女　宇摩志麻遅命 三女
　　→20社担当
・活杙神と高龗神 三女　宇比地邇神 三女　思金神 三女　彦火火出見命
次女　宇摩志麻遅命 三女　天之御中主神 次女
　　→20社担当
・活杙神と高龗神 三男
　　→24社担当
・活杙神と高龗神 三男　伊邪那美神 次男
　　→20社担当
・活杙神と高龗神 三男　伊邪那美神 次男　倭迹迹日百襲姫命 三男
　　→20社担当
・活杙神と高龗神 三男　伊邪那美神 次男　倭迹迹日百襲姫命 三男　玉
依姫命 次男
　　→20社担当
・活杙神と高龗神 三男　伊邪那美神 次男　倭迹迹日百襲姫命 三男　玉
依姫命 次男　野見宿禰 次男
　　→20社担当
・活杙神と高龗神 三男　伊邪那美神 次男　倭迹迹日百襲姫命 三男　玉
依姫命 次男　野見宿禰 次男　櫛名田比売神 次男

→20社担当

 活杙神と建御名方神の次女、三女、三男の1親等から6親等の18柱

- 活杙神と建御名方神 次女
  →24社担当
- 活杙神と建御名方神 次女　淤母陀流神 三女
  →20社担当
- 活杙神と建御名方神 次女　淤母陀流神 三女　瓊瓊杵尊 次女
  →20社担当
- 活杙神と建御名方神 次女　淤母陀流神 三女　瓊瓊杵尊 次女　賀茂別雷神 次女
  →20社担当
- 活杙神と建御名方神 次女　淤母陀流神 三女　瓊瓊杵尊 次女　賀茂別雷神 次女　思金神 三女
  →20社担当
- 活杙神と建御名方神 次女　淤母陀流神 三女　瓊瓊杵尊 次女　賀茂別雷神 次女　思金神 三女　大国主命 次女
  →20社担当
- 活杙神と建御名方神 三女
  →24社担当
- 活杙神と建御名方神 三女　伊邪那岐神 三女
  →20社担当
- 活杙神と建御名方神 三女　伊邪那岐神 三女　思金神 次女
  →20社担当
- 活杙神と建御名方神 三女　伊邪那岐神 三女　思金神 次女　鹿屋野姫神 次女
  →20社担当
- 活杙神と建御名方神 三女　伊邪那岐神 三女　思金神 次女　鹿屋野姫神 次女　高倉下命 次女
  →20社担当

113

- 活杙神と建御名方神 三女　伊邪那岐神 三女　思金神 次女　鹿屋野姫神 次女　高倉下命 次女　熊野速玉男神 次女
  →20社担当
- 活杙神と建御名方神 三男
  →24社担当
- 活杙神と建御名方神 三男　阿夜訶志古泥神 次男
  →20社担当
- 活杙神と建御名方神 三男　阿夜訶志古泥神 次男　天忍穂耳命 三男
  →20社担当
- 活杙神と建御名方神 三男　阿夜訶志古泥神 次男　天忍穂耳命 三男　倭迹迹日百襲姫命 三男
  →20社担当
- 活杙神と建御名方神 三男　阿夜訶志古泥神 次男　天忍穂耳命 三男　倭迹迹日百襲姫命 三男　豊玉姫命 次男
  →20社担当
- 活杙神と建御名方神 三男　阿夜訶志古泥神 次男　天忍穂耳命 三男　倭迹迹日百襲姫命 三男　豊玉姫命 次男　金山彦命 次男
  →20社担当

 活杙神と武甕槌神の次女、三女、三男の1親等から6親等の18柱

- 活杙神と武甕槌神 次女
  →24社担当
- 活杙神と武甕槌神 次女　淤母陀流神 三女
  →20社担当
- 活杙神と武甕槌神 次女　淤母陀流神 三女　彦火火出見命 三女
  →20社担当
- 活杙神と武甕槌神 次女　淤母陀流神 三女　彦火火出見命 三女　経津主命 三女
  →20社担当
- 活杙神と武甕槌神 次女　淤母陀流神 三女　彦火火出見命 三女　経津

主命 三女　大宜都比売神 三女
　　→20社担当
・活杙神と武甕槌神 次女　淤母陀流神 三女　彦火火出見命 三女　経津
主命 三女　大宜都比売神 三女　天羽槌雄命 三女
　　→20社担当
・活杙神と武甕槌神 三女
　　→24社担当
・活杙神と武甕槌神 三女　宇比地邇神 次女
　　→20社担当
・活杙神と武甕槌神 三女　宇比地邇神 次女　哭沢女神 三女
　　→20社担当
・活杙神と武甕槌神 三女　宇比地邇神 次女　哭沢女神 三女　月読命 三
女
　　→20社担当
・活杙神と武甕槌神 三女　宇比地邇神 次女　哭沢女神 三女　月読命 三
女　栲幡千千姫命 次女
　　→20社担当
・活杙神と武甕槌神 三女　宇比地邇神 次女　哭沢女神 三女　月読命 三
女　栲幡千千姫命 次女　保食神 次女
　　→20社担当
・活杙神と武甕槌神 三男
　　→24社担当
・活杙神と武甕槌神 三男　阿夜訶志古泥神 三女
　　→20社担当
・活杙神と武甕槌神 三男　阿夜訶志古泥神 三女　磐鹿六雁命 三女
　　→20社担当
・活杙神と武甕槌神 三男　阿夜訶志古泥神 三女　磐鹿六雁命 三女　豊
受大神〔ヒエ〕次女
　　→20社担当
・活杙神と武甕槌神 三男　阿夜訶志古泥神 三女　磐鹿六雁命 三女　豊
受大神〔ヒエ〕次女　衣通姫 次女
　　→20社担当

115

- 活杙神と武甕槌神 三男　阿夜訶志古泥神 三女　磐鹿六雁命 三女　豊受大神〔ヒエ〕次女　衣通姫 次女　豊受大神〔イネ〕次女
  →20社担当

活杙神と大国主命の次女、三女、三男の1親等から6親等の18柱

- 活杙神と大国主命 次女
  →24社担当
- 活杙神と大国主命 次女　伊邪那岐神 次女
  →20社担当
- 活杙神と大国主命 次女　伊邪那岐神 次女　素盞嗚尊 次女
  →20社担当
- 活杙神と大国主命 次女　伊邪那岐神 次女　素盞嗚尊 次女　哭沢女神 三女
  →20社担当
- 活杙神と大国主命 次女　伊邪那岐神 次女　素盞嗚尊 次女　哭沢女神 三女　中筒男命 次女
  →20社担当
- 活杙神と大国主命 次女　伊邪那岐神 次女　素盞嗚尊 次女　哭沢女神 三女　中筒男命 次女　猿田彦命 次女
  →20社担当
- 活杙神と大国主命 三女
  →24社担当
- 活杙神と大国主命 三女　宇比地邇神 三女
  →20社担当
- 活杙神と大国主命 三女　宇比地邇神 三女　宇摩志麻遅命 三女
  →20社担当
- 活杙神と大国主命 三女　宇比地邇神 三女　宇摩志麻遅命 三女　塩土老翁神 次女
  →20社担当
- 活杙神と大国主命 三女　宇比地邇神 三女　宇摩志麻遅命 三女　塩土

老翁神 次女　建御名方神 次女
→20社担当
・活杙神と大国主命 三女　宇比地邇神 三女　宇摩志麻遅命 三女　塩土老翁神 次女　建御名方神 次女　瓊瓊杵尊 三女
→20社担当
・活杙神と大国主命 三男
→24社担当
・活杙神と大国主命 三男　阿夜訶志古泥神 次男
→20社担当
・活杙神と大国主命 三男　阿夜訶志古泥神 次男　甕布都神 次男
→20社担当
・活杙神と大国主命 三男　阿夜訶志古泥神 次男　甕布都神 次男　豊受大神〔アワ〕三男
→20社担当
・活杙神と大国主命 三男　阿夜訶志古泥神 次男　甕布都神 次男　豊受大神〔アワ〕三男　金山彦命 次男
→20社担当
・活杙神と大国主命 三男　阿夜訶志古泥神 次男　甕布都神 次男　豊受大神〔アワ〕三男　金山彦命 次男　豊受大神〔コメ〕三男
→20社担当

活杙神と家都御子神の次女、三女、三男の1親等から6親等の18柱

・活杙神と家都御子神 次女
→24社担当
・活杙神と家都御子神 次女　伊邪那岐神 三女
→20社担当
・活杙神と家都御子神 次女　伊邪那岐神 三女　天稚彦命 次女
→20社担当
・活杙神と家都御子神 次女　伊邪那岐神 三女　天稚彦命 次女　鹿屋野姫神 次女

→20社担当

・活杙神と家都御子神 次女　伊邪那岐神 三女　天稚彦命 次女　鹿屋野姫神 次女　天之御中主神 三女
　　→20社担当

・活杙神と家都御子神 次女　伊邪那岐神 三女　天稚彦命 次女　鹿屋野姫神 次女　天之御中主神 三女　大宜都比売神 次女
　　→20社担当

・活杙神と家都御子神 三女
　　→24社担当

・活杙神と家都御子神 三女　淤母陀流神 三女
　　→20社担当

・活杙神と家都御子神 三女　淤母陀流神 三女　上筒男命 次女
　　→20社担当

・活杙神と家都御子神 三女　淤母陀流神 三女　上筒男命 次女　柿本人麿 三女
　　→20社担当

・活杙神と家都御子神 三女　淤母陀流神 三女　上筒男命 次女　柿本人麿 三女　金精神 三女
　　→20社担当

・活杙神と家都御子神 三女　淤母陀流神 三女　上筒男命 次女　柿本人麿 三女　金精神 三女　国御柱命 次女
　　→20社担当

・活杙神と家都御子神 三男
　　→24社担当

・活杙神と家都御子神 三男　阿夜訶志古泥神 三男
　　→20社担当

・活杙神と家都御子神 三男　阿夜訶志古泥神 三男　鸕鶿草葺不合尊 次男
　　→20社担当

・活杙神と家都御子神 三男　阿夜訶志古泥神 三男　鸕鶿草葺不合尊 次男　気長足姫神 三男
　　→20社担当

- 活代神と家都御子神 三男　阿夜訶志古泥神 三男　鸕鶿草葺不合尊 次男　気長足姫神 三男　豊受大神〔ムギ〕次男
  →20社担当
- 活代神と家都御子神 三男　阿夜訶志古泥神 三男　鸕鶿草葺不合尊 次男　気長足姫神 三男　豊受大神〔ムギ〕次男　倭迹迹日百襲姫命 次男
  →20社担当

 活代神と熊野速玉男神の次女、三女、三男の1親等から6親等の18柱

- 活代神と熊野速玉男神 次女
  →24社担当
- 活代神と熊野速玉男神 次女　意富斗能地神 三女
  →20社担当
- 活代神と熊野速玉男神 次女　意富斗能地神 三女　大禍津日神 次女
  →20社担当
- 活代神と熊野速玉男神 次女　意富斗能地神 三女　大禍津日神 次女　事代主命 三女
  →20社担当
- 活代神と熊野速玉男神 次女　意富斗能地神 三女　大禍津日神 次女　事代主命 三女　建御名方神 三女
  →20社担当
- 活代神と熊野速玉男神 次女　意富斗能地神 三女　大禍津日神 次女　事代主命 三女　建御名方神 三女　大綿津見神 次女
  →20社担当
- 活代神と熊野速玉男神 三女
  →24社担当
- 活代神と熊野速玉男神 三女　伊邪那岐神 三女
  →20社担当
- 活代神と熊野速玉男神 三女　伊邪那岐神 三女　上筒男命 三女
  →20社担当

- 活杙神と熊野速玉男神 三女　伊邪那岐神 三女　上筒男命 三女　豊雲野神 次女
  →20社担当
- 活杙神と熊野速玉男神 三女　伊邪那岐神 三女　上筒男命 三女　豊雲野神 次女　奥津彦命 次女
  →20社担当
- 活杙神と熊野速玉男神 三女　伊邪那岐神 三女　上筒男命 三女　豊雲野神 次女　奥津彦命 次女　五十猛命 三女
  →20社担当
- 活杙神と熊野速玉男神 三男
  →24社担当
- 活杙神と熊野速玉男神 三男　大斗乃弁神 次男
  →20社担当
- 活杙神と熊野速玉男神 三男　大斗乃弁神 次男　磐鹿六雁命 三男
  →20社担当
- 活杙神と熊野速玉男神 三男　大斗乃弁神 次男　磐鹿六雁命 三男　迦具土神 次男
  →20社担当
- 活杙神と熊野速玉男神 三男　大斗乃弁神 次男　磐鹿六雁命 三男　迦具土神 次男　甕布都神 三男
  →20社担当
- 活杙神と熊野速玉男神 三男　大斗乃弁神 次男　磐鹿六雁命 三男　迦具土神 次男　甕布都神 三男　伊奢沙別命 次男
  →20社担当

活杙神と月読命の次女、三女、三男の1親等から6親等の18柱

- 活杙神と月読命 次女
  →24社担当
- 活杙神と月読命 次女　伊邪那岐神 三女
  →20社担当

・活杙神と月読命 次女　伊邪那岐神 三女　天目一箇命 三女
　→20社担当
・活杙神と月読命 次女　伊邪那岐神 三女　天目一箇命 三女　玉祖命 次
　女
　→20社担当
・活杙神と月読命 次女　伊邪那岐神 三女　天目一箇命 三女　玉祖命 次
　女　鹿屋野姫神 次女
　→20社担当
・活杙神と月読命 次女　伊邪那岐神 三女　天目一箇命 三女　玉祖命 次
　女　鹿屋野姫神 次女　高倉下命 次男
　→20社担当
・活杙神と月読命 三女
　→24社担当
・活杙神と月読命 三女　淤母陀流神 次女
　→20社担当
・活杙神と月読命 三女　淤母陀流神 次女　天之御影命 三女
　→20社担当
・活杙神と月読命 三女　淤母陀流神 次女　天之御影命 三女　天稚彦命
　次女
　→20社担当
・活杙神と月読命 三女　淤母陀流神 次女　天之御影命 三女　天稚彦命
　次女　金精神 三女
　→20社担当
・活杙神と月読命 三女　淤母陀流神 次女　天之御影命 三女　天稚彦命
　次女　金精神 三女　火雷神 次女
　→20社担当
・活杙神と月読命 三男
　→24社担当
・活杙神と月読命 三男　阿夜訶志古泥神 次男
　→20社担当
・活杙神と月読命 三男　阿夜訶志古泥神 次男　奥津姫命 次男
　→20社担当

121

- 活杙神と月読命 三男　阿夜訶志古泥神 次男　奥津姫命 次男　天香山命 三男
  →20社担当
- 活杙神と月読命 三男　阿夜訶志古泥神 次男　奥津姫命 次男　天香山命 三男　豊受大神〔イネ〕三男
  →20社担当
- 活杙神と月読命 三男　阿夜訶志古泥神 次男　奥津姫命 次男　天香山命 三男　豊受大神〔イネ〕三男　八意思兼命 次男
  →20社担当

 活杙神と国御柱命の次女、三女、三男の1親等から6親等の18柱

- 活杙神と国御柱命 次女
  →24社担当
- 活杙神と国御柱命 次女　淤母陀流神 三女
  →20社担当
- 活杙神と国御柱命 次女　淤母陀流神 三女　瓊瓊杵尊 次女
  →20社担当
- 活杙神と国御柱命 次女　淤母陀流神 三女　瓊瓊杵尊 次女　国御柱命 三女
  →20社担当
- 活杙神と国御柱命 次女　淤母陀流神 三女　瓊瓊杵尊 次女　国御柱命 三女　上筒男命 三女
  →20社担当
- 活杙神と国御柱命 次女　淤母陀流神 三女　瓊瓊杵尊 次女　国御柱命 三女　上筒男命 三女　経津主命 三女
  →20社担当
- 活杙神と国御柱命 三女
  →24社担当
- 活杙神と国御柱命 三女　淤母陀流神 次女
  →20社担当

- 活枡神と国御柱命 三女　淤母陀流神 次女　宇摩志麻遅命 三女
  →20社担当
- 活枡神と国御柱命 三女　淤母陀流神 次女　宇摩志麻遅命 三女　天之御影命 次女
  →20社担当
- 活枡神と国御柱命 三女　淤母陀流神 次女　宇摩志麻遅命 三女　天之御影命 次女　賀茂別雷神　次女
  →20社担当
- 活枡神と国御柱命 三女　淤母陀流神 次女　宇摩志麻遅命 三女　天之御影命 次女　賀茂別雷神 次女　役行者 三女
  →20社担当
- 活枡神と国御柱命 三男
  →24社担当
- 活枡神と国御柱命 三男　大斗乃弁神 次男
  →20社担当
- 活枡神と国御柱命 三男　大斗乃弁神 次男　野見宿禰 次男
  →20社担当
- 活枡神と国御柱命 三男　大斗乃弁神 次男　野見宿禰 次男　玉依姫命 三男
  →20社担当
- 活枡神と国御柱命 三男　大斗乃弁神 次男　野見宿禰 次男　玉依姫命 三男　天香山命　次男
  →20社担当
- 活枡神と国御柱命 三男　大斗乃弁神 次男　野見宿禰 次男　玉依姫命 三男　天香山命 次男　金毘羅神 次男
  →20社担当

活枡神と役行者の次女、三女、三男の1親等から6親等の18柱

- 活枡神と役行者 次女
  →24社担当

第6章　日本全国の氏神神社の氏神様を構成している神様

- 活杙神と役行者 次女　淤母陀流神 三女
　→20社担当
- 活杙神と役行者 次女　淤母陀流神 三女　鹿屋野姫神 三女
　→20社担当
- 活杙神と役行者 次女　淤母陀流神 三女　鹿屋野姫神 三女　玉祖命 次女
　→20社担当
- 活杙神と役行者 次女　淤母陀流神 三女　鹿屋野姫神 三女　玉祖命 次女　大禍津日神 三女
　→20社担当
- 活杙神と役行者 次女　淤母陀流神 三女　鹿屋野姫神 三女　玉祖命 次女　大禍津日神 三女　天目一箇命 次女
- 活杙神と役行者 三女
　→24社担当
- 活杙神と役行者 三女　伊邪那岐神 三女
　→20社担当
- 活杙神と役行者 三女　伊邪那岐神 三女　宇摩志麻遅命 三女
　→20社担当
- 活杙神と役行者 三女　伊邪那岐神 三女　宇摩志麻遅命 三女　柿本人麿 次女
　→20社担当
- 活杙神と役行者 三女　伊邪那岐神 三女　宇摩志麻遅命 三女　柿本人麿 次女　思金神 次女
　→20社担当
- 活杙神と役行者 三女　伊邪那岐神 三女　宇摩志麻遅命 三女　柿本人麿 次女　思金神 次女　素盞嗚尊 三女
　→20社担当
- 活杙神と役行者 三男
　→24社担当
- 活杙神と役行者 三男　大斗乃弁神 三男
　→20社担当
- 活杙神と役行者 三男　大斗乃弁神 三男　倭迹迹日百襲姫命 三男

→20社担当
- 活杙神と役行者 三男　大斗乃弁神 三男　倭迹迹日百襲姫命 三男　若宇加能売命 次男
　　→20社担当
- 活杙神と役行者 三男　大斗乃弁神 三男　倭迹迹日百襲姫命 三男　若宇加能売命 次男　天御柱命 三男
　　→20社担当
- 活杙神と役行者 三男　大斗乃弁神 三男　倭迹迹日百襲姫命 三男　若宇加能売命 次男　天御柱命 三男　豊受大神〔イネ〕三男
　　→20社担当

 活杙神と賀茂別雷神の次女、三女、三男の1親等から6親等の18柱

- 活杙神と賀茂別雷神 次女
　　→24社担当
- 活杙神と賀茂別雷神 次女　伊邪那岐神 三女
　　→20社担当
- 活杙神と賀茂別雷神 次女　伊邪那岐神 三女　火雷神 次女
　　→20社担当
- 活杙神と賀茂別雷神 次女　伊邪那岐神 三女　火雷神 次女　中筒男命 三女
　　→20社担当
- 活杙神と賀茂別雷神 次女　伊邪那岐神 三女　火雷神 次女　中筒男命 三女　宇摩志麻遅命 三女
　　→20社担当
- 活杙神と賀茂別雷神 次女　伊邪那岐神 三女　火雷神 次女　中筒男命 三女　宇摩志麻遅命 三女　阿遅鋤高彦根命 三女
　　→20社担当
- 活杙神と賀茂別雷神 三女
　　→24社担当
- 活杙神と賀茂別雷神 三女　意富斗能地神 三女

- 活杙神と賀茂別雷神 三女　意富斗能地神 三女　役行者 三女
  →20社担当
- 活杙神と賀茂別雷神 三女　意富斗能地神 三女　役行者 三女　彦火火出見命 三女
  →20社担当
- 活杙神と賀茂別雷神 三女　意富斗能地神 三女　役行者 三女　彦火火出見命 三女　武甕槌神 三女
  →20社担当
- 活杙神と賀茂別雷神 三女　意富斗能地神 三女　役行者 三女　彦火火出見命 三女　武甕槌神 三女　天手力男命 三女
  →20社担当
- 活杙神と賀茂別雷神 三男
  →24社担当
- 活杙神と賀茂別雷神 三男　伊邪那美神 次男
  →20社担当
- 活杙神と賀茂別雷神 三男　伊邪那美神 次男　倭迹迹日百襲姫命 三男
  →20社担当
- 活杙神と賀茂別雷神 三男　伊邪那美神 次男　倭迹迹日百襲姫命 三男　豊受大神〔ヒエ〕三男
  →20社担当
- 活杙神と賀茂別雷神 三男　伊邪那美神 次男　倭迹迹日百襲姫命 三男　豊受大神〔ヒエ〕三男　迦具土神 三男
  →20社担当
- 活杙神と賀茂別雷神 三男　伊邪那美神 次男　倭迹迹日百襲姫命 三男　豊受大神〔ヒエ〕三男　迦具土神 三男　伊奢沙別命 三男
  →20社担当

活杙神と吉備津彦命の次女、三女、三男の1親等から6親等の18柱

- 活杙神と吉備津彦命 次女

→24社担当
・活杁神と吉備津彦命 次女　伊邪那岐神 三女
　　→20社担当
・活杁神と吉備津彦命 次女　伊邪那岐神 三女　宇摩志麻遅命 次女
　　→20社担当
・活杁神と吉備津彦命 次女　伊邪那岐神 三女　宇摩志麻遅命 次女　阿
　遅鋤高彦根命 三女
　　→20社担当
・活杁神と吉備津彦命 次女　伊邪那岐神 三女　宇摩志麻遅命 次女　阿
　遅鋤高彦根命 三女　天之御中主神 三女
　　→20社担当
・活杁神と吉備津彦命 次女　伊邪那岐神 三女　宇摩志麻遅命 次女　阿
　遅鋤高彦根命 三女　天之御中主神 三女　瓊瓊杵尊 三女
　　→20社担当
・活杁神と吉備津彦命 三女
　　→24社担当
・活杁神と吉備津彦命 三女　淤母陀流神 三女
　　→20社担当
・活杁神と吉備津彦命 三女　淤母陀流神 三女　中筒男命 三女
　　→20社担当
・活杁神と吉備津彦命 三女　淤母陀流神 三女　中筒男命 三女　高倉下
　命 三女
　　→20社担当
・活杁神と吉備津彦命 三女　淤母陀流神 三女　中筒男命 三女　高倉下
　命 三女　哭沢女神 三女
　　→20社担当
・活杁神と吉備津彦命 三女　淤母陀流神 三女　中筒男命 三女　高倉下
　命 三女　哭沢女神 三女　武内宿禰 三女
　　→20社担当
・活杁神と吉備津彦命 三男
　　→24社担当
・活杁神と吉備津彦命 三男　伊邪那美神 次男

- 活杙神と吉備津彦命 三男　伊邪那美神 次男　天宇受売命 三男
  →20社担当
- 活杙神と吉備津彦命 三男　伊邪那美神 次男　天宇受売命 三男　野見宿禰 次男
  →20社担当
- 活杙神と吉備津彦命 三男　伊邪那美神 次男　天宇受売命 三男　野見宿禰 次男　熱田神 次男
  →20社担当
- 活杙神と吉備津彦命 三男　伊邪那美神 次男　天宇受売命 三男　野見宿禰 次男　熱田神 次男　大宮能売命 三男
  →20社担当

活杙神と神大市姫命の次女、三女、三男の1親等から6親等の18柱

- 活杙神と神大市姫命 次女
  →24社担当
- 活杙神と神大市姫命 次女　宇比地邇神 三女
  →20社担当
- 活杙神と神大市姫命 次女　宇比地邇神 三女　天羽槌雄命 次女
  →20社担当
- 活杙神と神大市姫命 次女　宇比地邇神 三女　天羽槌雄命 次女　栲幡千千姫命 三女
  →20社担当
- 活杙神と神大市姫命 次女　宇比地邇神 三女　天羽槌雄命 次女　栲幡千千姫命 三女　月読命 三女
  →20社担当
- 活杙神と神大市姫命 次女　宇比地邇神 三女　天羽槌雄命 次女　栲幡千千姫命 三女　月読命 三女　岡象女神 次女
  →20社担当
- 活杙神と神大市姫命 三女

→24社担当

・活杙神と神大市姫命 三女　淤母陀流神 三女
　→20社担当

・活杙神と神大市姫命 三女　淤母陀流神 三女　天稚彦命 三女
　→20社担当

・活杙神と神大市姫命 三女　淤母陀流神 三女　天稚彦命 三女　誉田別
　命 三女
　→20社担当

・活杙神と神大市姫命 三女　淤母陀流神 三女　天稚彦命 三女　誉田別
　命 三女　大屋都姫命 三女
　→20社担当

・活杙神と神大市姫命 三女　淤母陀流神 三女　天稚彦命 三女　誉田別
　命 三女　大屋都姫命 三女　高御産巣日神 三女
　→20社担当

・活杙神と神大市姫命 三男
　→24社担当

・活杙神と神大市姫命 三男　伊邪那美神 次男
　→20社担当

・活杙神と神大市姫命 三男　伊邪那美神 次男　天穂日命 三男
　→20社担当

・活杙神と神大市姫命 三男　伊邪那美神 次男　天穂日命 三男　豊受大
　神〔ヒエ〕次男
　→20社担当

・活杙神と神大市姫命 三男　伊邪那美神 次男　天穂日命 三男　豊受大
　神〔ヒエ〕次男　大年神 次男
　→20社担当

・活杙神と神大市姫命 三男　伊邪那美神 次男　天穂日命 三男　豊受大
　神〔ヒエ〕次男　大年神 次男　野見宿禰 次男
　→20社担当

第6章　日本全国の氏神神社の氏神様を構成している神様

 活杙神と柿本人麿の次女、三女、三男の1親等から6親等の18柱

- 活杙神と柿本人麿 次女
  →24社担当
- 活杙神と柿本人麿 次女　伊邪那岐神 三女
  →20社担当
- 活杙神と柿本人麿 次女　伊邪那岐神 三女　大綿津見神 次女
  →20社担当
- 活杙神と柿本人麿 次女　伊邪那岐神 三女　大綿津見神 次女　稚日女命 三女
  →20社担当
- 活杙神と柿本人麿 次女　伊邪那岐神 三女　大綿津見神 次女　稚日女命 三女　豊雲野神 三女
  →20社担当
- 活杙神と柿本人麿 次女　伊邪那岐神 三女　大綿津見神 次女　稚日女命 三女　豊雲野神 三女　罔象女神 次女
  →20社担当
- 活杙神と柿本人麿 三女
  →24社担当
- 活杙神と柿本人麿 三女　伊邪那岐神 三女
  →20社担当
- 活杙神と柿本人麿 三女　伊邪那岐神 三女　天津彦根命 三女
  →20社担当
- 活杙神と柿本人麿 三女　伊邪那岐神 三女　天津彦根命 三女　久久能智神 三女
  →20社担当
- 活杙神と柿本人麿 三女　伊邪那岐神 三女　天津彦根命 三女　久久能智神 三女　国御柱命 三女
  →20社担当
- 活杙神と柿本人麿 三女　伊邪那岐神 三女　天津彦根命 三女　久久能智神 三女　国御柱命 三女　大綿津見神 三女

→20社担当
・活杙神と柿本人麿 三男
　　→24社担当
・活杙神と柿本人麿 三男　阿夜訶志古泥神 次男
　　→20社担当
・活杙神と柿本人麿 三男　阿夜訶志古泥神 次男　石凝姥命 三男
　　→20社担当
・活杙神と柿本人麿 三男　阿夜訶志古泥神 次男　石凝姥命 三男　気長足姫神 次男
　　→20社担当
・活杙神と柿本人麿 三男　阿夜訶志古泥神 次男　石凝姥命 三男　気長足姫神 次男　金毘羅神 次男
　　→20社担当
・活杙神と柿本人麿 三男　阿夜訶志古泥神 次男　石凝姥命 三男　気長足姫神 次男　金毘羅神 次男　天火明命 次男
　　→20社担当

 活杙神と塩土老翁神の次女、三女の1親等から5親等、三男の1親等から4親等の14柱

・活杙神と塩土老翁神 次女
　　→24社担当
・活杙神と塩土老翁神 次女　宇比地邇神 三女
　　→20社担当
・活杙神と塩土老翁神 次女　宇比地邇神 三女　哭沢女神 三女
　　→20社担当
・活杙神と塩土老翁神 次女　宇比地邇神 三女　哭沢女神 三女　天之御影命 三女
　　→20社担当
・活杙神と塩土老翁神 次女　宇比地邇神 三女　哭沢女神 三女　天之御影命 三女　宇摩志麻遅命 三女
　　→20社担当

第 6 章　日本全国の氏神神社の氏神様を構成している神様

- 活枴神と塩土老翁神 三女
  →24社担当
- 活枴神と塩土老翁神 三女　意富斗能地神 三女
  →20社担当
- 活枴神と塩土老翁神 三女　意富斗能地神 三女　誉田別命 三女
  →20社担当
- 活枴神と塩土老翁神 三女　意富斗能地神 三女　誉田別命 三女　玉祖命 三女
  →20社担当
- 活枴神と塩土老翁神 三女　意富斗能地神 三女　誉田別命 三女　玉祖命 三女　天手力男命 三女
  →20社担当
- 活枴神と塩土老翁神 三男
  →24社担当
- 活枴神と塩土老翁神 三男　伊邪那美神 次男
  →20社担当
- 活枴神と塩土老翁神 三男　伊邪那美神 次男　甕布都神 三男
  →20社担当
- 活枴神と塩土老翁神 三男　伊邪那美神 次男　甕布都神 三男　天穂日命 三男
  →20社担当

 活枴神と誉田別命の次女、三女、三男の1親等から6親等の18柱

- 活枴神と誉田別命 次女
  →24社担当
- 活枴神と誉田別命 次女　伊邪那岐神 三女
  →20社担当
- 活枴神と誉田別命 次女　伊邪那岐神 三女　瓊瓊杵尊 三女
  →20社担当
- 活枴神と誉田別命 次女　伊邪那岐神 三女　瓊瓊杵尊 三女　賀茂別雷

神 三女

→20社担当

・活杁神と誉田別命 次女　伊邪那岐神 三女　瓊瓊杵尊 三女　賀茂別雷
神 三女　鹿屋野姫神 三女

→20社担当

・活杁神と誉田別命 次女　伊邪那岐神 三女　瓊瓊杵尊 三女　賀茂別雷
神 三女　鹿屋野姫神 三女　役行者 三女

→20社担当

・活杁神と誉田別命 三女

→24社担当

・活杁神と誉田別命 三女　淤母陀流神 三女

→20社担当

・活杁神と誉田別命 三女　淤母陀流神 三女　大宜都比売神 三女

→20社担当

・活杁神と誉田別命 三女　淤母陀流神 三女　大宜都比売神 三女　国御
柱命 三女

→20社担当

・活杁神と誉田別命 三女　淤母陀流神 三女　大宜都比売神 三女　国御
柱命 三女　金精神 三女

→20社担当

・活杁神と誉田別命 三女　淤母陀流神 三女　大宜都比売神 三女　国御
柱命 三女　金精神 三女　誉田別命 三女

→20社担当

・活杁神と誉田別命 三男

→24社担当

・活杁神と誉田別命 三男　須比智邇神 三男

→20社担当

・活杁神と誉田別命 三男　須比智邇神 三男　金山彦命 三男

→20社担当

・活杁神と誉田別命 三男　須比智邇神 三男　金山彦命 三男　豊受大神
〔アワ〕 三男

→20社担当

133

- 活杙神と誉田別命 三男　須比智邇神 三男　金山彦命 三男　豊受大神〔アワ〕三男　天宇受売命 次男
  →20社担当
- 活杙神と誉田別命 三男　須比智邇神 三男　金山彦命 三男　豊受大神〔アワ〕三男　天宇受売命 次男　天太玉命 次男
  →20社担当

活杙神と経津主命の次女、三女、三男の1親等から6親等の18柱

- 活杙神と経津主命 次女
  →24社担当
- 活杙神と経津主命 次女　淤母陀流神 三女
  →20社担当
- 活杙神と経津主命 次女　淤母陀流神 三女　天之御中主神 次女
  →20社担当
- 活杙神と経津主命 次女　淤母陀流神 三女　天之御中主神 次女　宇摩志麻遅命 三女
  →20社担当
- 活杙神と経津主命 次女　淤母陀流神 三女　天之御中主神 次女　宇摩志麻遅命 三女　火雷神 三女
  →20社担当
- 活杙神と経津主命 次女　淤母陀流神 三女　天之御中主神 次女　宇摩志麻遅命 三女　火雷神 三女　建御名方神 次女
  →20社担当
- 活杙神と経津主命 三女
  →24社担当
- 活杙神と経津主命 三女　伊邪那岐神 次女
  →20社担当
- 活杙神と経津主命 三女　伊邪那岐神 次女　天之御中主神 三女
  →20社担当
- 活杙神と経津主命 三女　伊邪那岐神 次女　天之御中主神 三女　国御

柱命 三女
　→20社担当
・活杙神と経津主命 三女　伊邪那岐神 次女　天之御中主神 三女　国御柱命 三女　武甕槌神 三女
　→20社担当
・活杙神と経津主命 三女　伊邪那岐神 次女　天之御中主神 三女　国御柱命 三女　武甕槌神 三女　思金神 三女
　→20社担当
・活杙神と経津主命 三男
　→24社担当
・活杙神と経津主命 三男　阿夜訶志古泥神 次男
　→20社担当
・活杙神と経津主命 三男　阿夜訶志古泥神 次男　国之常立神 三男
　→20社担当
・活杙神と経津主命 三男　阿夜訶志古泥神 次男　国之常立神 三男　木花咲耶姫神 次男
　→20社担当
・活杙神と経津主命 三男　阿夜訶志古泥神 次男　国之常立神 三男　木花咲耶姫神 次男　玉依姫命 三男
　→20社担当
・活杙神と経津主命 三男　阿夜訶志古泥神 次男　国之常立神 三男　木花咲耶姫神 次男　玉依姫命 三男　櫛名田比売神 三男
　→20社担当

活杙神と豊雲野神の次女、三女、三男の１親等から６親等の18柱

・活杙神と豊雲野神 次女
　→24社担当
・活杙神と豊雲野神 次女　淤母陀流神 次女
　→20社担当
・活杙神と豊雲野神 次女　淤母陀流神 次女　哭沢女神 三女

第 6 章　日本全国の氏神神社の氏神様を構成している神様

　　　→ 20 社担当
・活杙神と豊雲野神 次女　淤母陀流神 次女　哭沢女神 三女　事代主命
　次女
　　　→ 20 社担当
・活杙神と豊雲野神 次女　淤母陀流神 次女　哭沢女神 三女　事代主命
　次女　玉祖命 三女
　　　→ 20 社担当
・活杙神と豊雲野神 次女　淤母陀流神 次女　哭沢女神 三女　事代主命
　次女　玉祖命 三女　天手力男命 三女
　　　→ 20 社担当
・活杙神と豊雲野神 三女
　　　→ 24 社担当
・活杙神と豊雲野神 三女　淤母陀流神 次女
　　　→ 20 社担当
・活杙神と豊雲野神 三女　淤母陀流神 次女　猿田彦命 次女
　　　→ 20 社担当
・活杙神と豊雲野神 三女　淤母陀流神 次女　猿田彦命 次女　大山祇神
　三女
　　　→ 20 社担当
・活杙神と豊雲野神 三女　淤母陀流神 次女　猿田彦命 次女　大山祇神
　三女　火雷神 三女
　　　→ 20 社担当
・活杙神と豊雲野神 三女　淤母陀流神 次女　猿田彦命 次女　大山祇神
　三女　火雷神 三女　家都御子神 次女
　　　→ 20 社担当
・活杙神と豊雲野神 三男
　　　→ 24 社担当
・活杙神と豊雲野神 三男　伊邪那美神 次男
　　　→ 20 社担当
・活杙神と豊雲野神 三男　伊邪那美神 次男　菊理媛神 次男
　　　→ 20 社担当
・活杙神と豊雲野神 三男　伊邪那美神 次男　菊理媛神 次男　磐鹿六雁

136

命 次男
　→20社担当
- 活杙神と豊雲野神 三男　伊邪那美神 次男　菊理媛神 次男　磐鹿六雁命 次男　石凝姥命 次男
　→20社担当
- 活杙神と豊雲野神 三男　伊邪那美神 次男　菊理媛神 次男　玉依姫命 三男　石凝姥命 次男　多紀理姫命 三男
　→20社担当

 活杙神と天石門別命の次女、三女、三男の1親等から6親等の18柱

- 活杙神と天石門別命 次女
　→24社担当
- 活杙神と天石門別命 次女　淤母陀流神 三女
　→20社担当
- 活杙神と天石門別命 次女　淤母陀流神 三女　哭沢女神 次女
　→20社担当
- 活杙神と天石門別命 次女　淤母陀流神 三女　哭沢女神 次女　高御産巣日神 次女
　→20社担当
- 活杙神と天石門別命 次女　淤母陀流神 三女　哭沢女神 次女　高御産巣日神 次女　哭沢女神 三女
　→20社担当
- 活杙神と天石門別命 次女　淤母陀流神 三女　哭沢女神 次女　高御産巣日神 次女　哭沢女神 三女　賀茂別雷神 三女
　→20社担当
- 活杙神と天石門別命 三女
　→24社担当
- 活杙神と天石門別命 三女　宇比地邇神 次女
　→20社担当
- 活杙神と天石門別命 三女　宇比地邇神 次女　宇摩志麻遅命 三女

137

- 活杙神と天石門別命 三女　宇比地邇神 次女　宇摩志麻遅命 三女　天之御中主神 次女
  →20社担当
- 活杙神と天石門別命 三女　宇比地邇神 次女　宇摩志麻遅命 三女　天之御中主神 次女　瓊瓊杵尊 次女
  →20社担当
- 活杙神と天石門別命 三女　宇比地邇神 次女　宇摩志麻遅命 三女　天之御中主神 次女　瓊瓊杵尊 次女　天目一箇命 次女
  →20社担当
- 活杙神と天石門別命 三男
  →24社担当
- 活杙神と天石門別命 三男　阿夜訶志古泥神 三男
  →20社担当
- 活杙神と天石門別命 三男　阿夜訶志古泥神 三男　底筒男命 次男
  →20社担当
- 活杙神と天石門別命 三男　阿夜訶志古泥神 三男　底筒男命 次男　天宇受売命 三男
  →20社担当
- 活杙神と天石門別命 三男　阿夜訶志古泥神 三男　底筒男命 次男　天宇受売命 三男　天太玉命 次男
  →20社担当
- 活杙神と天石門別命 三男　阿夜訶志古泥神 三男　底筒男命 次男　天宇受売命 三男　天太玉命 次男　石凝姥命 三男
  →20社担当

活杙神と天之御影命の次女、三女、三男の１親等から６親等の18柱

- 活杙神と天之御影命 次女
  →24社担当
- 活杙神と天之御影命 次女　伊邪那岐神 三女

→20社担当

・活杙神と天之御影命 次女　伊邪那岐神 三女　宇摩志麻遅命 三女
　→20社担当

・活杙神と天之御影命 次女　伊邪那岐神 三女　宇摩志麻遅命 三女　饒
　速日命 次女
　→20社担当

・活杙神と天之御影命 次女　伊邪那岐神 三女　宇摩志麻遅命 三女　饒
　速日命 次女　瓊瓊杵尊 三女
　→20社担当

・活杙神と天之御影命 次女　伊邪那岐神 三女　宇摩志麻遅命 三女　饒
　速日命 次女　瓊瓊杵尊 三女　国御柱命 三女
　→20社担当

・活杙神と天之御影命 三女
　→24社担当

・活杙神と天之御影命 三女　淤母陀流神 三女
　→20社担当

・活杙神と天之御影命 三女　淤母陀流神 三女　鹿屋野姫神 次女
　→20社担当

・活杙神と天之御影命 三女　淤母陀流神 三女　鹿屋野姫神 次女　神大
　市姫命 三女
　→20社担当

・活杙神と天之御影命 三女　淤母陀流神 三女　鹿屋野姫神 次女　神大
　市姫命 三女　彦火火出見命 三女
　→20社担当

・活杙神と天之御影命 三女　淤母陀流神 三女　鹿屋野姫神 次女　神大
　市姫命 三女　彦火火出見命 三女　役行者 三女
　→20社担当

・活杙神と天之御影命 三男
　→24社担当

・活杙神と天之御影命 三男　阿夜訶志古泥神 次男
　→20社担当

・活杙神と天之御影命 三男　阿夜訶志古泥神 次男　奥津姫命 三男

第6章　日本全国の氏神神社の氏神様を構成している神様

　　→20社担当
- 活杙神と天之御影命 三男　阿夜訶志古泥神 次男　奥津姫命 三男　豊受大神〔ヒエ〕次男
　　→20社担当
- 活杙神と天之御影命 三男　阿夜訶志古泥神 次男　奥津姫命 三男　豊受大神〔ヒエ〕次男　豊受大神〔ムギ〕次男
　　→20社担当
- 活杙神と天之御影命 三男　阿夜訶志古泥神 次男　奥津姫命 三男　豊受大神〔ヒエ〕次男　豊受大神〔ムギ〕次男　天忍穂耳命 三男
　　→20社担当

活杙神と天目一箇命の次女、三女、三男の1親等から6親等の18柱

- 活杙神と天目一箇命 次女
　　→24社担当
- 活杙神と天目一箇命 次女　伊邪那岐神 三女
　　→20社担当
- 活杙神と天目一箇命 次女　伊邪那岐神 三女　国御柱命 三女
　　→20社担当
- 活杙神と天目一箇命 次女　伊邪那岐神 三女　国御柱命 三女　塩土老翁神 三女
　　→20社担当
- 活杙神と天目一箇命 次女　伊邪那岐神 三女　国御柱命 三女　塩土老翁神 三女　大山祇神 三女
　　→20社担当
- 活杙神と天目一箇命 次女　伊邪那岐神 三女　国御柱命 三女　塩土老翁神 三女
大山祇神 三女　豊雲野神 三女
　　→20社担当
- 活杙神と天目一箇命 三女
　　→24社担当

140

- 活杙神と天目一箇命 三女　淤母陀流神 三女
  - →20社担当
- 活杙神と天目一箇命 三女　淤母陀流神 三女　饒速日命 三女
  - →20社担当
- 活杙神と天目一箇命 三女　淤母陀流神 三女　饒速日命 三女　猿田彦命 三女
  - →20社担当
- 活杙神と天目一箇命 三女　淤母陀流神 三女　饒速日命 三女　猿田彦命 三女　吉備津彦命 三女
  - →20社担当
- 活杙神と天目一箇命 三女　淤母陀流神 三女　饒速日命 三女　猿田彦命 三女　吉備津彦命 三女　奥津彦命 三女
  - →20社担当
- 活杙神と天目一箇命 三男
  - →24社担当
- 活杙神と天目一箇命 三男　阿夜訶志古泥神 次男
  - →20社担当
- 活杙神と天目一箇命 三男　阿夜訶志古泥神 次男　若宇加能売命 三男
  - →20社担当
- 活杙神と天目一箇命 三男　阿夜訶志古泥神 次男　若宇加能売命 三男　石凝姥命 次男
  - →20社担当
- 活杙神と天目一箇命 三男　阿夜訶志古泥神 次男　若宇加能売命 三男　石凝姥命 次男　天日槍命 次男
  - →20社担当
- 活杙神と天目一箇命 三男　阿夜訶志古泥神 次男　若宇加能売命 三男　石凝姥命 次男　天日槍命 次男　底筒男命 三男
  - →20社担当

活杙神と少彦名命の次女、三女、三男の1親等から6親等の18柱

- 活杙神と少彦名命 次女
  →24社担当
- 活杙神と少彦名命 次女　淤母陀流神 次女
  →20社担当
- 活杙神と少彦名命 次女　淤母陀流神 次女　瓊瓊杵尊 三女
  →20社担当
- 活杙神と少彦名命 次女　淤母陀流神 次女　瓊瓊杵尊 三女　大国主命 次女
  →20社担当
- 活杙神と少彦名命 次女　淤母陀流神 次女　瓊瓊杵尊 三女　大国主命 次女　玉祖命 三女
  →20社担当
- 活杙神と少彦名命 次女　淤母陀流神 次女　瓊瓊杵尊 三女　大国主命 次女　玉祖命 三女　神大市姫命 三女
  →20社担当
- 活杙神と少彦名命 三女
  →24社担当
- 活杙神と少彦名命 三女　伊邪那岐神 三女
  →20社担当
- 活杙神と少彦名命 三女　伊邪那岐神 三女　武甕槌神 次女
  →20社担当
- 活杙神と少彦名命 三女　伊邪那岐神 三女　武甕槌神 次女　彦火火出見命 次女
  →20社担当
- 活杙神と少彦名命 三女　伊邪那岐神 三女　武甕槌神 次女　彦火火出見命 次女　奥津彦命 三女
  →20社担当
- 活杙神と少彦名命 三女　伊邪那岐神 三女　武甕槌神 次女　彦火火出見命 次女　奥津彦命 三女　吉備津彦命 三女

→20社担当
- 活杙神と少彦名命 三男
　→24社担当
- 活杙神と少彦名命 三男　須比智邇神 次男
　→20社担当
- 活杙神と少彦名命 三男　須比智邇神 次男　天照大御神 次男
　→20社担当
- 活杙神と少彦名命 三男　須比智邇神 次男　天照大御神 次男　天宇受売命 次男
　→20社担当
- 活杙神と少彦名命 三男　須比智邇神 次男　天照大御神 次男　天宇受売命 次男　豊受大神〔アワ〕次男
　→20社担当
- 活杙神と少彦名命 三男　須比智邇神 次男　天照大御神 次男　天宇受売命 次男　豊受大神〔アワ〕次男　宇迦之御魂神 三男
　→20社担当

活杙神と饒速日命の次女、三女、三男の1親等から5親等の15柱

- 活杙神と饒速日命 次女
　→24社担当
- 活杙神と饒速日命 次女　意富斗能地神 三女
　→20社担当
- 活杙神と饒速日命 次女　意富斗能地神 三女　哭沢女神 三女
　→20社担当
- 活杙神と饒速日命 次女　意富斗能地神 三女　哭沢女神 三女　高御産巣日神 次女
　→20社担当
- 活杙神と饒速日命 次女　意富斗能地神 三女　哭沢女神 三女　高御産巣日神 次女　宇摩志麻遅命 次女
　→20社担当

143

- 活杙神と饒速日命 三女
  →24社担当
- 活杙神と饒速日命 三女　宇比地邇神 次女
  →20社担当
- 活杙神と饒速日命 三女　宇比地邇神 次女　大宜都比売神 次女
  →20社担当
- 活杙神と饒速日命 三女　宇比地邇神 次女　大宜都比売神 次女　天之御中主神 三女
  →20社担当
- 活杙神と饒速日命 三女　宇比地邇神 次女　大宜都比売神 次女　天之御中主神 三女　宇摩志麻遅命 三女
  →20社担当
- 活杙神と饒速日命 三男
  →24社担当
- 活杙神と饒速日命 三男　須比智邇神 三男
  →20社担当
- 活杙神と饒速日命 三男　須比智邇神 三男　豊受大神〔アワ〕三男
  →20社担当
- 活杙神と饒速日命 三男　須比智邇神 三男　豊受大神〔アワ〕三男　天宇受売命 三男
  →20社担当
- 活杙神と饒速日命 三男　須比智邇神 三男　豊受大神〔アワ〕三男　天宇受売命 三男　玉依姫命 次男
  →20社担当

活杙神と猿田彦命の次女、三女、三男の1親等から5親等の15柱

- 活杙神と猿田彦命 次女
  →24社担当
- 活杙神と猿田彦命 次女　意富斗能地神 三女
  →20社担当

・活杙神と猿田彦命 次女　意富斗能地神 三女　瓊瓊杵尊 三女
　　→20社担当
・活杙神と猿田彦命 次女　意富斗能地神 三女　瓊瓊杵尊 三女　天之御
　中主神 次女
　　→20社担当
・活杙神と猿田彦命 次女　意富斗能地神 三女　瓊瓊杵尊 三女　天之御
　中主神 次女　宇摩志麻遅命 次女
　　→20社担当
・活杙神と猿田彦命 三女
　　→24社担当
・活杙神と猿田彦命 三女　伊邪那岐神 次女
　　→20社担当
・活杙神と猿田彦命 三女　伊邪那岐神 次女　思金神 次女
　　→20社担当
・活杙神と猿田彦命 三女　伊邪那岐神 次女　思金神 次女　高御産巣日
　神 次女
　　→20社担当
・活杙神と猿田彦命 三女　伊邪那岐神 次女　思金神 次女　高御産巣日
　神 次女　金精神 三女
　　→20社担当
・活杙神と猿田彦命 三男
　　→24社担当
・活杙神と猿田彦命 三男　伊邪那美神 次男
　　→20社担当
・活杙神と猿田彦命 三男　伊邪那美神 次男　奥津姫命 三男
　　→20社担当
・活杙神と猿田彦命 三男　伊邪那美神 次男　奥津姫命 三男　豊受大神
　〔コメ〕次男
　　→20社担当
・活杙神と猿田彦命 三男　伊邪那美神 次男　奥津姫命 三男　豊受大神
　〔コメ〕次男　大宮能売命 次男
　　→20社担当

第6章　日本全国の氏神神社の氏神様を構成している神様

 活代神と五十猛命の次女、三女、三男の1親等から 5親等の15柱

- 活代神と五十猛命 次女
  →24社担当
- 活代神と五十猛命 次女　淤母陀流神 三女
  →20社担当
- 活代神と五十猛命 次女　淤母陀流神 三女　鹿屋野姫神 次女
  →20社担当
- 活代神と五十猛命 次女　淤母陀流神 三女　鹿屋野姫神 次女　塩土老翁神 三女
  →20社担当
- 活代神と五十猛命 次女　淤母陀流神 三女　鹿屋野姫神 次女　塩土老翁神 三女　天之御中主神 三男
  →20社担当
- 活代神と五十猛命 三女
  →24社担当
- 活代神と五十猛命 三女　宇比地邇神 次女
  →20社担当
- 活代神と五十猛命 三女　宇比地邇神 次女　大宜都比売神 三女
  →20社担当
- 活代神と五十猛命 三女　宇比地邇神 次女　大宜都比売神 三女　高御産巣日神 三女
  →20社担当
- 活代神と五十猛命 三女　宇比地邇神 次女　大宜都比売神 三女　高御産巣日神 三女　宇摩志麻遅命 三女
  →20社担当
- 活代神と五十猛命 三男
  →24社担当
- 活代神と五十猛命 三男　伊邪那美神 次男
  →20社担当
- 活代神と五十猛命 三男　伊邪那美神 次男　櫛名田比売神 三男

→20社担当
- 活杙神と五十猛命 三男　伊邪那美神 次男　櫛名田比売神 三男　野見宿禰 次男
  →20社担当
- 活杙神と五十猛命 三男　伊邪那美神 次男　櫛名田比売神 三男　野見宿禰 次男　豊受大神〔ムギ〕次男
  →20社担当

 活杙神と保食神の次女、三女、三男の1親等から5親等の15柱

- 活杙神と保食神 次女
  →24社担当
- 活杙神と保食神 次女　意富斗能地神 三女
  →20社担当
- 活杙神と保食神 次女　意富斗能地神 三女　武甕槌神 次女
  →20社担当
- 活杙神と保食神 次女　意富斗能地神 三女　武甕槌神 次女　天之御中主神 三女
  →20社担当
- 活杙神と保食神 次女　意富斗能地神 三女　武甕槌神 次女　天之御中主神 三女　瓊瓊杵尊 次女
  →20社担当
- 活杙神と保食神 三女
  →24社担当
- 活杙神と保食神 三女　伊邪那岐神 三女
  →20社担当
- 活杙神と保食神 三女　伊邪那岐神 三女　高御産巣日神 三女
  →20社担当
- 活杙神と保食神 三女　伊邪那岐神 三女　高御産巣日神 三女　宇摩志麻遅命 次女
  →20社担当

147

- 活杙神と保食神 三女　伊邪那岐神 三女　高御産巣日神 三女　宇摩志麻遅命 次女　天之御中主神 次女
  → 20社担当
- 活杙神と保食神 三男
  → 24社担当
- 活杙神と保食神 三男　大斗乃弁神 三男
  → 20社担当
- 活杙神と保食神 三男　大斗乃弁神 三男　八意思兼命 次男
  → 20社担当
- 活杙神と保食神 三男　大斗乃弁神 三男　八意思兼命 次男　大宮能売命 次男
  → 20社担当
- 活杙神と保食神 三男　大斗乃弁神 三男　八意思兼命 次男　大宮能売命 次男　大山咋神 次男
  → 20社担当

活杙神と田道間守命の次女、三女、三男の1親等から5親等の15柱

- 活杙神と田道間守命 次女
  → 24社担当
- 活杙神と田道間守命 次女　伊邪那岐神 次女
  → 20社担当
- 活杙神と田道間守命 次女　伊邪那岐神 次女　鹿屋野姫神 三女
  → 20社担当
- 活杙神と田道間守命 次女　伊邪那岐神 次女　鹿屋野姫神 三女　天之御中主神 次女
  → 20社担当
- 活杙神と田道間守命 次女　伊邪那岐神 次女　鹿屋野姫神 三女　天之御中主神 次女　瓊瓊杵尊 三女
  → 20社担当
- 活杙神と田道間守命 三女

→24社担当
・活杙神と田道間守命 三女　意富斗能地神 三女
　→20社担当
・活杙神と田道間守命 三女　意富斗能地神 三女　宇摩志麻遅命 次女
　→20社担当
・活杙神と田道間守命 三女　意富斗能地神 三女　宇摩志麻遅命 次女
　天之御中主神 三女
　→20社担当
・活杙神と田道間守命 三女　意富斗能地神 三女　宇摩志麻遅命 次女
　天之御中主神 三女　宇摩志麻遅命 次女
　→20社担当
・活杙神と田道間守命 三男
　→24社担当
・活杙神と田道間守命 三男　阿夜訶志古泥神 三男
　→20社担当
・活杙神と田道間守命 三男　阿夜訶志古泥神 三男　豊受大神〔アワ〕
　次男
　→20社担当
・活杙神と田道間守命 三男　阿夜訶志古泥神 三男　豊受大神〔アワ〕
　次男　櫛名田比売神 次男
　→20社担当
・活杙神と田道間守命 三男　阿夜訶志古泥神 三男　豊受大神〔アワ〕
　次男　櫛名田比売神 次男　国之常立神 次男
　→20社担当

活杙神と高倉下命の次女、三女、三男の1親等から5親等の15柱

・活杙神と高倉下命 次女
　→24社担当
・活杙神と高倉下命 次女　宇比地邇神 三女
　→20社担当

149

第 6 章　日本全国の氏神神社の氏神様を構成している神様

- 活杙神と高倉下命 次女　宇比地邇神 三女　思金神 次女
  →20社担当
- 活杙神と高倉下命 次女　宇比地邇神 三女　思金神 次女　天之御中主
  神 次女
  →20社担当
- 活杙神と高倉下命 次女　宇比地邇神 三女　思金神 次女　天之御中主
  神 次女　瓊瓊杵尊 次女
  →20社担当
- 活杙神と高倉下命 三女
  →24社担当
- 活杙神と高倉下命 三女　伊邪那岐神 次女
  →20社担当
- 活杙神と高倉下命 三女　伊邪那岐神 次女　高御産巣日神 三女
  →20社担当
- 活杙神と高倉下命 三女　伊邪那岐神 次女　高御産巣日神 三女　猿田
  彦命 次女
  →20社担当
- 活杙神と高倉下命 三女　伊邪那岐神 次女　高御産巣日神 三女　猿田
  彦命 次女　哭沢女神 次女
  →20社担当
- 活杙神と高倉下命 三男
  →24社担当
- 活杙神と高倉下命 三男　伊邪那美神 次男
  →20社担当
- 活杙神と高倉下命 三男　伊邪那美神 次男　豊受大神〔コメ〕三男
  →20社担当
- 活杙神と高倉下命 三男　伊邪那美神 次男　豊受大神〔コメ〕三男
  菊理媛神 三男
  →20社担当
- 活杙神と高倉下命 三男　伊邪那美神 次男　豊受大神〔コメ〕三男
  菊理媛神 三男　豊受大神〔ムギ〕次男
  →20社担当

150

活杙神と大山祇神の次女、三女、三男の1親等から6親等の18柱

- 活杙神と大山祇神 次女
  →24社担当
- 活杙神と大山祇神 次女　淤母陀流神 三女
  →20社担当
- 活杙神と大山祇神 次女　淤母陀流神 三女　大宜都比売神 次女
  →20社担当
- 活杙神と大山祇神 次女　淤母陀流神 三女　大宜都比売神 次女　豊雲野神 三女
  →20社担当
- 活杙神と大山祇神 次女　淤母陀流神 三女　大宜都比売神 次女　豊雲野神 三女　瓊瓊杵尊 三女
  →20社担当
- 活杙神と大山祇神 次女　淤母陀流神 三女　大宜都比売神 次女　豊雲野神 三女　瓊瓊杵尊 三女　武甕槌神 次女
  →20社担当
- 活杙神と大山祇神 三女
  →24社担当
- 活杙神と大山祇神 三女　宇比地邇神 三女
  →20社担当
- 活杙神と大山祇神 三女　宇比地邇神 三女　金精神 次女
  →20社担当
- 活杙神と大山祇神 三女　宇比地邇神 三女　金精神 次女　猿田彦命 次女
  →20社担当
- 活杙神と大山祇神 三女　宇比地邇神 三女　金精神 次女　猿田彦命 次女　天之御影命 三女
  →20社担当
- 活杙神と大山祇神 三女　宇比地邇神 三女　金精神 次女　猿田彦命 次女　天之御影命 三女　思金神 三女

151

第6章　日本全国の氏神神社の氏神様を構成している神様

　　→20社担当
・活杙神と大山祇神 三男
　　→24社担当
・活杙神と大山祇神 三男　阿夜訶志古泥神 次男
　　→20社担当
・活杙神と大山祇神 三男　阿夜訶志古泥神 次男　大宮能売命 次男
　　→20社担当
・活杙神と大山祇神 三男　阿夜訶志古泥神 次男　大宮能売命 次男　天
　穂日命 三男
　　→20社担当
・活杙神と大山祇神 三男　阿夜訶志古泥神 次男　大宮能売命 次男　天
　穂日命 三男　豊受大神〔アワ〕三男
　　→20社担当
・活杙神と大山祇神 三男　阿夜訶志古泥神 次男　大宮能売命 次男　天
　穂日命 三男　豊受大神〔アワ〕三男　甕布都神 三男
　　→20社担当

> ★　**活杙神と大禍津日神の次女、三女、三男の1親等から**
> 　　**5親等の15柱**

・活杙神と大禍津日神 次女
　　→24社担当
・活杙神と大禍津日神 次女　伊邪那岐神 三女
　　→20社担当
・活杙神と大禍津日神 次女　伊邪那岐神 三女　大宜都比売神 次女
　　→20社担当
・活杙神と大禍津日神 次女　伊邪那岐神 三女　大宜都比売神 次女　吉
　備津彦命 次女
　　→20社担当
・活杙神と大禍津日神 次女　伊邪那岐神 三女　大宜都比売神 次女　吉
　備津彦命 次女　天石門別命 三女
　　→20社担当

- 活杙神と大禍津日神 三女
  →24社担当
- 活杙神と大禍津日神 三女　淤母陀流神 三女
  →20社担当
- 活杙神と大禍津日神 三女　淤母陀流神 三女　鹿屋野姫神 三女
  →20社担当
- 活杙神と大禍津日神 三女　淤母陀流神 三女　鹿屋野姫神 三女　神大市姫命 次女
  →20社担当
- 活杙神と大禍津日神 三女　淤母陀流神 三女　鹿屋野姫神 三女　神大市姫命 次女　大山祇神 三女
  →20社担当
- 活杙神と大禍津日神 三男
  →24社担当
- 活杙神と大禍津日神 三男　伊邪那美神 次男
  →20社担当
- 活杙神と大禍津日神 三男　伊邪那美神 次男　衣通姫 三男
  →20社担当
- 活杙神と大禍津日神 三男　伊邪那美神 次男　衣通姫 三男　豊受大神〔イネ〕次男
  →20社担当
- 活杙神と大禍津日神 三男　伊邪那美神 次男　衣通姫 三男　豊受大神〔イネ〕次男　多岐都姫命 三男
  →20社担当

活杙神と矢乃波波木神の次女、三女、三男の1親等から5親等の15柱

- 活杙神と矢乃波波木神 次女
  →24社担当
- 活杙神と矢乃波波木神 次女　淤母陀流神 次女
  →20社担当

第 6 章　日本全国の氏神神社の氏神様を構成している神様

- 活杙神と矢乃波波木神 次女　淤母陀流神 次女　瓊瓊杵尊 三女
  →20社担当
- 活杙神と矢乃波波木神 次女　淤母陀流神 次女　瓊瓊杵尊 三女　天石
  門別命 三女
  →20社担当
- 活杙神と矢乃波波木神 次女　淤母陀流神 次女　瓊瓊杵尊 三女　天石
  門別命 三女　高龗神 三女
  →20社担当
- 活杙神と矢乃波波木神 三女
  →24社担当
- 活杙神と矢乃波波木神 三女　意富斗能地神 次女
  →20社担当
- 活杙神と矢乃波波木神 三女　意富斗能地神 次女　高倉下命 三女
  →20社担当
- 活杙神と矢乃波波木神 三女　意富斗能地神 次女　高倉下命 三女　大
  国主命 次女
  →20社担当
- 活杙神と矢乃波波木神 三女　意富斗能地神 次女　高倉下命 三女　大
  国主命 次女　彦火火出見命 三女
  →20社担当
- 活杙神と矢乃波波木神 三男
  →24社担当
- 活杙神と矢乃波波木神 三男　阿夜訶志古泥神 次男
  →20社担当
- 活杙神と矢乃波波木神 三男　阿夜訶志古泥神 次男　甕布都神 三男
  →20社担当
- 活杙神と矢乃波波木神 三男　阿夜訶志古泥神 次男　甕布都神 三男
  大宮能売命 次男
  →20社担当
- 活杙神と矢乃波波木神 三男　阿夜訶志古泥神 次男　甕布都神 三男
  大宮能売命 次男　天太玉命 三男
  →20社担当

**活杙神と奥津彦命の次女、三女、三男の1親等から
5親等の15柱**

- 活杙神と奥津彦命 次女
  →24社担当
- 活杙神と奥津彦命 次女　淤母陀流神 次女
  →20社担当
- 活杙神と奥津彦命 次女　淤母陀流神 次女　久久能智神 三女
  →20社担当
- 活杙神と奥津彦命 次女　淤母陀流神 次女　久久能智神 三女　役行者 次女
  →20社担当
- 活杙神と奥津彦命 次女　淤母陀流神 次女　久久能智神 三女　役行者 次女　天石門別命 三女
  →20社担当
- 活杙神と奥津彦命 三女
  →24社担当
- 活杙神と奥津彦命 三女　伊邪那岐神 三女
  →20社担当
- 活杙神と奥津彦命 三女　伊邪那岐神 三女　国御柱命 次女
  →20社担当
- 活杙神と奥津彦命 三女　伊邪那岐神 三女　国御柱命 次女　天稚彦命 次女
  →20社担当
- 活杙神と奥津彦命 三女　伊邪那岐神 三女　国御柱命 次女　天稚彦命 次女　高御産巣日神 次女
  →20社担当
- 活杙神と奥津彦命 三男
  →24社担当
- 活杙神と奥津彦命 三男　伊邪那美神 三男
  →20社担当
- 活杙神と奥津彦命 三男　伊邪那美神 三男　天火明命 三男

→20社担当
- 活杙神と奥津彦命 三男　伊邪那美神 三男　天火明命 三男　倭迹迹日百襲姫命 次男
  →20社担当
- 活杙神と奥津彦命 三男　伊邪那美神 三男　天火明命 三男　倭迹迹日百襲姫命 次男　国之常立神 次男
  →20社担当

活杙神と中筒男命の次女、三女、三男の1親等から5親等の15柱

- 活杙神と中筒男命 次女
  →24社担当
- 活杙神と中筒男命 次女　意富斗能地神 三女
  →20社担当
- 活杙神と中筒男命 次女　意富斗能地神 三女　大宜都比売神 次女
  →20社担当
- 活杙神と中筒男命 次女　意富斗能地神 三女　大宜都比売神 次女　熊野速玉男神 三女
  →20社担当
- 活杙神と中筒男命 次女　意富斗能地神 三女　大宜都比売神 次女　熊野速玉男神 三女　高龗神 三女
  →20社担当
- 活杙神と中筒男命 三女
  →24社担当
- 活杙神と中筒男命 三女　意富斗能地神 三女
  →20社担当
- 活杙神と中筒男命 三女　意富斗能地神 三女　哭沢女神 三女
  →20社担当
- 活杙神と中筒男命 三女　意富斗能地神 三女　哭沢女神 三女　家都御子神 次女
  →20社担当

156

- 活杙神と中筒男命 三女　意富斗能地神 三女　哭沢女神 三女　家都御子神 次女　素盞嗚尊 次女
  →20社担当
- 活杙神と中筒男命 三男
  →24社担当
- 活杙神と中筒男命 三男　須比智邇神 三男
  →20社担当
- 活杙神と中筒男命 三男　須比智邇神 三男　衣通姫 次男
  →20社担当
- 活杙神と中筒男命 三男　須比智邇神 三男　衣通姫 次男　豊受大神〔イネ〕三男
  →20社担当
- 活杙神と中筒男命 三男　須比智邇神 三男　衣通姫 次男　豊受大神〔イネ〕三男　天火明命 三男
  →20社担当

 活杙神と上筒男命の次女、三女、三男の1親等から5親等の15柱

- 活杙神と上筒男命 次女
  →24社担当
- 活杙神と上筒男命 次女　宇比地邇神 三女
  →20社担当
- 活杙神と上筒男命 次女　宇比地邇神 三女　思金神 三女
  →20社担当
- 活杙神と上筒男命 次女　宇比地邇神 三女　思金神 三女　天目一箇命 次女
  →20社担当
- 活杙神と上筒男命 次女　宇比地邇神 三女　思金神 三女　天目一箇命 次女　久久能智神 次女
  →20社担当
- 活杙神と上筒男命 三女

157

→24社担当
- 活杙神と上筒男命 三女　宇比地邇神 三女
　→20社担当
- 活杙神と上筒男命 三女　宇比地邇神 三女　金精神 三女
　→20社担当
- 活杙神と上筒男命 三女　宇比地邇神 三女　金精神 三女　天之御影命 次女
　→20社担当
- 活杙神と上筒男命 三女　宇比地邇神 三女　金精神 三女　天之御影命 次女　稚日女命 三女
　→20社担当
- 活杙神と上筒男命 三男
　→24社担当
- 活杙神と上筒男命 三男　須比智邇神 三男
　→20社担当
- 活杙神と上筒男命 三男　須比智邇神 三男　迦具土神 次男
　→20社担当
- 活杙神と上筒男命 三男　須比智邇神 三男　迦具土神 次男　天香山命 次男
　→20社担当
- 活杙神と上筒男命 三男　須比智邇神 三男　迦具土神 次男　天香山命 次男　豊受大神〔ムギ〕三男
　→20社担当

活杙神と火雷神の次女、三女、三男の1親等から6親等の18柱

- 活杙神と火雷神 次女
　→24社担当
- 活杙神と火雷神 次女　伊邪那岐神 次女
　→20社担当
- 活杙神と火雷神 次女　伊邪那岐神 次女　高御産巣日神 三女

→20社担当
・活杙神と火雷神 次女　伊邪那岐神 次女　高御産巣日神 三女　宇摩志
　麻遅命 次女
　　→20社担当
・活杙神と火雷神 次女　伊邪那岐神 次女　高御産巣日神 三女　宇摩志
　麻遅命 次女　阿遅鋤高彦根命 三女
　　→20社担当
・活杙神と火雷神 次女　伊邪那岐神 次女　高御産巣日神 三女　宇摩志
　麻遅命 次女　阿遅鋤高彦根命 三女　豊雲野神 次女
　　→20社担当
・活杙神と火雷神 三女
　　→24社担当
・活杙神と火雷神 三女　淤母陀流神 三女
　　→20社担当
・活杙神と火雷神 三女　淤母陀流神 三女　金精神 次女
　　→20社担当
・活杙神と火雷神 三女　淤母陀流神 三女　金精神 次女　阿遅鋤高彦根
　命 三女
　　→20社担当
・活杙神と火雷神 三女　淤母陀流神 三女　金精神 次女　阿遅鋤高彦根
　命 三女　大屋都姫命 次女
　　→20社担当
・活杙神と火雷神 三女　淤母陀流神 三女　金精神 次女　阿遅鋤高彦根
　命 三女　大屋都姫命 次女　天之御中主神 次女
　　→20社担当
・活杙神と火雷神 三男
　　→24社担当
・活杙神と火雷神 三男　伊邪那美神 次男
　　→20社担当
・活杙神と火雷神 三男　伊邪那美神 次男　野見宿禰 三男
　　→20社担当
・活杙神と火雷神 三男　伊邪那美神 次男　野見宿禰 三男　天太玉命 次

159

男
  →20社担当
- 活杙神と火雷神 三男　伊邪那美神 次男　野見宿禰 三男　天太玉命 次男　須勢理姫神 次男
  →20社担当
- 活杙神と火雷神 三男　伊邪那美神 次男　野見宿禰 三男　天太玉命 次男　須勢理姫神 次男　弟橘媛命 次男
  →20社担当

活杙神と天手力男命の次女、三女、三男の1親等から6親等の18柱

- 活杙神と天手力男命 次女
  →24社担当
- 活杙神と天手力男命 次女　意富斗能地神 次女
  →20社担当
- 活杙神と天手力男命 次女　意富斗能地神 次女　役行者 三女
  →20社担当
- 活杙神と天手力男命 次女　意富斗能地神 次女　役行者 三女　瓊瓊杵尊 次女
  →20社担当
- 活杙神と天手力男命 次女　意富斗能地神 次女　役行者 三女　瓊瓊杵尊 次女　武内宿禰 三女
  →20社担当
- 活杙神と天手力男命 次女　意富斗能地神 次女　役行者 三女　瓊瓊杵尊 次女　武内宿禰 三女　天之御中主神 三女
  →20社担当
- 活杙神と天手力男命 三女
  →24社担当
- 活杙神と天手力男命 三女　宇比地邇神 三女
  →20社担当
- 活杙神と天手力男命 三女　宇比地邇神 三女　彦火火出見命 次女

→20社担当
・活杙神と天手力男命 三女　宇比地邇神 三女　彦火火出見命 次女　宇摩志麻遅命 三女
　　→20社担当
・活杙神と天手力男命 三女　宇比地邇神 三女　彦火火出見命 次女　宇摩志麻遅命 三女　天之御中主神 次女
　　→20社担当
・活杙神と天手力男命 三女　宇比地邇神 三女　彦火火出見命 次女　宇摩志麻遅命 三女　天之御中主神 次女　金精神 三女
　　→20社担当
・活杙神と天手力男命 三男
　　→24社担当
・活杙神と天手力男命 三男　伊邪那美神 次男
　　→20社担当
・活杙神と天手力男命 三男　伊邪那美神 次男　櫛名田比売神 三男
　　→20社担当
・活杙神と天手力男命 三男　伊邪那美神 次男　櫛名田比売神 三男　豊受大神〔ヒエ〕次男
　　→20社担当
・活杙神と天手力男命 三男　伊邪那美神 次男　櫛名田比売神 三男　豊受大神〔ヒエ〕次男　若宇加能売命 三男
　　→20社担当
・活杙神と天手力男命 三男　伊邪那美神 次男　櫛名田比売神 三男　豊受大神〔ヒエ〕次男　若宇加能売命 三男　瀬織津姫神 次男
　　→20社担当

活杙神と稚日女命の次女、三女、三男の1親等から5親等の15柱

・活杙神と稚日女命 次女
　　→24社担当
・活杙神と稚日女命 次女　淤母陀流神 三女

第 6 章　日本全国の氏神神社の氏神様を構成している神様

　　　→20社担当
・活杙神と稚日女命 次女　淤母陀流神 三女　哭沢女神 三女
　　　→20社担当
・活杙神と稚日女命 次女　淤母陀流神 三女　哭沢女神 三女　天羽槌雄
　命 次女
　　　→20社担当
・活杙神と稚日女命 次女　淤母陀流神 三女　哭沢女神 三女　天羽槌雄
　命 次女　武甕槌神 次女
　　　→20社担当
・活杙神と稚日女命 三女
　　　→24社担当
・活杙神と稚日女命 三女　意富斗能地神 次女
　　　→20社担当
・活杙神と稚日女命 三女　意富斗能地神 次女　瓊瓊杵尊 次女
　　　→20社担当
・活杙神と稚日女命 三女　意富斗能地神 次女　瓊瓊杵尊 次女　宇摩志
　麻遅命 次女
　　　→20社担当
・活杙神と稚日女命 三女　意富斗能地神 次女　瓊瓊杵尊 次女　宇摩志
　麻遅命 次女　建御名方神 三女
　　　→20社担当
・活杙神と稚日女命 三男
　　　→24社担当
・活杙神と稚日女命 三男　阿夜訶志古泥神 三男
　　　→20社担当
・活杙神と稚日女命 三男　阿夜訶志古泥神 三男　豊受大神〔コメ〕次
　男
　　　→20社担当
・活杙神と稚日女命 三男　阿夜訶志古泥神 三男　豊受大神〔コメ〕次
　男　天宇受売命 三男
　　　→20社担当
・活杙神と稚日女命 三男　阿夜訶志古泥神 三男　豊受大神〔コメ〕次

162

男　天宇受売命 三男　豊受大神〔アワ〕次男
→20社担当

活杙神と久久能智神の次女、三女、三男の1親等から5親等の15柱

- 活杙神と久久能智神 次女
  →24社担当
- 活杙神と久久能智神 次女　淤母陀流神 次女
  →20社担当
- 活杙神と久久能智神 次女　淤母陀流神 次女　高倉下命 三女
  →20社担当
- 活杙神と久久能智神 次女　淤母陀流神 次女　高倉下命 三女　哭沢女神 三女
  →20社担当
- 活杙神と久久能智神 次女　淤母陀流神 次女　高倉下命 三女　哭沢女神 三女　高御産巣日神 三女
  →20社担当
- 活杙神と久久能智神 三女
  →24社担当
- 活杙神と久久能智神 三女　宇比地邇神 三女
  →20社担当
- 活杙神と久久能智神 三女　宇比地邇神 三女　田道間守命 三女
  →20社担当
- 活杙神と久久能智神 三女　宇比地邇神 三女　田道間守命 三女　金精神 次女
  →20社担当
- 活杙神と久久能智神 三女　宇比地邇神 三女　田道間守命 三女　金精神 次女　国御柱命 次女
  →20社担当
- 活杙神と久久能智神 三男
  →24社担当

- 活杙神と久久能智神 三男　伊邪那美神 次男
  →20社担当
- 活杙神と久久能智神 三男　伊邪那美神 次男　天忍穂耳命 三男
  →20社担当
- 活杙神と久久能智神 三男　伊邪那美神 次男　天忍穂耳命 三男　天児屋根命 次男
  →20社担当
- 活杙神と久久能智神 三男　伊邪那美神 次男　天忍穂耳命 三男　天児屋根命 次男　大年神 次男
  →20社担当

活杙神と武内宿禰の次女、三女、三男の1親等から5親等の15柱

- 活杙神と武内宿禰 次女
  →24社担当
- 活杙神と武内宿禰 次女　伊邪那岐神 次女
  →20社担当
- 活杙神と武内宿禰 次女　伊邪那岐神 次女　天之御中主神 三女
  →20社担当
- 活杙神と武内宿禰 次女　伊邪那岐神 次女　天之御中主神 三女　瓊瓊杵尊 次女
  →20社担当
- 活杙神と武内宿禰 次女　伊邪那岐神 次女　天之御中主神 三女　瓊瓊杵尊 次女　天之御影命 次女
  →20社担当
- 活杙神と武内宿禰 三女
  →24社担当
- 活杙神と武内宿禰 三女　伊邪那岐神 三女
  →20社担当
- 活杙神と武内宿禰 三女　伊邪那岐神 三女　高御産巣日神 次女
  →20社担当

- 活杙神と武内宿禰 三女　伊邪那岐神 三女　高御産巣日神 次女　高倉下命 三女
  →20社担当
- 活杙神と武内宿禰 三女　伊邪那岐神 三女　高御産巣日神 次女　高倉下命 三女　吉備津彦命 三女
  →20社担当
- 活杙神と武内宿禰 三男
  →24社担当
- 活杙神と武内宿禰 三男　阿夜訶志古泥神 次男
  →20社担当
- 活杙神と武内宿禰 三男　阿夜訶志古泥神 次男　野見宿禰 三男
  →20社担当
- 活杙神と武内宿禰 三男　阿夜訶志古泥神 次男　野見宿禰 三男　豊受大神〔ヒエ〕次男
  →20社担当
- 活杙神と武内宿禰 三男　阿夜訶志古泥神 次男　野見宿禰 三男　豊受大神〔ヒエ〕次男　金毘羅神 次男
  →20社担当

活杙神と罔象女神の次女、三女、三男の1親等から5親等の15柱

- 活杙神と罔象女神 次女
  →24社担当
- 活杙神と罔象女神 次女　意富斗能地神 次女
  →20社担当
- 活杙神と罔象女神 次女　意富斗能地神 次女　彦火火出見命 三女
  →20社担当
- 活杙神と罔象女神 次女　意富斗能地神 次女　彦火火出見命 三女　天之御中主神 三女
  →20社担当
- 活杙神と罔象女神 次女　意富斗能地神 次女　彦火火出見命 三女　天

之御中主神 三女　天羽槌雄命 三女
　→20社担当
・活杙神と罔象女神 三女
　→24社担当
・活杙神と罔象女神 三女　淤母陀流神 三女
　→20社担当
・活杙神と罔象女神 三女　淤母陀流神 三女　玉祖命 次女
　→20社担当
・活杙神と罔象女神 三女　淤母陀流神 三女　玉祖命 次女　高御産巣日神 次女
　→20社担当
・活杙神と罔象女神 三女　淤母陀流神 三女　玉祖命 次女　高御産巣日神 次女　彦火火出見命 次女
　→20社担当
・活杙神と罔象女神 三男
　→24社担当
・活杙神と罔象女神 三男　阿夜訶志古泥神 次男
　→20社担当
・活杙神と罔象女神 三男　阿夜訶志古泥神 次男　豊受大神〔ヒエ〕三男
　→20社担当
・活杙神と罔象女神 三男　阿夜訶志古泥神 次男　豊受大神〔ヒエ〕三男　豊受大神〔コメ〕次男
　→20社担当
・活杙神と罔象女神 三男　阿夜訶志古泥神 次男　豊受大神〔ヒエ〕三男　豊受大神〔コメ〕次男　底筒男命 次男
　→20社担当

活杙神と大屋都姫命の次女、三女、三男の1親等から5親等の15柱

・活杙神と大屋都姫命 次女

→24社担当
- 活杙神と大屋都姫命 次女　意富斗能地神 次女
　→20社担当
- 活杙神と大屋都姫命 次女　意富斗能地神 次女　金精神 三女
　→20社担当
- 活杙神と大屋都姫命 次女　意富斗能地神 次女　金精神 三女　天之御
中主神 次女
　→20社担当
- 活杙神と大屋都姫命 次女　意富斗能地神 次女　金精神 三女　天之御
中主神 次女　瓊瓊杵尊 三女
　→20社担当
- 活杙神と大屋都姫命 三女
　→24社担当
- 活杙神と大屋都姫命 三女　淤母陀流神 次女
　→20社担当
- 活杙神と大屋都姫命 三女　淤母陀流神 次女　瓊瓊杵尊 三女
　→20社担当
- 活杙神と大屋都姫命 三女　淤母陀流神 次女　瓊瓊杵尊 三女　天之御
中主神 三女
　→20社担当
- 活杙神と大屋都姫命 三女　淤母陀流神 次女　瓊瓊杵尊 三女　天之御
中主神 三女　宇摩志麻遅命 次女
　→20社担当
- 活杙神と大屋都姫命 三男
　→24社担当
- 活杙神と大屋都姫命 三男　大斗乃弁神 三男
　→20社担当
- 活杙神と大屋都姫命 三男　大斗乃弁神 三男　櫛名田比売神 三男
　→20社担当
- 活杙神と大屋都姫命 三男　大斗乃弁神 三男　櫛名田比売神 三男　倭
迹迹日百襲姫命 次男
　→20社担当

167

- 活杙神と大屋都姫命 三男　大斗乃弁神 三男　櫛名田比売神 三男　倭迹迹日百襲姫命 次男　国之常立神 次男
  →20社担当

活杙神と天津彦根命の次女、三女、三男の1親等から5親等の15柱

- 活杙神と天津彦根命 次女
  →24社担当
- 活杙神と天津彦根命 次女　伊邪那岐神 三女
  →20社担当
- 活杙神と天津彦根命 次女　伊邪那岐神 三女　金精神 三女
  →20社担当
- 活杙神と天津彦根命 次女　伊邪那岐神 三女　金精神 三女　素盞嗚尊 次女
  →20社担当
- 活杙神と天津彦根命 次女　伊邪那岐神 三女　金精神 三女　素盞嗚尊 次女　思金神 三女
  →20社担当
- 活杙神と天津彦根命 三女
  →24社担当
- 活杙神と天津彦根命 三女　宇比地邇神 三女
  →20社担当
- 活杙神と天津彦根命 三女　宇比地邇神 三女　阿遅鋤高彦根命 三女
  →20社担当
- 活杙神と天津彦根命 三女　宇比地邇神 三女　阿遅鋤高彦根命 三女　栲幡千千姫命 次女
  →20社担当
- 活杙神と天津彦根命 三女　宇比地邇神 三女　阿遅鋤高彦根命 三女　栲幡千千姫命 次女　玉祖命 三女
  →20社担当
- 活杙神と天津彦根命 三男

→24社担当
・活杙神と天津彦根命 三男　伊邪那美神 三男
　　→20社担当
・活杙神と天津彦根命 三男　伊邪那美神 三男　豊受大神〔コメ〕次男
　　→20社担当
・活杙神と天津彦根命 三男　伊邪那美神 三男　豊受大神〔コメ〕次男　天香山命 三男
　　→20社担当
・活杙神と天津彦根命 三男　伊邪那美神 三男　豊受大神〔コメ〕次男　天香山命 三男　豊受大神〔ムギ〕次男
　　→20社担当

活杙神と大綿津見神の次女、三女、三男の1親等から5親等の15柱

・活杙神と大綿津見神 次女
　　→24社担当
・活杙神と大綿津見神 次女　淤母陀流神 次女
　　→20社担当
・活杙神と大綿津見神 次女　淤母陀流神 次女　神大市姫命 三女
　　→20社担当
・活杙神と大綿津見神 次女　淤母陀流神 次女　神大市姫命 三女　大宜都比売神 次女
　　→20社担当
・活杙神と大綿津見神 次女　淤母陀流神 次女　神大市姫命 三女　大宜都比売神 次女　経津主命 次女
　　→20社担当
・活杙神と大綿津見神 三女
　　→24社担当
・活杙神と大綿津見神 三女　伊邪那岐神 次女
　　→20社担当
・活杙神と大綿津見神 三女　伊邪那岐神 次女　玉祖命 三女

→20社担当
- 活杙神と大綿津見神 三女　伊邪那岐神 次女　玉祖命 三女　思金神 三女
  →20社担当
- 活杙神と大綿津見神 三女　伊邪那岐神 次女　玉祖命 三女　思金神 三女　豊雲野神 次女
  →20社担当
- 活杙神と大綿津見神 三男
  →24社担当
- 活杙神と大綿津見神 三男　阿夜訶志古泥神 次男
  →20社担当
- 活杙神と大綿津見神 三男　阿夜訶志古泥神 次男　櫛名田比売神 三男
  →20社担当
- 活杙神と大綿津見神 三男　阿夜訶志古泥神 次男　櫛名田比売神 三男　甕布都神 三男
  →20社担当
- 活杙神と大綿津見神 三男　阿夜訶志古泥神 次男　櫛名田比売神 三男　甕布都神 三男　熱田神 次男
  →20社担当

 活杙神と事代主命の次女、三女、三男の1親等から5親等の15柱

- 活杙神と事代主命 次女
  →24社担当
- 活杙神と事代主命 次女　伊邪那岐神 三女
  →20社担当
- 活杙神と事代主命 次女　伊邪那岐神 三女　思金神 次女
  →20社担当
- 活杙神と事代主命 次女　伊邪那岐神 三女　思金神 次女　天之御中主神 三女
  →20社担当

- 活杙神と事代主命 次女　伊邪那岐神 三女　思金神 次女　天之御中主神 三女　饒速日命 次女
  →20社担当
- 活杙神と事代主命 三女
  →24社担当
- 活杙神と事代主命 三女　宇比地邇神 次女
  →20社担当
- 活杙神と事代主命 三女　宇比地邇神 次女　大国主命 三女
  →20社担当
- 活杙神と事代主命 三女　宇比地邇神 次女　大国主命 三女　宇摩志麻遅命 三女
  →20社担当
- 活杙神と事代主命 三女　宇比地邇神 次女　大国主命 三女　宇摩志麻遅命 三女　建御名方神 三女
  →20社担当
- 活杙神と事代主命 三男
  →24社担当
- 活杙神と事代主命 三男　伊邪那美神 次男
  →20社担当
- 活杙神と事代主命 三男　伊邪那美神 次男　櫛名田比売神 三男
  →20社担当
- 活杙神と事代主命 三男　伊邪那美神 次男　櫛名田比売神 三男　玉依姫命 次男
  →20社担当
- 活杙神と事代主命 三男　伊邪那美神 次男　櫛名田比売神 三男　玉依姫命 次男　八意思兼命 三男
  →20社担当

活杙神と阿遅鋤高彦根命の次女、三女、三男の1親等から5親等の15柱

- 活杙神と阿遅鋤高彦根命 次女

第6章　日本全国の氏神神社の氏神様を構成している神様

　　　→24社担当
・活杙神と阿遅鋤高彦根命 次女　伊邪那岐神 三女
　　　→20社担当
・活杙神と阿遅鋤高彦根命 次女　伊邪那岐神 三女　天羽槌雄命 次女
　　　→20社担当
・活杙神と阿遅鋤高彦根命 次女　伊邪那岐神 三女　天羽槌雄命 次女
　高倉下命 三女
　　　→20社担当
・活杙神と阿遅鋤高彦根命 次女　伊邪那岐神 三女　天羽槌雄命 次女
　高倉下命 三女　武甕槌神 三女
　　　→20社担当
・活杙神と阿遅鋤高彦根命 三女
　　　→24社担当
・活杙神と阿遅鋤高彦根命 三女　伊邪那岐神 三女
　　　→20社担当
・活杙神と阿遅鋤高彦根命 三女　伊邪那岐神 三女　豊雲野神 次女
　　　→20社担当
・活杙神と阿遅鋤高彦根命 三女　伊邪那岐神 三女　豊雲野神 次女　瓊
　瓊杵尊 三女
　　　→20社担当
・活杙神と阿遅鋤高彦根命 三女　伊邪那岐神 三女　豊雲野神 次女　瓊
　瓊杵尊 三女　天之御中主神 三女
　　　→20社担当
・活杙神と阿遅鋤高彦根命 三男
　　　→24社担当
・活杙神と阿遅鋤高彦根命 三男　伊邪那美神 次男
　　　→20社担当
・活杙神と阿遅鋤高彦根命 三男　伊邪那美神 次男　甕布都神 次男
　　　→20社担当
・活杙神と阿遅鋤高彦根命 三男　伊邪那美神 次男　甕布都神 次男　櫛
　名田比売神 三男
　　　→20社担当

172

- 活杙神と阿遅鉏高彦根命 三男　伊邪那美神 次男　甕布都神 次男　櫛名田比売神 三男　豊受大神〔コメ〕次男
  →20社担当

 活杙神と栲幡千千姫命の次女、三女、三男の1親等から5親等の15柱

- 活杙神と栲幡千千姫命 次女
  →24社担当
- 活杙神と栲幡千千姫命 次女　宇比地邇神 三女
  →20社担当
- 活杙神と栲幡千千姫命 次女　宇比地邇神 三女　大宜都比売神 三女
  →20社担当
- 活杙神と栲幡千千姫命 次女　宇比地邇神 三女　大宜都比売神 三女　武甕槌神 次女
  →20社担当
- 活杙神と栲幡千千姫命 次女　宇比地邇神 三女　大宜都比売神 三女　武甕槌神 次女　久久能智神 三女
  →20社担当
- 活杙神と栲幡千千姫命 三女
  →24社担当
- 活杙神と栲幡千千姫命 三女　宇比地邇神 次女
  →20社担当
- 活杙神と栲幡千千姫命 三女　宇比地邇神 次女　彦火火出見命 三女
  →20社担当
- 活杙神と栲幡千千姫命 三女　宇比地邇神 次女　彦火火出見命 三女　建御名方神 三女
  →20社担当
- 活杙神と栲幡千千姫命 三女　宇比地邇神 次女　彦火火出見命 三女　建御名方神 三女　大山祇神 次女
  →20社担当
- 活杙神と栲幡千千姫命 三男

→24社担当
- 活杙神と栲幡千千姫命 三男　阿夜訶志古泥神 次男
　　→20社担当
- 活杙神と栲幡千千姫命 三男　阿夜訶志古泥神 次男　天穂日命 次男
　　→20社担当
- 活杙神と栲幡千千姫命 三男　阿夜訶志古泥神 次男　天穂日命 次男　天宇受売命 三男
　　→20社担当
- 活杙神と栲幡千千姫命 三男　阿夜訶志古泥神 次男　天穂日命 次男　天宇受売命 三男　磐長姫命 次男
　　→20社担当

活杙神と玉祖命の次女、三女、三男の1親等から5親等の15柱

- 活杙神と玉祖命 次女
　　→24社担当
- 活杙神と玉祖命 次女　伊邪那岐神 次女
　　→20社担当
- 活杙神と玉祖命 次女　伊邪那岐神 次女　天目一箇命 三女
　　→20社担当
- 活杙神と玉祖命 次女　伊邪那岐神 次女　天目一箇命 三女　宇摩志麻遅命 三女
　　→20社担当
- 活杙神と玉祖命 次女　伊邪那岐神 次女　天目一箇命 三女　宇摩志麻遅命 三女　豊雲野神 三女
　　→20社担当
- 活杙神と玉祖命 三女
　　→24社担当
- 活杙神と玉祖命 三女　淤母陀流神 次女
　　→20社担当
- 活杙神と玉祖命 三女　淤母陀流神 次女　豊雲野神 三女

→20社担当
- 活杙神と玉祖命 三女　淤母陀流神 次女　豊雲野神 三女　哭沢女神 次女
  →20社担当
- 活杙神と玉祖命 三女　淤母陀流神 次女　豊雲野神 三女　哭沢女神 次女　高御産巣日神 三女
  →20社担当
- 活杙神と玉祖命 三男
  →24社担当
- 活杙神と玉祖命 三男　伊邪那美神 三男
  →20社担当
- 活杙神と玉祖命 三男　伊邪那美神 三男　多岐都姫命 三男
  →20社担当
- 活杙神と玉祖命 三男　伊邪那美神 三男　多岐都姫命 三男　櫛名田比売神 次男
  →20社担当
- 活杙神と玉祖命 三男　伊邪那美神 三男　多岐都姫命 三男　櫛名田比売神 次男　甕布都神 次男
  →20社担当

 活杙神と天稚彦命の次女、三女、三男の1親等から5親等の15柱

- 活杙神と天稚彦命 次女
  →24社担当
- 活杙神と天稚彦命 次女　淤母陀流神 三女
  →20社担当
- 活杙神と天稚彦命 次女　淤母陀流神 三女　瓊瓊杵尊 次女
  →20社担当
- 活杙神と天稚彦命 次女　淤母陀流神 三女　瓊瓊杵尊 次女　天之御中主神 三女
  →20社担当

- 活杙神と天稚彦命 次女　淤母陀流神 三女　瓊瓊杵尊 次女　天之御中主神 三女　宇摩志麻遅命 三女
  →20社担当
- 活杙神と天稚彦命 三女
  →24社担当
- 活杙神と天稚彦命 三女　淤母陀流神 次女
  →20社担当
- 活杙神と天稚彦命 三女　淤母陀流神 次女　大宜都比売神 次女
  →20社担当
- 活杙神と天稚彦命 三女　淤母陀流神 次女　大宜都比売神 次女　高御産巣日神 三女
  →20社担当
- 活杙神と天稚彦命 三女　淤母陀流神 次女　大宜都比売神 次女　高御産巣日神 三女　鹿屋野姫神 三女
  →20社担当
- 活杙神と天稚彦命 三男
  →24社担当
- 活杙神と天稚彦命 三男　阿夜訶志古泥神 三男
  →20社担当
- 活杙神と天稚彦命 三男　阿夜訶志古泥神 三男　櫛名田比売神 次男
  →20社担当
- 活杙神と天稚彦命 三男　阿夜訶志古泥神 三男　櫛名田比売神 次男　倭迹迹日百襲姫命 三男
  →20社担当
- 活杙神と天稚彦命 三男　阿夜訶志古泥神 三男　櫛名田比売神 次男　倭迹迹日百襲姫命 三男　国之常立神 次男
  →20社担当

活杙神と天羽槌雄命の次女、三女、三男の1親等から5親等の15柱

- 活杙神と天羽槌雄命 次女

→24社担当
・活杙神と天羽槌雄命 次女　伊邪那岐神 次女
　→20社担当
・活杙神と天羽槌雄命 次女　伊邪那岐神 次女　思金神 三女
　→20社担当
・活杙神と天羽槌雄命 次女　伊邪那岐神 次女　思金神 三女　熊野速玉
　男神 次女
　→20社担当
・活杙神と天羽槌雄命 次女　伊邪那岐神 次女　思金神 三女　熊野速玉
　男神 次女　武甕槌神 三女
　→20社担当
・活杙神と天羽槌雄命 三女
　→24社担当
・活杙神と天羽槌雄命 三女　伊邪那岐神 三女
　→20社担当
・活杙神と天羽槌雄命 三女　伊邪那岐神 三女　金精神 三女
　→20社担当
・活杙神と天羽槌雄命 三女　伊邪那岐神 三女　金精神 三女　家都御子
　神 次女
　→20社担当
・活杙神と天羽槌雄命 三女　伊邪那岐神 三女　金精神 三女　家都御子
　神 次女　建御名方神 次女
　→20社担当
・活杙神と天羽槌雄命 三男
　→24社担当
・活杙神と天羽槌雄命 三男　阿夜訶志古泥神 三男
　→20社担当
・活杙神と天羽槌雄命 三男　阿夜訶志古泥神 三男　迦具土神 次男
　→20社担当
・活杙神と天羽槌雄命 三男　阿夜訶志古泥神 三男　迦具土神 次男　奥
　津姫命 次男
　→20社担当

177

- 活杙神と天羽槌雄命 三男　阿夜訶志古泥神 三男　迦具土神 次男　奥津姫命 次男　瀬織津姫神 次男
  →20社担当

 活杙神と彦火火出見命の次女、三女、三男の1親等から5親等の15柱

- 活杙神と彦火火出見命 次女
  →24社担当
- 活杙神と彦火火出見命 次女　淤母陀流神 三女
  →20社担当
- 活杙神と彦火火出見命 次女　淤母陀流神 三女　宇摩志麻遅命 三女
  →20社担当
- 活杙神と彦火火出見命 次女　淤母陀流神 三女　宇摩志麻遅命 三女　天目一箇命 次女
  →20社担当
- 活杙神と彦火火出見命 次女　淤母陀流神 三女　宇摩志麻遅命 三女　天目一箇命 次女　瓊瓊杵尊 三女
  →20社担当
- 活杙神と彦火火出見命 三女
  →24社担当
- 活杙神と彦火火出見命 三女　宇比地邇神 次女
  →20社担当
- 活杙神と彦火火出見命 三女　宇比地邇神 次女　瓊瓊杵尊 次女
  →20社担当
- 活杙神と彦火火出見命 三女　宇比地邇神 次女　瓊瓊杵尊 次女　大国主命 次女
  →20社担当
- 活杙神と彦火火出見命 三女　宇比地邇神 次女　瓊瓊杵尊 次女　大国主命 次女　宇摩志麻遅命 次女
  →20社担当
- 活杙神と彦火火出見命 三男

→24社担当
・活杙神と彦火火出見命 三男　伊邪那美神 次男
　　→20社担当
・活杙神と彦火火出見命 三男　伊邪那美神 次男　倭迹迹日百襲姫命 三男
　　→20社担当
・活杙神と彦火火出見命 三男　伊邪那美神 次男　倭迹迹日百襲姫命 三男　櫛名田比売神 三男
　　→20社担当
・活杙神と彦火火出見命 三男　伊邪那美神 次男　倭迹迹日百襲姫命 三男　櫛名田比売神 三男　野見宿禰 次男
　　→20社担当

 活杙神と金精神の次女、三女、三男の1親等から4親等の12柱

・活杙神と金精神 次女
　　→24社担当
・活杙神と金精神 次女　淤母陀流神 三女
　　→20社担当
・活杙神と金精神 次女　淤母陀流神 三女　瓊瓊杵尊 次女
　　→20社担当
・活杙神と金精神 次女　淤母陀流神 三女　瓊瓊杵尊 次女　神大市姫命 三女
　　→20社担当
・活杙神と金精神 三女
　　→24社担当
・活杙神と金精神 三女　宇比地邇神 次女
　　→20社担当
・活杙神と金精神 三女　宇比地邇神 次女　宇摩志麻遅命 三女
　　→20社担当
・活杙神と金精神 三女　宇比地邇神 次女　宇摩志麻遅命 三女　瓊瓊杵

尊 次女
  →20社担当
- 活杙神と金精神 三男
  →24社担当
- 活杙神と金精神 三男　伊邪那美神 次男
  →20社担当
- 活杙神と金精神 三男　伊邪那美神 次男　迦具土神 三男
  →20社担当
- 活杙神と金精神 三男　伊邪那美神 次男　迦具土神 三男　櫛名田比売神 次男
  →20社担当

活杙神と思金神の次女、三女、三男の1親等から4親等の12柱

- 活杙神と思金神 次女
  →24社担当
- 活杙神と思金神 次女　淤母陀流神 次女
  →20社担当
- 活杙神と思金神 次女　淤母陀流神 次女　瓊瓊杵尊 三女
  →20社担当
- 活杙神と思金神 次女　淤母陀流神 次女　瓊瓊杵尊 三女　天之御中主神 次女
  →20社担当
- 活杙神と思金神 三女
  →24社担当
- 活杙神と思金神 三女　意富斗能地神 三女
  →20社担当
- 活杙神と思金神 三女　意富斗能地神 三女　宇摩志麻遅命 三女
  →20社担当
- 活杙神と思金神 三女　意富斗能地神 三女　宇摩志麻遅命 三女　経津主命 三女

→20社担当
・活杙神と思金神 三男
　→24社担当
・活杙神と思金神 三男　伊邪那美神 次男
　→20社担当
・活杙神と思金神 三男　伊邪那美神 次男　迦具土神 三男
　→20社担当
・活杙神と思金神 三男　伊邪那美神 次男　迦具土神 三男　櫛名田比売神 三男
　→20社担当

活杙神と鹿屋野姫神の次女、三女、三男の1親等から4親等の12柱

・活杙神と鹿屋野姫神 次女
　→24社担当
・活杙神と鹿屋野姫神 次女　淤母陀流神 次女
　→20社担当
・活杙神と鹿屋野姫神 次女　淤母陀流神 次女　鹿屋野姫神 三女
　→20社担当
・活杙神と鹿屋野姫神 次女　淤母陀流神 次女　鹿屋野姫神 三女　天之御中主神 次女
　→20社担当
・活杙神と鹿屋野姫神 三女
　→24社担当
・活杙神と鹿屋野姫神 三女　伊邪那岐神 次女
　→20社担当
・活杙神と鹿屋野姫神 三女　伊邪那岐神 次女　天之御中主神 三女
　→20社担当
・活杙神と鹿屋野姫神 三女　伊邪那岐神 次女　天之御中主神 三女　大宜都比売神 次女
　→20社担当

- 活杙神と鹿屋野姫神 三男
  →24社担当
- 活杙神と鹿屋野姫神 三男　阿夜訶志古泥神 三男
  →20社担当
- 活杙神と鹿屋野姫神 三男　阿夜訶志古泥神 三男　衣通姫 三男
  →20社担当
- 活杙神と鹿屋野姫神 三男　阿夜訶志古泥神 三男　衣通姫 三男　瀬織津姫神 三男
  →20社担当

活杙神と大宜都比売神の次女、三女、三男の1親等から4親等の12柱

- 活杙神と大宜都比売神 次女
  →24社担当
- 活杙神と大宜都比売神 次女　宇比地邇神 三女
  →20社担当
- 活杙神と大宜都比売神 次女　宇比地邇神 三女　瓊瓊杵尊 三女
  →20社担当
- 活杙神と大宜都比売神 次女　宇比地邇神 三女　瓊瓊杵尊 三女　鹿屋野姫神 次女
  →20社担当
- 活杙神と大宜都比売神 三女
  →24社担当
- 活杙神と大宜都比売神 三女　淤母陀流神 三女
  →20社担当
- 活杙神と大宜都比売神 三女　淤母陀流神 三女　宇摩志麻遅命 三女
  →20社担当
- 活杙神と大宜都比売神 三女　淤母陀流神 三女　宇摩志麻遅命 三女　大宜都比売神 次女
  →20社担当
- 活杙神と大宜都比売神 三男

→24社担当
- 活杙神と大宜都比売神 三男　大斗乃弁神 次男
　　→20社担当
- 活杙神と大宜都比売神 三男　大斗乃弁神 次男　倭迹迹日百襲姫命 三男
　　→20社担当
- 活杙神と大宜都比売神 三男　大斗乃弁神 次男　倭迹迹日百襲姫命 三男　櫛名田比売神 三男
　　→20社担当

活杙神と哭沢女神の次女、三女、三男の1親等から4親等の12柱

- 活杙神と哭沢女神 次女
　　→24社担当
- 活杙神と哭沢女神 次女　淤母陀流神 次女
　　→20社担当
- 活杙神と哭沢女神 次女　淤母陀流神 次女　瓊瓊杵尊 三女
　　→20社担当
- 活杙神と哭沢女神 次女　淤母陀流神 次女　瓊瓊杵尊 三女　天之御中主神 三女
　　→20社担当
- 活杙神と哭沢女神 三女
　　→24社担当
- 活杙神と哭沢女神 三女　意富斗能地神 三女
　　→20社担当
- 活杙神と哭沢女神 三女　意富斗能地神 三女　宇摩志麻遅命 次女
　　→20社担当
- 活杙神と哭沢女神 三女　意富斗能地神 三女　宇摩志麻遅命 次女　武内宿禰 三女
　　→20社担当
- 活杙神と哭沢女神 三男

→24社担当
- 活杙神と哭沢女神 三男　阿夜訶志古泥神 次男
  →20社担当
- 活杙神と哭沢女神 三男　阿夜訶志古泥神 次男　石凝姥命 三男
  →20社担当
- 活杙神と哭沢女神 三男　阿夜訶志古泥神 次男　石凝姥命 三男　国之常立神 三男
  →20社担当

 活杙神と宇摩志麻遅命の次女、三女、三男の1親等から4親等の12柱

- 活杙神と宇摩志麻遅命 次女
  →24社担当
- 活杙神と宇摩志麻遅命 次女　伊邪那岐神 三女
  →20社担当
- 活杙神と宇摩志麻遅命 次女　伊邪那岐神 三女　彦火火出見命 三女
  →20社担当
- 活杙神と宇摩志麻遅命 次女　伊邪那岐神 三女　彦火火出見命 三女　豊雲野神 次女
  →20社担当
- 活杙神と宇摩志麻遅命 三女
  →24社担当
- 活杙神と宇摩志麻遅命 三女　意富斗能地神 三女
  →20社担当
- 活杙神と宇摩志麻遅命 三女　意富斗能地神 三女　天之御中主神 三女
  →20社担当
- 活杙神と宇摩志麻遅命 三女　意富斗能地神 三女　天之御中主神 三女　瓊瓊杵尊 三女
  →20社担当
- 活杙神と宇摩志麻遅命 三男
  →24社担当

- 活杙神と宇摩志麻遅命 三男　伊邪那美神 次男
  →20社担当
- 活杙神と宇摩志麻遅命 三男　伊邪那美神 次男　豊受大神〔コメ〕三男
  →20社担当
- 活杙神と宇摩志麻遅命 三男　伊邪那美神 次男　豊受大神〔コメ〕三男　櫛名田比売神 次男
  →20社担当

活杙神と瓊瓊杵尊の次女、三女、三男の1親等から4親等の12柱

- 活杙神と瓊瓊杵尊 次女
  →24社担当
- 活杙神と瓊瓊杵尊 次女　淤母陀流神 次女
  →20社担当
- 活杙神と瓊瓊杵尊 次女　淤母陀流神 次女　宇摩志麻遅命 三女
  →20社担当
- 活杙神と瓊瓊杵尊 次女　淤母陀流神 次女　宇摩志麻遅命 三女　天之御中主神 次女
  →20社担当
- 活杙神と瓊瓊杵尊 三女
  →24社担当
- 活杙神と瓊瓊杵尊 三女　淤母陀流神 三女
  →20社担当
- 活杙神と瓊瓊杵尊 三女　淤母陀流神 三女　饒速日命 三女
  →20社担当
- 活杙神と瓊瓊杵尊 三女　淤母陀流神 三女　饒速日命 三女　瓊瓊杵尊 次女
  →20社担当
- 活杙神と瓊瓊杵尊 三男
  →24社担当

- 活杙神と瓊瓊杵尊 三男　阿夜訶志古泥神 三男
  →20社担当
- 活杙神と瓊瓊杵尊 三男　阿夜訶志古泥神 三男　倭迹迹日百襲姫命 次男
  →20社担当
- 活杙神と瓊瓊杵尊 三男　阿夜訶志古泥神 三男　倭迹迹日百襲姫命 次男　櫛名田比売神　次男
  →20社担当

3　氏神神社の氏神様を構成している女神様の系譜

　氏神神社の氏神様は、分け御霊108柱＋12柱の中の女神様57柱と男神様63柱から誕生した次男と活杙神様の次女、三女、三男の1親等から6親等までの子孫で構成されています（870柱）。
※なお、神様のランク順（87ページ参照）で記載しております。

 大斗乃弁神と鹿屋野姫神の次男と活杙神の次女、三女、三男の1親等から6親等の18柱

- 大斗乃弁神と鹿屋野姫神の次男と活杙神の次女
  →24社担当
- 大斗乃弁神と鹿屋野姫神の次男と活杙神の次女　伊邪那岐神 三女
  →20社担当
- 大斗乃弁神と鹿屋野姫神の次男と活杙神の次女　伊邪那岐神 三女　金精神 三女
  →20社担当
- 大斗乃弁神と鹿屋野姫神の次男と活杙神の次女　伊邪那岐神 三女　金精神 三女　高御産巣日神 次女
  →20社担当
- 大斗乃弁神と鹿屋野姫神の次男と活杙神の次女　伊邪那岐神 三女　金精神 三女　高御産巣日神 次女　瓊瓊杵尊 次女
  →20社担当

- 大斗乃弁神と鹿屋野姫神の次男と活杙神の次女　伊邪那岐神 三女
  金精神 三女　高御産巣日神 次女　瓊瓊杵尊 次女　天之御中主神 三女
  →20社担当
- 大斗乃弁神と鹿屋野姫神の次男と活杙神の三女
  →24社担当
- 大斗乃弁神と鹿屋野姫神の次男と活杙神の三女　淤母陀流神 次女
  →20社担当
- 大斗乃弁神と鹿屋野姫神の次男と活杙神の三女　淤母陀流神 次女
  鹿屋野姫神 三女
  →20社担当
- 大斗乃弁神と鹿屋野姫神の次男と活杙神の三女　淤母陀流神 次女
  鹿屋野姫神 三女　高御産巣日神 三女
  →20社担当
- 大斗乃弁神と鹿屋野姫神の次男と活杙神の三女　淤母陀流神 次女
  鹿屋野姫神 三女　高御産巣日神 三女　思金神 三女
  →20社担当
- 大斗乃弁神と鹿屋野姫神の次男と活杙神の三女　淤母陀流神 次女
  鹿屋野姫神 三女　高御産巣日神 三女　思金神 三女　天之御中主神 三
  女
  →20社担当
- 大斗乃弁神と鹿屋野姫神の次男と活杙神の三男
  →24社担当
- 大斗乃弁神と鹿屋野姫神の次男と活杙神の三男　阿夜訶志古泥神 三
  男
  →20社担当
- 大斗乃弁神と鹿屋野姫神の次男と活杙神の三男　阿夜訶志古泥神 三
  男　玉依姫命 三男
  →20社担当
- 大斗乃弁神と鹿屋野姫神の次男と活杙神の三男　阿夜訶志古泥神 三
  男　玉依姫命 三男　瀬織津姫神 三男
  →20社担当
- 大斗乃弁神と鹿屋野姫神の次男と活杙神の三男　阿夜訶志古泥神 三

男　玉依姫命 三男　　瀬織津姫神 三男　　甕布都神 次男
　　→20社担当
・大斗乃弁神と鹿屋野姫神の次男と活杙神の三男　阿夜訶志古泥神 三男　玉依姫命 三男　　瀬織津姫神 三男　　甕布都神 次男　　櫛名田比売神 次男
　　→20社担当

須比智邇神と宇摩志麻遅命の次男と活杙神の次女、三女、三男の1親等から6親等の18柱

・須比智邇神と宇摩志麻遅命の次男と活杙神の次女
　　→24社担当
・須比智邇神と宇摩志麻遅命の次男と活杙神の次女　伊邪那岐神 三女
　　→20社担当
・須比智邇神と宇摩志麻遅命の次男と活杙神の次女　伊邪那岐神 三女　瓊瓊杵尊 次女
　　→20社担当
・須比智邇神と宇摩志麻遅命の次男と活杙神の次女　伊邪那岐神 三女　瓊瓊杵尊 次女　天之御中主神 三女
　　→20社担当
・須比智邇神と宇摩志麻遅命の次男と活杙神の次女　伊邪那岐神 三女　瓊瓊杵尊 次女　天之御中主神 三女　哭沢女神 次女
　　→20社担当
・須比智邇神と宇摩志麻遅命の次男と活杙神の次女　伊邪那岐神 三女　瓊瓊杵尊 次女　天之御中主神 三女　哭沢女神 次女　武甕槌神 次女
　　→20社担当
・須比智邇神と宇摩志麻遅命の次男と活杙神の三女
　　→24社担当
・須比智邇神と宇摩志麻遅命の次男と活杙神の三女　伊邪那岐神 三女
　　→20社担当
・須比智邇神と宇摩志麻遅命の次男と活杙神の三女　伊邪那岐神 三女　哭沢女神 三女

→20社担当
- 須比智邇神と宇摩志麻遅命の次男と活杙神の三女　伊邪那岐神 三女
哭沢女神 三女　建御名方神 三女
→20社担当
- 須比智邇神と宇摩志麻遅命の次男と活杙神の三女　伊邪那岐神 三女
哭沢女神 三女　建御名方神 三女　宇摩志麻遅命 次女
→20社担当
- 須比智邇神と宇摩志麻遅命の次男と活杙神の三女　伊邪那岐神 三女
哭沢女神 三女　建御名方神 三女　宇摩志麻遅命 次女　天之御中主神
三女
→20社担当
- 須比智邇神と宇摩志麻遅命の次男と活杙神の三男
→24社担当
- 須比智邇神と宇摩志麻遅命の次男と活杙神の三男　伊邪那美神 次男
→20社担当
- 須比智邇神と宇摩志麻遅命の次男と活杙神の三男　伊邪那美神 次男
倭迹迹日百襲姫命 三男
→20社担当
- 須比智邇神と宇摩志麻遅命の次男と活杙神の三男　伊邪那美神 次男
倭迹迹日百襲姫命 三男　国之常立神 次男
→20社担当
- 須比智邇神と宇摩志麻遅命の次男と活杙神の三男　伊邪那美神 次男
倭迹迹日百襲姫命 三男　国之常立神 次男　迦具土神 次男
→20社担当
- 須比智邇神と宇摩志麻遅命の次男と活杙神の三男　伊邪那美神 次男
倭迹迹日百襲姫命 三男　国之常立神 次男　迦具土神 次男　櫛名田比
売神 三男
→20社担当

第6章　日本全国の氏神神社の氏神様を構成している神様

 阿夜訶志古泥神と金精神の次男と活杙神の次女、三女、三男の1親等から6親等の18柱

- 阿夜訶志古泥神と金精神の次男と活杙神の次女
  →24社担当
- 阿夜訶志古泥神と金精神の次男と活杙神の次女　宇比地邇神 三女
  →20社担当
- 阿夜訶志古泥神と金精神の次男と活杙神の次女　宇比地邇神 三女　瓊瓊杵尊 三女
  →20社担当
- 阿夜訶志古泥神と金精神の次男と活杙神の次女　宇比地邇神 三女　瓊瓊杵尊 三女　天之御中主神 三女
  →20社担当
- 阿夜訶志古泥神と金精神の次男と活杙神の次女　宇比地邇神 三女　瓊瓊杵尊 三女　天之御中主神 三女　哭沢女神 次女
  →20社担当
- 阿夜訶志古泥神と金精神の次男と活杙神の次女　宇比地邇神 三女　瓊瓊杵尊 三女　天之御中主神 三女　哭沢女神 次女　高御産巣日神 次女
  →20社担当
- 阿夜訶志古泥神と金精神の次男と活杙神の三女
  →24社担当
- 阿夜訶志古泥神と金精神の次男と活杙神の三女　淤母陀流神 三女
  →20社担当
- 阿夜訶志古泥神と金精神の次男と活杙神の三女　淤母陀流神 三女　宇摩志麻遅命 次女
  →20社担当
- 阿夜訶志古泥神と金精神の次男と活杙神の三女　淤母陀流神 三女　宇摩志麻遅命 次女　高御産巣日神 次女
  →20社担当
- 阿夜訶志古泥神と金精神の次男と活杙神の三女　淤母陀流神 三女　宇摩志麻遅命 次女　高御産巣日神 次女　瓊瓊杵尊 三女

→20社担当
- 阿夜訶志古泥神と金精神の次男と活杙神の三女　淤母陀流神 三女　宇摩志麻遅命 次女　高御産巣日神 次女　瓊瓊杵尊 三女　天之御中主神 次女
　　→20社担当
- 阿夜訶志古泥神と金精神の次男と活杙神の三男
　　→24社担当
- 阿夜訶志古泥神と金精神の次男と活杙神の三男　伊邪那美神 次男
　　→20社担当
- 阿夜訶志古泥神と金精神の次男と活杙神の三男　伊邪那美神 次男　迦具土神 三男
　　→20社担当
- 阿夜訶志古泥神と金精神の次男と活杙神の三男　伊邪那美神 次男　迦具土神 三男　国之常立神 次男
　　→20社担当
- 阿夜訶志古泥神と金精神の次男と活杙神の三男　伊邪那美神 次男　迦具土神 三男　国之常立神 次男　倭迹迹日百襲姫命 次男
　　→20社担当
- 阿夜訶志古泥神と金精神の次男と活杙神の三男　伊邪那美神 次男　迦具土神 三男　国之常立神 次男　倭迹迹日百襲姫命 次男　櫛名田比売神 次男
　　→20社担当

 伊邪那美神と思金神の次男と活杙神の次女、三女、三男の1親等から6親等の18柱

- 伊邪那美神と思金神の次男と活杙神の次女
　　→24社担当
- 伊邪那美神と思金神の次男と活杙神の次女　意富斗能地神 三女
　　→20社担当
- 伊邪那美神と思金神の次男と活杙神の次女　意富斗能地神 三女　瓊瓊杵尊 次女

第6章　日本全国の氏神神社の氏神様を構成している神様

　　　→20社担当
・伊邪那美神と思金神の次男と活杙神の次女　意富斗能地神 三女　瓊
　瓊杵尊 次女　柿本人麿 三女
　　　→20社担当
・伊邪那美神と思金神の次男と活杙神の次女　意富斗能地神 三女　瓊
　瓊杵尊 次女　柿本人麿 三女　宇摩志麻遅命 三女
　　　→20社担当
・伊邪那美神と思金神の次男と活杙神の次女　意富斗能地神 三女　瓊
　瓊杵尊 次女　柿本人麿 三女　宇摩志麻遅命 三女　建御名方神 次女
　　　→20社担当
・伊邪那美神と思金神の次男と活杙神の三女
　　　→24社担当
・伊邪那美神と思金神の次男と活杙神の三女　伊邪那岐神 三女
　　　→20社担当
・伊邪那美神と思金神の次男と活杙神の三女　伊邪那岐神 三女　豊雲
　野神 三女
　　　→20社担当
・伊邪那美神と思金神の次男と活杙神の三女　伊邪那岐神 三女　豊雲
　野神 三女　思金神 三女
　　　→20社担当
・伊邪那美神と思金神の次男と活杙神の三女　伊邪那岐神 三女　豊雲
　野神 三女　思金神 三女　天之御中主神 三女
　　　→20社担当
・伊邪那美神と思金神の次男と活杙神の三女　伊邪那岐神 三女　豊雲
　野神 三女　思金神 三女　天之御中主神 三女　瓊瓊杵尊 三女
　　　→20社担当
・伊邪那美神と思金神の次男と活杙神の三男
　　　→24社担当
・伊邪那美神と思金神の次男と活杙神の三男　大斗乃弁神 次男
　　　→20社担当
・伊邪那美神と思金神の次男と活杙神の三男　大斗乃弁神 次男　倭迹
　迹日百襲姫命 次男

192

→20社担当
- 伊邪那美神と思金神の次男と活杙神の三男　大斗乃弁神 次男　倭迹迹日百襲姫命 次男　国之常立神 三男
　→20社担当
- 伊邪那美神と思金神の次男と活杙神の三男　大斗乃弁神 次男　倭迹迹日百襲姫命 次男　国之常立神 三男　迦具土神 次男
　→20社担当
- 伊邪那美神と思金神の次男と活杙神の三男　大斗乃弁神 次男　倭迹迹日百襲姫命 次男　国之常立神 三男　迦具土神 次男　櫛名田比売神 三男
　→20社担当

 神産巣日神と宇摩志麻遅命の次男と活杙神の次女、三女、三男の1親等から6親等の18柱

- 神産巣日神と宇摩志麻遅命の次男と活杙神の次女
　→24社担当
- 神産巣日神と宇摩志麻遅命の次男と活杙神の次女　伊邪那岐神 次女
　→20社担当
- 神産巣日神と宇摩志麻遅命の次男と活杙神の次女　伊邪那岐神 次女　宇摩志麻遅命 三女
　→20社担当
- 神産巣日神と宇摩志麻遅命の次男と活杙神の次女　伊邪那岐神 次女　宇摩志麻遅命 三女　天之御中主神 次女
　→20社担当
- 神産巣日神と宇摩志麻遅命の次男と活杙神の次女　伊邪那岐神 次女　宇摩志麻遅命 三女　天之御中主神 次女　瓊瓊杵尊 三女
　→20社担当
- 神産巣日神と宇摩志麻遅命の次男と活杙神の次女　伊邪那岐神 次女　宇摩志麻遅命 三女　天之御中主神 次女　瓊瓊杵尊 三女　稚日女命 次女
　→20社担当

第6章　日本全国の氏神神社の氏神様を構成している神様

- 神産巣日神と宇摩志麻遅命の次男と活杙神の三女
  →24社担当
- 神産巣日神と宇摩志麻遅命の次男と活杙神の三女　淤母陀流神 三女
  →20社担当
- 神産巣日神と宇摩志麻遅命の次男と活杙神の三女　淤母陀流神 三女
  武内宿禰 三女
  →20社担当
- 神産巣日神と宇摩志麻遅命の次男と活杙神の三女　淤母陀流神 三女
  武内宿禰 三女　天之御中主神 三女
  →20社担当
- 神産巣日神と宇摩志麻遅命の次男と活杙神の三女　淤母陀流神 三女
  武内宿禰 三女　天之御中主神 三女　塩土老翁神 三女
  →20社担当
- 神産巣日神と宇摩志麻遅命の次男と活杙神の三女　淤母陀流神 三女
  武内宿禰 三女　天之御中主神 三女　塩土老翁神 三女　国御柱命 三女
  →20社担当
- 神産巣日神と宇摩志麻遅命の次男と活杙神の三男
  →24社担当
- 神産巣日神と宇摩志麻遅命の次男と活杙神の三男　阿夜訶志古泥神
  三男
  →20社担当
- 神産巣日神と宇摩志麻遅命の次男と活杙神の三男　阿夜訶志古泥神
  三男　衣通姫 三男
  →20社担当
- 神産巣日神と宇摩志麻遅命の次男と活杙神の三男　阿夜訶志古泥神
  三男　衣通姫 三男　国之常立神 三男
  →20社担当
- 神産巣日神と宇摩志麻遅命の次男と活杙神の三男　阿夜訶志古泥神
  三男　衣通姫 三男　国之常立神 三男　甕布都神 三男
  →20社担当
- 神産巣日神と宇摩志麻遅命の次男と活杙神の三男　阿夜訶志古泥神
  三男　衣通姫 三男　国之常立神 三男　甕布都神 三男　櫛名田比売神

194

次男
　→20社担当

 豊受大神〔イネ〕と金精神の次男と活杙神の次女、三女、三男の1親等から6親等の18柱

- 豊受大神〔イネ〕と金精神の次男と活杙神の次女
　→24社担当
- 豊受大神〔イネ〕と金精神の次男と活杙神の次女　伊邪那岐神 三女
　→20社担当
- 豊受大神〔イネ〕と金精神の次男と活杙神の次女　伊邪那岐神 三女　瓊瓊杵尊 三女
　→20社担当
- 豊受大神〔イネ〕と金精神の次男と活杙神の次女　伊邪那岐神 三女　瓊瓊杵尊 三女　天羽槌雄命 次女
　→20社担当
- 豊受大神〔イネ〕と金精神の次男と活杙神の次女　伊邪那岐神 三女　瓊瓊杵尊 三女　天羽槌雄命 次女　宇摩志麻遅命 三女
　→20社担当
- 豊受大神〔イネ〕と金精神の次男と活杙神の次女　伊邪那岐神 三女　瓊瓊杵尊 三女　天羽槌雄命 次女　宇摩志麻遅命 三女　天之御中主神 三女
　→20社担当
- 豊受大神〔イネ〕と金精神の次男と活杙神の三女
　→24社担当
- 豊受大神〔イネ〕と金精神の次男と活杙神の三女　淤母陀流神 三女
　→20社担当
- 豊受大神〔イネ〕と金精神の次男と活杙神の三女　淤母陀流神 三女　金精神 次女
　→20社担当
- 豊受大神〔イネ〕と金精神の次男と活杙神の三女　淤母陀流神 三女　金精神 次女　罔象女神 三女

- 豊受大神〔イネ〕と金精神の次男と活杙神の三女　淤母陀流神 三女　金精神 次女　罔象女神 三女　高御産巣日神 三女
  →20社担当
- 豊受大神〔イネ〕と金精神の次男と活杙神の三女　淤母陀流神 三女　金精神 次女　罔象女神 三女　高御産巣日神 三女　思金神 次女
  →20社担当
- 豊受大神〔イネ〕と金精神の次男と活杙神の三男
  →24社担当
- 豊受大神〔イネ〕と金精神の次男と活杙神の三男　伊邪那美神 三男
  →20社担当
- 豊受大神〔イネ〕と金精神の次男と活杙神の三男　伊邪那美神 三男　豊受大神〔コメ〕　三男
  →20社担当
- 豊受大神〔イネ〕と金精神の次男と活杙神の三男　伊邪那美神 三男　豊受大神〔コメ〕　三男　石凝姥命 三男
  →20社担当
- 豊受大神〔イネ〕と金精神の次男と活杙神の三男　伊邪那美神 三男　豊受大神〔コメ〕　三男　石凝姥命 三男　天太玉命 三男
  →20社担当
- 豊受大神〔イネ〕と金精神の次男と活杙神の三男　伊邪那美神 三男　豊受大神〔コメ〕　三男　石凝姥命 三男　天太玉命 三男　大宮能売命 次男
  →20社担当

 八意思兼命と罔象女神の次男と活杙神の次女、三女、三男の1親等から6親等の18柱

- 八意思兼命と罔象女神の次男と活杙神の次女
  →24社担当
- 八意思兼命と罔象女神の次男と活杙神の次女　意富斗能地神 三女
  →20社担当

- 八意思兼命と罔象女神の次男と活杙神の次女　意富斗能地神 三女
  宇摩志麻遅命 三女
    →20社担当
- 八意思兼命と罔象女神の次男と活杙神の次女　意富斗能地神 三女
  宇摩志麻遅命 三女　天之御中主神 次女
    →20社担当
- 八意思兼命と罔象女神の次男と活杙神の次女　意富斗能地神 三女
  宇摩志麻遅命 三女　天之御中主神 次女　瓊瓊杵尊 三女
    →20社担当
- 八意思兼命と罔象女神の次男と活杙神の次女　意富斗能地神 三女
  宇摩志麻遅命 三女　天之御中主神 次女　瓊瓊杵尊 三女　武甕槌神 次
  女
    →20社担当
- 八意思兼命と罔象女神の次男と活杙神の三女
    →24社担当
- 八意思兼命と罔象女神の次男と活杙神の三女　淤母陀流神 次女
    →20社担当
- 八意思兼命と罔象女神の次男と活杙神の三女　淤母陀流神 次女　武
  内宿禰 三女
    →20社担当
- 八意思兼命と罔象女神の次男と活杙神の三女　淤母陀流神 次女　武
  内宿禰 三女　宇摩志麻遅命 三女
    →20社担当
- 八意思兼命と罔象女神の次男と活杙神の三女　淤母陀流神 次女　武
  内宿禰 三女　宇摩志麻遅命 三女　天之御中主神 三女
    →20社担当
- 八意思兼命と罔象女神の次男と活杙神の三女　淤母陀流神 次女　武
  内宿禰 三女　宇摩志麻遅命 三女　天之御中主神 三女　建御名方神 次
  女
    →20社担当
- 八意思兼命と罔象女神の次男と活杙神の三男
    →24社担当

- 八意思兼命と罔象女神の次男と活杙神の三男　阿夜訶志古泥神 次男
  →20社担当
- 八意思兼命と罔象女神の次男と活杙神の三男　阿夜訶志古泥神 次男　天香山命 次男
  →20社担当
- 八意思兼命と罔象女神の次男と活杙神の三男　阿夜訶志古泥神 次男　天香山命 次男　迦具土神 次男
  →20社担当
- 八意思兼命と罔象女神の次男と活杙神の三男　阿夜訶志古泥神 次男　天香山命 次男　迦具土神 次男　豊受大神〔イネ〕三男
  →20社担当
- 八意思兼命と罔象女神の次男と活杙神の三男　阿夜訶志古泥神 次男　天香山命 次男　迦具土神 次男　豊受大神〔イネ〕三男　櫛名田比売神 次男
  →20社担当

 天児屋根命と鹿屋野姫神の次男と活杙神の次女、三女、三男の1親等から6親等の18柱

- 天児屋根命と鹿屋野姫神の次男と活杙神の次女
  →24社担当
- 天児屋根命と鹿屋野姫神の次男と活杙神の次女　意富斗能地神 次女
  →20社担当
- 天児屋根命と鹿屋野姫神の次男と活杙神の次女　意富斗能地神 次女　瓊瓊杵尊 三女
  →20社担当
- 天児屋根命と鹿屋野姫神の次男と活杙神の次女　意富斗能地神 次女　瓊瓊杵尊 三女　矢乃波波木神 次女
  →20社担当
- 天児屋根命と鹿屋野姫神の次男と活杙神の次女　意富斗能地神 次女　瓊瓊杵尊 三女　矢乃波波木神　次女　天羽槌雄命 三女
  →20社担当

- 天児屋根命と鹿屋野姫神の次男と活杙神の次女　意富斗能地神 次女
  瓊瓊杵尊 三女　　矢乃波波木神 次女　　天羽槌雄命 三女　　高御産巣日神
  次女
  　→20社担当
- 天児屋根命と鹿屋野姫神の次男と活杙神の三女
  　→24社担当
- 天児屋根命と鹿屋野姫神の次男と活杙神の三女　　淤母陀流神 三女
  　→20社担当
- 天児屋根命と鹿屋野姫神の次男と活杙神の三女　　淤母陀流神 三女
  火雷神 三女
  　→20社担当
- 天児屋根命と鹿屋野姫神の次男と活杙神の三女　　淤母陀流神 三女
  火雷神 三女　　天之御中主神 三女
  　→20社担当
- 天児屋根命と鹿屋野姫神の次男と活杙神の三女　　淤母陀流神 三女
  火雷神 三女　　天之御中主神 三女　　思金神 次女
  　→20社担当
- 天児屋根命と鹿屋野姫神の次男と活杙神の三女　　淤母陀流神 三女
  火雷神 三女　　天之御中主神 三女　　思金神 次女　　高御産巣日神 次女
  　→20社担当
- 天児屋根命と鹿屋野姫神の次男と活杙神の三男
  　→24社担当
- 天児屋根命と鹿屋野姫神の次男と活杙神の三男　　伊邪那美神 三男
  　→20社担当
- 天児屋根命と鹿屋野姫神の次男と活杙神の三男　　伊邪那美神 三男
  気長足姫神 三男
  　→20社担当
- 天児屋根命と鹿屋野姫神の次男と活杙神の三男　　伊邪那美神 三男
  気長足姫神 三男　　櫛名田比売神 三男
  　→20社担当
- 天児屋根命と鹿屋野姫神の次男と活杙神の三男　　伊邪那美神 三男
  気長足姫神 三男　　櫛名田比売神 三男　　迦具土神 次男

第6章　日本全国の氏神神社の氏神様を構成している神様

　　→20社担当
- 天児屋根命と鹿屋野姫神の次男と活杙神の三男　伊邪那美神 三男　気長足姫神 三男　櫛名田比売神 三男　迦具土神 次男　国之常立神 三男
　　→20社担当

 天太玉命と玉祖命の次男と活杙神の次女、三女、三男の1親等から6親等の18柱

- 天太玉命と玉祖命の次男と活杙神の次女
　　→24社担当
- 天太玉命と玉祖命の次男と活杙神の次女　淤母陀流神 三女
　　→20社担当
- 天太玉命と玉祖命の次男と活杙神の次女　淤母陀流神 三女　思金神 次女
　　→20社担当
- 天太玉命と玉祖命の次男と活杙神の次女　淤母陀流神 三女　思金神 次女　天之御中主神 次女
　　→20社担当
- 天太玉命と玉祖命の次男と活杙神の次女　淤母陀流神 三女　思金神 次女　天之御中主神 次女　宇摩志麻遅命 次女
　　→20社担当
- 天太玉命と玉祖命の次男と活杙神の次女　淤母陀流神 三女　思金神 次女　天之御中主神 次女　宇摩志麻遅命 次女　高御産巣日神 三女
　　→20社担当
- 天太玉命と玉祖命の次男と活杙神の三女
　　→24社担当
- 天太玉命と玉祖命の次男と活杙神の三女　意富斗能地神 三女
　　→20社担当
- 天太玉命と玉祖命の次男と活杙神の三女　意富斗能地神 三女　**瓊瓊杵尊** 次女
　　→20社担当

200

- 天太玉命と玉祖命の次男と活杙神の三女　意富斗能地神 三女　瓊瓊杵尊 次女　高倉下命 三女
  →20社担当
- 天太玉命と玉祖命の次男と活杙神の三女　意富斗能地神 三女　瓊瓊杵尊 次女　高倉下命 三女　建御名方神 三女
  →20社担当
- 天太玉命と玉祖命の次男と活杙神の三女　意富斗能地神 三女　瓊瓊杵尊 次女　高倉下命 三女　建御名方神 三女　武甕槌神 三女
  →20社担当
- 天太玉命と玉祖命の次男と活杙神の三男
  →24社担当
- 天太玉命と玉祖命の次男と活杙神の三男　大斗乃弁神 次男
  →20社担当
- 天太玉命と玉祖命の次男と活杙神の三男　大斗乃弁神 次男　大年神 三男
  →20社担当
- 天太玉命と玉祖命の次男と活杙神の三男　大斗乃弁神 次男　大年神 三男　国之常立神 次男
  →20社担当
- 天太玉命と玉祖命の次男と活杙神の三男　大斗乃弁神 次男　大年神 三男　国之常立神 次男　玉依姫命 三男
  →20社担当
- 天太玉命と玉祖命の次男と活杙神の三男　大斗乃弁神 次男　大年神 三男　国之常立神 次男　玉依姫命 三男　櫛名田比売神 次男
  →20社担当

瀬織津姫神と天之御影命の次男と活杙神の次女、三女、三男の1親等から6親等の18柱

- 瀬織津姫神と天之御影命の次男と活杙神の次女
  →24社担当
- 瀬織津姫神と天之御影命の次男と活杙神の次女　伊邪那岐神 次女

201

第6章　日本全国の氏神神社の氏神様を構成している神様

　　　→20社担当
・瀬織津姫神と天之御影命の次男と活杙神の次女　伊邪那岐神 次女
　玉祖命 三女
　　　→20社担当
・瀬織津姫神と天之御影命の次男と活杙神の次女　伊邪那岐神 次女
　玉祖命 三女　矢乃波波木神 次女
　　　→20社担当
・瀬織津姫神と天之御影命の次男と活杙神の次女　伊邪那岐神 次女
　玉祖命 三女　矢乃波波木神 次女　天羽槌雄命 三女
　　　→20社担当
・瀬織津姫神と天之御影命の次男と活杙神の次女　伊邪那岐神 次女
　玉祖命 三女　矢乃波波木神 次女　天羽槌雄命 三女　豊雲野神 三女
　　　→20社担当
・瀬織津姫神と天之御影命の次男と活杙神の三女
　　　→24社担当
・瀬織津姫神と天之御影命の次男と活杙神の三女　伊邪那岐神 三女
　　　→20社担当
・瀬織津姫神と天之御影命の次男と活杙神の三女　伊邪那岐神 三女
　瓊瓊杵尊 次女
　　　→20社担当
・瀬織津姫神と天之御影命の次男と活杙神の三女　伊邪那岐神 三女
　瓊瓊杵尊 次女　饒速日命 次女
　　　→20社担当
・瀬織津姫神と天之御影命の次男と活杙神の三女　伊邪那岐神 三女
　瓊瓊杵尊 次女　饒速日命 次女　宇摩志麻遅命 次女
　　　→20社担当
・瀬織津姫神と天之御影命の次男と活杙神の三女　伊邪那岐神 三女
　瓊瓊杵尊 次女　饒速日命 次女　宇摩志麻遅命 次女　久久能智神 次女
　　　→20社担当
・瀬織津姫神と天之御影命の次男と活杙神の三男
　　　→24社担当
・瀬織津姫神と天之御影命の次男と活杙神の三男　伊邪那美神 次男

→20社担当
・瀬織津姫神と天之御影命の次男と活杙神の三男　伊邪那美神 次男　金山彦命 次男
　　→20社担当
・瀬織津姫神と天之御影命の次男と活杙神の三男　伊邪那美神 次男　金山彦命 次男　櫛名田比売神 次男
　　→20社担当
・瀬織津姫神と天之御影命の次男と活杙神の三男　伊邪那美神 次男　金山彦命 次男　櫛名田比売神 次男　衣通姫 三男
　　→20社担当
・瀬織津姫神と天之御影命の次男と活杙神の三男　伊邪那美神 次男　金山彦命 次男　櫛名田比売神 次男　衣通姫 三男　天太玉命 次男
　　→20社担当

 天照大御神と玉祖命の次男と活杙神の次女、三女、三男の1親等から6親等の18柱

・天照大御神と玉祖命の次男と活杙神の次女
　　→24社担当
・天照大御神と玉祖命の次男と活杙神の次女　淤母陀流神 三女
　　→20社担当
・天照大御神と玉祖命の次男と活杙神の次女　淤母陀流神 三女　鹿屋野姫神 三女
　　→20社担当
・天照大御神と玉祖命の次男と活杙神の次女　淤母陀流神 三女　鹿屋野姫神 三女　事代主命 三女
　　→20社担当
・天照大御神と玉祖命の次男と活杙神の次女　淤母陀流神 三女　鹿屋野姫神 三女　事代主命 三女　武甕槌神 次女
　　→20社担当
・天照大御神と玉祖命の次男と活杙神の次女　淤母陀流神 三女　鹿屋野姫神 三女　事代主命 三女　武甕槌神 次女　建御名方神 三女

第 6 章　日本全国の氏神神社の氏神様を構成している神様

　　　→20社担当
・天照大御神と玉祖命の次男と活枠神の三女
　　　→24社担当
・天照大御神と玉祖命の次男と活枠神の三女　伊邪那岐神 三女
　　　→20社担当
・天照大御神と玉祖命の次男と活枠神の三女　伊邪那岐神 三女　　瓊瓊
　杵尊 次女
　　　→20社担当
・天照大御神と玉祖命の次男と活枠神の三女　伊邪那岐神 三女　　瓊瓊
　杵尊 次女　天之御中主神 次女
　　　→20社担当
・天照大御神と玉祖命の次男と活枠神の三女　伊邪那岐神 三女　　瓊瓊
　杵尊 次女　天之御中主神 次女　矢乃波波木神 三女
　　　→20社担当
・天照大御神と玉祖命の次男と活枠神の三女　伊邪那岐神 三女　　瓊瓊
　杵尊 次女　天之御中主神 次女　矢乃波波木神 三女　鹿屋野姫神 次女
　　　→20社担当
・天照大御神と玉祖命の次男と活枠神の三男
　　　→24社担当
・天照大御神と玉祖命の次男と活枠神の三男　阿夜訶志古泥神 三男
　　　→20社担当
・天照大御神と玉祖命の次男と活枠神の三男　阿夜訶志古泥神 三男
　倭迹迹日百襲姫命 三男
　　　→20社担当
・天照大御神と玉祖命の次男と活枠神の三男　阿夜訶志古泥神 三男
　倭迹迹日百襲姫命 三男　八意思兼命 三男
　　　→20社担当
・天照大御神と玉祖命の次男と活枠神の三男　阿夜訶志古泥神 三男
　倭迹迹日百襲姫命 三男　八意思兼命 三男　金山彦命 次男
　　　→20社担当
・天照大御神と玉祖命の次男と活枠神の三男　阿夜訶志古泥神 三男
　倭迹迹日百襲姫命 三男　八意思兼命 三男　金山彦命 次男　天日槍命

204

三男
→20社担当

 櫛名田比売神と栲幡千千姫命の次男と活杙神の次女、三女、三男の1親等から6親等の18柱

- 櫛名田比売神と栲幡千千姫命の次男と活杙神の次女
  →24社担当
- 櫛名田比売神と栲幡千千姫命の次男と活杙神の次女　意富斗能地神 三女
  →20社担当
- 櫛名田比売神と栲幡千千姫命の次男と活杙神の次女　意富斗能地神 三女　哭沢女神 次女
  →20社担当
- 櫛名田比売神と栲幡千千姫命の次男と活杙神の次女　意富斗能地神 三女　哭沢女神 次女　役行者 三女
  →20社担当
- 櫛名田比売神と栲幡千千姫命の次男と活杙神の次女　意富斗能地神 三女　哭沢女神 次女　役行者 三女　鹿屋野姫神 次女
  →20社担当
- 櫛名田比売神と栲幡千千姫命の次男と活杙神の次女　意富斗能地神 三女　哭沢女神 次女　役行者 三女　鹿屋野姫神 次女　武甕槌神 三女
  →20社担当
- 櫛名田比売神と栲幡千千姫命の次男と活杙神の三女
  →24社担当
- 櫛名田比売神と栲幡千千姫命の次男と活杙神の三女　淤母陀流神 次女
  →20社担当
- 櫛名田比売神と栲幡千千姫命の次男と活杙神の三女　淤母陀流神 次女　塩土老翁神 三女
  →20社担当
- 櫛名田比売神と栲幡千千姫命の次男と活杙神の三女　淤母陀流神 次

女　塩土老翁神 三女　宇摩志麻遅命 三女
　　→20社担当
・櫛名田比売神と栲幡千千姫命の次男と活杙神の三女　淤母陀流神 次
　　女　塩土老翁神 三女　宇摩志麻遅命 三女　瓊瓊杵尊 次女
　　→20社担当
・櫛名田比売神と栲幡千千姫命の次男と活杙神の三女　淤母陀流神 次
　　女　塩土老翁神 三女　宇摩志麻遅命 三女　瓊瓊杵尊 次女　稚日女命
　　次女
　　→20社担当
・櫛名田比売神と栲幡千千姫命の次男と活杙神の三男
　　→24社担当
・櫛名田比売神と栲幡千千姫命の次男と活杙神の三男　伊邪那美神 次
　　男
　　→20社担当
・櫛名田比売神と栲幡千千姫命の次男と活杙神の三男　伊邪那美神 次
　　男　迦具土神 次男
　　→20社担当
・櫛名田比売神と栲幡千千姫命の次男と活杙神の三男　伊邪那美神 次
　　男　迦具土神 次男　国之常立神 三男
　　→20社担当
・櫛名田比売神と栲幡千千姫命の次男と活杙神の三男　伊邪那美神 次
　　男　迦具土神 次男　国之常立神 三男　天穂日命 三男
　　→20社担当
・櫛名田比売神と栲幡千千姫命の次男と活杙神の三男　伊邪那美神 次
　　男　迦具土神 次男　国之常立神 三男　天穂日命 三男　豊受大神〔ア
　　ワ〕次男
　　→20社担当

熊野夫須美神と瓊瓊杵尊の次男と活杙神の次女、三女、三男の1親等から6親等の18柱

・熊野夫須美神と瓊瓊杵尊の次男と活杙神の次女

→24社担当
- 熊野夫須美神と瓊瓊杵尊の次男と活杙神の次女　伊邪那岐神 三女
  →20社担当
- 熊野夫須美神と瓊瓊杵尊の次男と活杙神の次女　伊邪那岐神 三女
  宇摩志麻遅命 三女
  →20社担当
- 熊野夫須美神と瓊瓊杵尊の次男と活杙神の次女　伊邪那岐神 三女
  宇摩志麻遅命 三女　天之御中主神 三女
  →20社担当
- 熊野夫須美神と瓊瓊杵尊の次男と活杙神の次女　伊邪那岐神 三女
  宇摩志麻遅命 三女　天之御中主神 三女　大宜都比売神 次女
  →20社担当
- 熊野夫須美神と瓊瓊杵尊の次男と活杙神の次女　伊邪那岐神 三女
  宇摩志麻遅命 三女　天之御中主神 三女　大宜都比売神 次女　高御産
  巣日神 三女
  →20社担当
- 熊野夫須美神と瓊瓊杵尊の次男と活杙神の三女
  →24社担当
- 熊野夫須美神と瓊瓊杵尊の次男と活杙神の三女　淤母陀流神 次女
  →20社担当
- 熊野夫須美神と瓊瓊杵尊の次男と活杙神の三女　淤母陀流神 次女
  天稚彦命 三女
  →20社担当
- 熊野夫須美神と瓊瓊杵尊の次男と活杙神の三女　淤母陀流神 次女
  天稚彦命 三女　誉田別命 三女
  →20社担当
- 熊野夫須美神と瓊瓊杵尊の次男と活杙神の三女　淤母陀流神 次女
  天稚彦命 三女　誉田別命 三女　瓊瓊杵尊 三女
  →20社担当
- 熊野夫須美神と瓊瓊杵尊の次男と活杙神の三女　淤母陀流神 次女
  天稚彦命 三女　誉田別命 三女　瓊瓊杵尊 三女　役行者 次女
  →20社担当

- 熊野夫須美神と**瓊瓊杵尊**の次男と活杙神の三男
  →24社担当
- 熊野夫須美神と**瓊瓊杵尊**の次男と活杙神の三男　阿夜訶志古泥神 三男
  →20社担当
- 熊野夫須美神と**瓊瓊杵尊**の次男と活杙神の三男　阿夜訶志古泥神 三男　金山彦命 次男
  →20社担当
- 熊野夫須美神と**瓊瓊杵尊**の次男と活杙神の三男　阿夜訶志古泥神 三男　金山彦命 次男　瀬織津姫神 次男
  →20社担当
- 熊野夫須美神と**瓊瓊杵尊**の次男と活杙神の三男　阿夜訶志古泥神 三男　金山彦命 次男　瀬織津姫神 次男　衣通姫 三男
  →20社担当
- 熊野夫須美神と**瓊瓊杵尊**の次男と活杙神の三男　阿夜訶志古泥神 三男　金山彦命 次男　瀬織津姫神 次男　衣通姫 三男　国之常立神 次男
  →20社担当

多紀理姫命と田道間守命の次男と活杙神の次女、三女、三男の1親等から6親等の18柱

- 多紀理姫命と田道間守命の次男と活杙神の次女
  →24社担当
- 多紀理姫命と田道間守命の次男と活杙神の次女　伊邪那岐神 三女
  →20社担当
- 多紀理姫命と田道間守命の次男と活杙神の次女　伊邪那岐神 三女　大宜都比売神 次女
  →20社担当
- 多紀理姫命と田道間守命の次男と活杙神の次女　伊邪那岐神 三女　大宜都比売神 次女　天之御中主神 次女
  →20社担当
- 多紀理姫命と田道間守命の次男と活杙神の次女　伊邪那岐神 三女

大宜都比売神 次女　天之御中主神 次女　瓊瓊杵尊 三女
　→20社担当

・多紀理姫命と田道間守命の次男と活杙神の次女　伊邪那岐神 三女
大宜都比売神 次女　天之御中主神 次女　瓊瓊杵尊 三女　高御産巣日
神 次女
　→20社担当

・多紀理姫命と田道間守命の次男と活杙神の三女
　→24社担当

・多紀理姫命と田道間守命の次男と活杙神の三女　宇比地邇神 三女
　→20社担当

・多紀理姫命と田道間守命の次男と活杙神の三女　宇比地邇神 三女
柿本人麿 三女
　→20社担当

・多紀理姫命と田道間守命の次男と活杙神の三女　宇比地邇神 三女
柿本人麿 三女　田道間守命 次女
　→20社担当

・多紀理姫命と田道間守命の次男と活杙神の三女　宇比地邇神 三女
柿本人麿 三女　田道間守命 次女　久久能智神 三女
　→20社担当

・多紀理姫命と田道間守命の次男と活杙神の三女　宇比地邇神 三女
柿本人麿 三女　田道間守命 次女　久久能智神 三女　瓊瓊杵尊 次女
　→20社担当

・多紀理姫命と田道間守命の次男と活杙神の三男
　→24社担当

・多紀理姫命と田道間守命の次男と活杙神の三男　阿夜訶志古泥神 三
男
　→20社担当

・多紀理姫命と田道間守命の次男と活杙神の三男　阿夜訶志古泥神 三
男　甕布都神 次男
　→20社担当

・多紀理姫命と田道間守命の次男と活杙神の三男　阿夜訶志古泥神 三
男　甕布都神 次男　国之常立神 三男

- 多紀理姫命と田道間守命の次男と活杙神の三男　阿夜訶志古泥神 三男　甕布都神 次男　国之常立神 三男　金山彦命 三男
  →20社担当
- 多紀理姫命と田道間守命の次男と活杙神の三男　阿夜訶志古泥神 三男　甕布都神 次男　国之常立神 三男　金山彦命 三男　天香山命 次男
  →20社担当

市杵島姫命と保食神の次男と活杙神の次女、三女、三男の1親等から6親等の18柱

- 市杵島姫命と保食神の次男と活杙神の次女
  →24社担当
- 市杵島姫命と保食神の次男と活杙神の次女　伊邪那岐神 三女
  →20社担当
- 市杵島姫命と保食神の次男と活杙神の次女　伊邪那岐神 三女　玉祖命 次女
  →20社担当
- 市杵島姫命と保食神の次男と活杙神の次女　伊邪那岐神 三女　玉祖命 次女　宇摩志麻遅命 三女
  →20社担当
- 市杵島姫命と保食神の次男と活杙神の次女　伊邪那岐神 三女　玉祖命 次女　宇摩志麻遅命 三女　天之御中主神 三女
  →20社担当
- 市杵島姫命と保食神の次男と活杙神の次女　伊邪那岐神 三女　玉祖命 次女　宇摩志麻遅命 三女　天之御中主神 三女　瓊瓊杵尊 三女
  →20社担当
- 市杵島姫命と保食神の次男と活杙神の三女
  →24社担当
- 市杵島姫命と保食神の次男と活杙神の三女　淤母陀流神 次女
  →20社担当
- 市杵島姫命と保食神の次男と活杙神の三女　淤母陀流神 次女　高御

産巣日神 三女
　　→20社担当
・市杵島姫命と保食神の次男と活杙神の三女　淤母陀流神 次女　高御
産巣日神 三女　金精神 三女
　　→20社担当
・市杵島姫命と保食神の次男と活杙神の三女　淤母陀流神 次女　高御
産巣日神 三女　金精神 三女　天之御影命 次女
　　→20社担当
・市杵島姫命と保食神の次男と活杙神の三女　淤母陀流神 次女　高御
産巣日神 三女　金精神 三女　天之御影命 次女　宇摩志麻遅命 三女
　　→20社担当
・市杵島姫命と保食神の次男と活杙神の三男
　　→24社担当
・市杵島姫命と保食神の次男と活杙神の三男　大斗乃弁神 三男
　　→20社担当
・市杵島姫命と保食神の次男と活杙神の三男　大斗乃弁神 三男　倭迹
迹日百襲姫命 次男
　　→20社担当
・市杵島姫命と保食神の次男と活杙神の三男　大斗乃弁神 三男　倭迹
迹日百襲姫命 次男　天日槍命 三男
　　→20社担当
・市杵島姫命と保食神の次男と活杙神の三男　大斗乃弁神 三男　倭迹
迹日百襲姫命 次男　天日槍命 三男　迦具土神 次男
　　→20社担当
・市杵島姫命と保食神の次男と活杙神の三男　大斗乃弁神 三男　倭迹
迹日百襲姫命 次男　天日槍命 三男　迦具土神 次男　櫛名田比売神 三
男
　　→20社担当

211

第6章 日本全国の氏神神社の氏神様を構成している神様

 多岐都姫命と五十猛命の次男と活杙神の次女、三女、三男の1親等から6親等の18柱

- 多岐都姫命と五十猛命の次男と活杙神の次女
  →24社担当
- 多岐都姫命と五十猛命の次男と活杙神の次女　淤母陀流神 三女
  →20社担当
- 多岐都姫命と五十猛命の次男と活杙神の次女　淤母陀流神 三女　瓊瓊杵尊 三女
  →20社担当
- 多岐都姫命と五十猛命の次男と活杙神の次女　淤母陀流神 三女　瓊瓊杵尊 三女　天之御中主神 三女
  →20社担当
- 多岐都姫命と五十猛命の次男と活杙神の次女　淤母陀流神 三女　瓊瓊杵尊 三女　天之御中主神 三女　天羽槌雄命 三女
  →20社担当
- 多岐都姫命と五十猛命の次男と活杙神の次女　淤母陀流神 三女　瓊瓊杵尊 三女　天之御中主神 三女　天羽槌雄命 三女　金精神 次女
  →20社担当
- 多岐都姫命と五十猛命の次男と活杙神の三女
  →24社担当
- 多岐都姫命と五十猛命の次男と活杙神の三女　伊邪那岐神 三女
  →20社担当
- 多岐都姫命と五十猛命の次男と活杙神の三女　伊邪那岐神 三女　思金神 三女
  →20社担当
- 多岐都姫命と五十猛命の次男と活杙神の三女　伊邪那岐神 三女　思金神 三女　武甕槌神 次女
  →20社担当
- 多岐都姫命と五十猛命の次男と活杙神の三女　伊邪那岐神 三女　思金神 三女　武甕槌神 次女　金精神 三女
  →20社担当

212

- 多岐都姫命と五十猛命の次男と活杙神の三女　伊邪那岐神 三女　思金神 三女　武甕槌神 次女　金精神 三女　建御名方神 次女
　→20社担当
- 多岐都姫命と五十猛命の次男と活杙神の三男
　→24社担当
- 多岐都姫命と五十猛命の次男と活杙神の三男　阿夜訶志古泥神 三男
　→20社担当
- 多岐都姫命と五十猛命の次男と活杙神の三男　阿夜訶志古泥神 三男　金山彦命 三男
　→20社担当
- 多岐都姫命と五十猛命の次男と活杙神の三男　阿夜訶志古泥神 三男　金山彦命 三男　天御柱命 三男
　→20社担当
- 多岐都姫命と五十猛命の次男と活杙神の三男　阿夜訶志古泥神 三男　金山彦命 三男　天御柱命 三男　甕布都神 次男
　→20社担当
- 多岐都姫命と五十猛命の次男と活杙神の三男　阿夜訶志古泥神 三男　金山彦命 三男　天御柱命 三男　甕布都神 次男　国之常立神 三男
　→20社担当

豊受大神〔ムギ〕と饒速日命の次男と活杙神の次女、三女、三男の1親等から6親等の18柱

- 豊受大神〔ムギ〕と饒速日命の次男と活杙神の次女
　→24社担当
- 豊受大神〔ムギ〕と饒速日命の次男と活杙神の次女　伊邪那岐神 三女
　→20社担当
- 豊受大神〔ムギ〕と饒速日命の次男と活杙神の次女　伊邪那岐神 三女　瓊瓊杵尊 三女
　→20社担当
- 豊受大神〔ムギ〕と饒速日命の次男と活杙神の次女　伊邪那岐神 三

第6章　日本全国の氏神神社の氏神様を構成している神様

女　瓊瓊杵尊 三女　天之御中主神 三女
　　→20社担当
・豊受大神〔ムギ〕と饒速日命の次男と活杙神の次女　伊邪那岐神 三
　女　瓊瓊杵尊 三女　天之御中主神 三女　建御名方神 三女
　　→20社担当
・豊受大神〔ムギ〕と饒速日命の次男と活杙神の次女　伊邪那岐神 三
　女　瓊瓊杵尊 三女　天之御中主神 三女　建御名方神 三女　阿遅鋤高
　彦根命 次女
　　→20社担当
・豊受大神〔ムギ〕と饒速日命の次男と活杙神の三女
　　→24社担当
・豊受大神〔ムギ〕と饒速日命の次男と活杙神の三女　淤母陀流神 三
　女
　　→20社担当
・豊受大神〔ムギ〕と饒速日命の次男と活杙神の三女　淤母陀流神 三
　女　宇摩志麻遅命 次女
　　→20社担当
・豊受大神〔ムギ〕と饒速日命の次男と活杙神の三女　淤母陀流神 三
　女　宇摩志麻遅命 次女　瓊瓊杵尊 次女
　　→20社担当
・豊受大神〔ムギ〕と饒速日命の次男と活杙神の三女　淤母陀流神 三
　女　宇摩志麻遅命 次女　瓊瓊杵尊 次女　高御産巣日神 三女
　　→20社担当
・豊受大神〔ムギ〕と饒速日命の次男と活杙神の三女　淤母陀流神 三
　女　宇摩志麻遅命 次女　瓊瓊杵尊 次女　高御産巣日神 三女　宇摩志
　麻遅命 三女
　　→20社担当
・豊受大神〔ムギ〕と饒速日命の次男と活杙神の三男
　　→24社担当
・豊受大神〔ムギ〕と饒速日命の次男と活杙神の三男　大斗乃弁神 三
　男
　　→20社担当

214

- 豊受大神〔ムギ〕と饒速日命の次男と活杙神の三男　大斗乃弁神 三男　多紀理姫命 三男
  →20社担当
- 豊受大神〔ムギ〕と饒速日命の次男と活杙神の三男　大斗乃弁神 三男　多紀理姫命 三男　大年神 次男
  →20社担当
- 豊受大神〔ムギ〕と饒速日命の次男と活杙神の三男　大斗乃弁神 三男　多紀理姫命 三男　大年神 次男　櫛名田比売神 三男
  →20社担当
- 豊受大神〔ムギ〕と饒速日命の次男と活杙神の三男　大斗乃弁神 三男　多紀理姫命 三男　大年神 次男　櫛名田比売神 三男　倭迹迹日百襲姫命 三男
  →20社担当

稲田姫命と天手力男命の次男と活杙神の次女、三女、三男の1親等から6親等の18柱

- 稲田姫命と天手力男命の次男と活杙神の次女
  →24社担当
- 稲田姫命と天手力男命の次男と活杙神の次女　淤母陀流神 三女
  →20社担当
- 稲田姫命と天手力男命の次男と活杙神の次女　淤母陀流神 三女　瓊瓊杵尊 次女
  →20社担当
- 稲田姫命と天手力男命の次男と活杙神の次女　淤母陀流神 三女　瓊瓊杵尊 次女　天之御中主神 次女
  →20社担当
- 稲田姫命と天手力男命の次男と活杙神の次女　淤母陀流神 三女　瓊瓊杵尊 次女　天之御中主神 次女　宇摩志麻遅命 三女
  →20社担当
- 稲田姫命と天手力男命の次男と活杙神の次女　淤母陀流神 三女　瓊瓊杵尊 次女　天之御中主神 次女　宇摩志麻遅命 三女　建御名方神 三

女

　　→20社担当

・稲田姫命と天手力男命の次男と活杙神の三女

　　→24社担当

・稲田姫命と天手力男命の次男と活杙神の三女　伊邪那岐神 三女

　　→20社担当

・稲田姫命と天手力男命の次男と活杙神の三女　伊邪那岐神 三女　鹿屋野姫神 三女

　　→20社担当

・稲田姫命と天手力男命の次男と活杙神の三女　伊邪那岐神 三女　鹿屋野姫神 三女　建御名方神 三女

　　→20社担当

・稲田姫命と天手力男命の次男と活杙神の三女　伊邪那岐神 三女　鹿屋野姫神 三女　建御名方神 三女　金精神 三女

　　→20社担当

・稲田姫命と天手力男命の次男と活杙神の三女　伊邪那岐神 三女　鹿屋野姫神 三女　建御名方神 三女　金精神 三女　武甕槌神 次女

　　→20社担当

・稲田姫命と天手力男命の次男と活杙神の三男

　　→24社担当

・稲田姫命と天手力男命の次男と活杙神の三男　阿夜訶志古泥神 三男

　　→20社担当

・稲田姫命と天手力男命の次男と活杙神の三男　阿夜訶志古泥神 三男　倭迹迹日百襲姫命 次男

　　→20社担当

・稲田姫命と天手力男命の次男と活杙神の三男　阿夜訶志古泥神 三男　倭迹迹日百襲姫命 次男　櫛名田比売神 三男

　　→20社担当

・稲田姫命と天手力男命の次男と活杙神の三男　阿夜訶志古泥神 三男　倭迹迹日百襲姫命 次男　櫛名田比売神 三男　迦具土神 次男

　　→20社担当

・稲田姫命と天手力男命の次男と活杙神の三男　阿夜訶志古泥神 三男

倭迹迹日百襲姫命 次男　櫛名田比売神 三男　迦具土神 次男　神産巣日神 三男
→20社担当

 稚産霊神と事代主命の次男と活杙神の次女、三女、三男の1親等から6親等の18柱

・稚産霊神と事代主命の次男と活杙神の次女
　→24社担当
・稚産霊神と事代主命の次男と活杙神の次女　淤母陀流神 三女
　→20社担当
・稚産霊神と事代主命の次男と活杙神の次女　淤母陀流神 三女　武内宿禰 次女
　→20社担当
・稚産霊神と事代主命の次男と活杙神の次女　淤母陀流神 三女　武内宿禰 次女　神大市姫命 三女
　→20社担当
・稚産霊神と事代主命の次男と活杙神の次女　淤母陀流神 三女　武内宿禰 次女　神大市姫命 三女　建御名方神 三女
　→20社担当
・稚産霊神と事代主命の次男と活杙神の次女　淤母陀流神 三女　武内宿禰 次女　神大市姫命 三女　建御名方神 三女　大宜都比売神 次女
　→20社担当
・稚産霊神と事代主命の次男と活杙神の三女
　→24社担当
・稚産霊神と事代主命の次男と活杙神の三女　意富斗能地神 三女
　→20社担当
・稚産霊神と事代主命の次男と活杙神の三女　意富斗能地神 三女　宇摩志麻遅命 三女
　→20社担当
・稚産霊神と事代主命の次男と活杙神の三女　意富斗能地神 三女　宇摩志麻遅命 三女　猿田彦命 三女

→20社担当
- 稚産霊神と事代主命の次男と活杙神の三女　意富斗能地神 三女　宇摩志麻遅命 三女　猿田彦命 三女　金精神 次女
  →20社担当
- 稚産霊神と事代主命の次男と活杙神の三女　意富斗能地神 三女　宇摩志麻遅命 三女　猿田彦命 三女　金精神 次女　天羽槌雄命 三女
  →20社担当
- 稚産霊神と事代主命の次男と活杙神の三男
  →24社担当
- 稚産霊神と事代主命の次男と活杙神の三男　大斗乃弁神 三男
  →20社担当
- 稚産霊神と事代主命の次男と活杙神の三男　大斗乃弁神 三男　倭迹迹日百襲姫命 三男
  →20社担当
- 稚産霊神と事代主命の次男と活杙神の三男　大斗乃弁神 三男　倭迹迹日百襲姫命 三男　国之常立神 次男
  →20社担当
- 稚産霊神と事代主命の次男と活杙神の三男　大斗乃弁神 三男　倭迹迹日百襲姫命 三男　国之常立神 次男　衣通姫 三男
  →20社担当
- 稚産霊神と事代主命の次男と活杙神の三男　大斗乃弁神 三男　倭迹迹日百襲姫命 三男　国之常立神 次男　衣通姫 三男　熱田神 次男
  →20社担当

天御柱命と鹿屋野姫神の次男と活杙神の次女、三女、三男の1親等から6親等の18柱

- 天御柱命と鹿屋野姫神の次男と活杙神の次女
  →24社担当
- 天御柱命と鹿屋野姫神の次男と活杙神の次女　淤母陀流神 三女
  →20社担当
- 天御柱命と鹿屋野姫神の次男と活杙神の次女　淤母陀流神 三女　金

精神 三女
　　→20社担当
・天御柱命と鹿屋野姫神の次男と活杙神の次女　淤母陀流神 三女　金
精神 三女　武甕槌神 次女
　　→20社担当
・天御柱命と鹿屋野姫神の次男と活杙神の次女　淤母陀流神 三女　金
精神 三女　武甕槌神 次女　宇摩志麻遅命 三女
　　→20社担当
・天御柱命と鹿屋野姫神の次男と活杙神の次女　淤母陀流神 三女　金
精神 三女　武甕槌神 次女　宇摩志麻遅命 三女　天之御中主神 次女
　　→20社担当
・天御柱命と鹿屋野姫神の次男と活杙神の三女
　　→24社担当
・天御柱命と鹿屋野姫神の次男と活杙神の三女　伊邪那岐神 次女
　　→20社担当
・天御柱命と鹿屋野姫神の次男と活杙神の三女　伊邪那岐神 次女　思
金神 次女
　　→20社担当
・天御柱命と鹿屋野姫神の次男と活杙神の三女　伊邪那岐神 次女　思
金神 次女　建御名方神 三女
　　→20社担当
・天御柱命と鹿屋野姫神の次男と活杙神の三女　伊邪那岐神 次女　思
金神 次女　建御名方神 三女　鹿屋野姫神 次女
　　→20社担当
・天御柱命と鹿屋野姫神の次男と活杙神の三女　伊邪那岐神 次女　思
金神 次女　建御名方神 三女　鹿屋野姫神 次女　高御産巣日神 三女
　　→20社担当
・天御柱命と鹿屋野姫神の次男と活杙神の三男
　　→24社担当
・天御柱命と鹿屋野姫神の次男と活杙神の三男　阿夜訶志古泥神 次男
　　→20社担当
・天御柱命と鹿屋野姫神の次男と活杙神の三男　阿夜訶志古泥神 次男

219

金山彦命 三男
　→20社担当
・天御柱命と鹿屋野姫神の次男と活杙神の三男　阿夜訶志古泥神 次男　金山彦命 三男　豊受大神〔アワ〕次男
　→20社担当
・天御柱命と鹿屋野姫神の次男と活杙神の三男　阿夜訶志古泥神 次男　金山彦命 三男　豊受大神〔アワ〕次男　石凝姥命 三男
　→20社担当
・天御柱命と鹿屋野姫神の次男と活杙神の三男　阿夜訶志古泥神 次男　金山彦命 三男　豊受大神〔アワ〕次男　石凝姥命 三男　櫛名田比売神 次男
　→20社担当

 豊受大神〔アワ〕と宇摩志麻遅命の次男と活杙神の次女、三女、三男の1親等から6親等の18柱

・豊受大神〔アワ〕と宇摩志麻遅命の次男と活杙神の次女
　→24社担当
・豊受大神〔アワ〕と宇摩志麻遅命の次男と活杙神の次女　伊邪那岐神 三女
　→20社担当
・豊受大神〔アワ〕と宇摩志麻遅命の次男と活杙神の次女　伊邪那岐神 三女　彦火火出見命 三女
　→20社担当
・豊受大神〔アワ〕と宇摩志麻遅命の次男と活杙神の次女　伊邪那岐神 三女　彦火火出見命 三女　武内宿禰 次女
　→20社担当
・豊受大神〔アワ〕と宇摩志麻遅命の次男と活杙神の次女　伊邪那岐神 三女　彦火火出見命 三女　武内宿禰 次女　高御産巣日神 三女
　→20社担当
・豊受大神〔アワ〕と宇摩志麻遅命の次男と活杙神の次女　伊邪那岐神 三女　彦火火出見命 三女　武内宿禰 次女　高御産巣日神 三女　瓊瓊

杵尊 次女
　　→20社担当
・豊受大神〔アワ〕と宇摩志麻遅命の次男と活杙神の三女
　　→24社担当
・豊受大神〔アワ〕と宇摩志麻遅命の次男と活杙神の三女　淤母陀流神
　三女
　　→20社担当
・豊受大神〔アワ〕と宇摩志麻遅命の次男と活杙神の三女　淤母陀流神
　三女　役行者 三女
　　→20社担当
・豊受大神〔アワ〕と宇摩志麻遅命の次男と活杙神の三女　淤母陀流神
　三女　役行者 三女　事代主命 次女
　　→20社担当
・豊受大神〔アワ〕と宇摩志麻遅命の次男と活杙神の三女　淤母陀流神
　三女　役行者 三女　事代主命 次女　高御産巣日神 三女
　　→20社担当
・豊受大神〔アワ〕と宇摩志麻遅命の次男と活杙神の三女　淤母陀流神
　三女　役行者 三女　事代主命 次女　高御産巣日神 三女　宇摩志麻遅
　命 次女
　　→20社担当
・豊受大神〔アワ〕と宇摩志麻遅命の次男と活杙神の三男
　　→24社担当
・豊受大神〔アワ〕と宇摩志麻遅命の次男と活杙神の三男　伊邪那美神
　次男
　　→20社担当
・豊受大神〔アワ〕と宇摩志麻遅命の次男と活杙神の三男　伊邪那美神
　次男　鸕鶿草葺不合尊 次男
　　→20社担当
・豊受大神〔アワ〕と宇摩志麻遅命の次男と活杙神の三男　伊邪那美神
　次男　鸕鶿草葺不合尊 次男　櫛名田比売神 次男
　　→20社担当
・豊受大神〔アワ〕と宇摩志麻遅命の次男と活杙神の三男　伊邪那美神

次男　鸕鷀草葺不合尊 次男　櫛名田比売神 次男　豊受大神〔ヒエ〕次男

→20社担当

- 豊受大神〔アワ〕と宇摩志麻遅命の次男と活杙神の三男　伊邪那美神 次男　鸕鷀草葺不合尊 次男　櫛名田比売神 次男　豊受大神〔ヒエ〕次男　豊受大神〔イネ〕次男

→20社担当

 豊受大神〔コメ〕と罔象女神の次男と活杙神の次女、三女、三男の1親等から6親等の18柱

- 豊受大神〔コメ〕と罔象女神の次男と活杙神の次女

→24社担当

- 豊受大神〔コメ〕と罔象女神の次男と活杙神の次女　淤母陀流神 三女

→20社担当

- 豊受大神〔コメ〕と罔象女神の次男と活杙神の次女　淤母陀流神 三女　思金神 次女

→20社担当

- 豊受大神〔コメ〕と罔象女神の次男と活杙神の次女　淤母陀流神 三女　思金神 次女　高御産巣日神 三女

→20社担当

- 豊受大神〔コメ〕と罔象女神の次男と活杙神の次女　淤母陀流神 三女　思金神 次女　高御産巣日神 三女　金精神 次女

→20社担当

- 豊受大神〔コメ〕と罔象女神の次男と活杙神の次女　淤母陀流神 三女　思金神 次女　高御産巣日神 三女　金精神 次女　国御柱命 三女

→20社担当

- 豊受大神〔コメ〕と罔象女神の次男と活杙神の三女

→24社担当

- 豊受大神〔コメ〕と罔象女神の次男と活杙神の三女　意富斗能地神 三女

→20社担当

・豊受大神〔コメ〕と罔象女神の次男と活杙神の三女　意富斗能地神
　三女　塩土老翁神 三女
　→20社担当

・豊受大神〔コメ〕と罔象女神の次男と活杙神の三女　意富斗能地神
　三女　塩土老翁神 三女　玉祖命 次女
　→20社担当

・豊受大神〔コメ〕と罔象女神の次男と活杙神の三女　意富斗能地神
　三女　塩土老翁神 三女　玉祖命 次女　武甕槌神 三女
　→20社担当

・豊受大神〔コメ〕と罔象女神の次男と活杙神の三女　意富斗能地神
　三女　塩土老翁神 三女　玉祖命 次女　武甕槌神 三女　天羽槌雄命 次
　女
　→20社担当

・豊受大神〔コメ〕と罔象女神の次男と活杙神の三男
　→24社担当

・豊受大神〔コメ〕と罔象女神の次男と活杙神の三男　大斗乃弁神 三
　男
　→20社担当

・豊受大神〔コメ〕と罔象女神の次男と活杙神の三男　大斗乃弁神 三
　男　倭迹迹日百襲姫命 次男
　→20社担当

・豊受大神〔コメ〕と罔象女神の次男と活杙神の三男　大斗乃弁神 三
　男　倭迹迹日百襲姫命 次男　須勢理姫神 次男
　→20社担当

・豊受大神〔コメ〕と罔象女神の次男と活杙神の三男　大斗乃弁神 三
　男　倭迹迹日百襲姫命 次男　須勢理姫神 次男　迦具土神 次男
　→20社担当

・豊受大神〔コメ〕と罔象女神の次男と活杙神の三男　大斗乃弁神 三
　男　倭迹迹日百襲姫命 次男　須勢理姫神 次男　迦具土神 次男　櫛名
　田比売神 三男
　→20社担当

223

第6章　日本全国の氏神神社の氏神様を構成している神様

 豊受大神〔ヒエ〕と天目一箇命の次男と活杙神の次女、三女、三男の1親等から6親等の18柱

- 豊受大神〔ヒエ〕と天目一箇命の次男と活杙神の次女
  →24社担当
- 豊受大神〔ヒエ〕と天目一箇命の次男と活杙神の次女　淤母陀流神 三女
  →20社担当
- 豊受大神〔ヒエ〕と天目一箇命の次男と活杙神の次女　淤母陀流神 三女　天手力男命 次女
  →20社担当
- 豊受大神〔ヒエ〕と天目一箇命の次男と活杙神の次女　淤母陀流神 三女　天手力男命 次女　猿田彦命 三女
  →20社担当
- 豊受大神〔ヒエ〕と天目一箇命の次男と活杙神の次女　淤母陀流神 三女　天手力男命 次女　猿田彦命 三女　経津主命 三女
  →20社担当
- 豊受大神〔ヒエ〕と天目一箇命の次男と活杙神の次女　淤母陀流神 三女　天手力男命 次女　猿田彦命 三女　経津主命 三女　久久能智神 三女
  →20社担当
- 豊受大神〔ヒエ〕と天目一箇命の次男と活杙神の三女
  →20社担当
- 豊受大神〔ヒエ〕と天目一箇命の次男と活杙神の三女　淤母陀流神 次女
  →20社担当
- 豊受大神〔ヒエ〕と天目一箇命の次男と活杙神の三女　淤母陀流神 次女　少彦名命 三女
  →20社担当
- 豊受大神〔ヒエ〕と天目一箇命の次男と活杙神の三女　淤母陀流神 次女　少彦名命 三女　栲幡千千姫命 三女
  →20社担当

- 豊受大神〔ヒエ〕と天目一箇命の次男と活杙神の三女　淤母陀流神 次女　少彦名命 三女　栲幡千千姫命 三女　高御産巣日神 次女
  →20社担当
- 豊受大神〔ヒエ〕と天目一箇命の次男と活杙神の三女　淤母陀流神 次女 少彦名命 三女　栲幡千千姫命 三女　高御産巣日神 次女　玉祖命 次女
  →20社担当
- 豊受大神〔ヒエ〕と天目一箇命の次男と活杙神の三男
  →20社担当
- 豊受大神〔ヒエ〕と天目一箇命の次男と活杙神の三男　大斗乃弁神 三男
  →20社担当
- 豊受大神〔ヒエ〕と天目一箇命の次男と活杙神の三男　大斗乃弁神 三男　気長足姫神 次男
  →20社担当
- 豊受大神〔ヒエ〕と天目一箇命の次男と活杙神の三男　大斗乃弁神 三男　気長足姫神 次男　国之常立神 三男
  →20社担当
- 豊受大神〔ヒエ〕と天目一箇命の次男と活杙神の三男　大斗乃弁神 三男　気長足姫神 次男　国之常立神 三男　玉依姫命 三男
  →20社担当
- 豊受大神〔ヒエ〕と天目一箇命の次男と活杙神の三男　大斗乃弁神 三男　気長足姫神 次男　国之常立神 三男　玉依姫命 三男　櫛名田比売神 次男
  →20社担当

天日槍命と武内宿禰の次男と活杙神の次女、三女、三男の1親等から4親等の12柱

- 天日槍命と武内宿禰の次男と活杙神の次女
  →24社担当
- 天日槍命と武内宿禰の次男と活杙神の次女　淤母陀流神 三女

第6章　日本全国の氏神神社の氏神様を構成している神様

　　→20社担当
- 天日槍命と武内宿禰の次男と活杙神の次女　淤母陀流神 三女　罔象女神 次女
　　→20社担当
- 天日槍命と武内宿禰の次男と活杙神の次女　淤母陀流神 三女　罔象女神 次女　稚日女命 三女
　　→20社担当
- 天日槍命と武内宿禰の次男と活杙神の三女
　　→24社担当
- 天日槍命と武内宿禰の次男と活杙神の三女　淤母陀流神 三女
　　→20社担当
- 天日槍命と武内宿禰の次男と活杙神の三女　淤母陀流神 三女　鹿屋野姫神 三女
　　→20社担当
- 天日槍命と武内宿禰の次男と活杙神の三女　淤母陀流神 三女　鹿屋野姫神 三女　誉田別命 次女
　　→20社担当
- 天日槍命と武内宿禰の次男と活杙神の三男
　　→24社担当
- 天日槍命と武内宿禰の次男と活杙神の三男　大斗乃弁神 三男
　　→20社担当
- 天日槍命と武内宿禰の次男と活杙神の三男　大斗乃弁神 三男　甕布都神 次男
　　→20社担当
- 天日槍命と武内宿禰の次男と活杙神の三男　大斗乃弁神 三男　甕布都神 次男　国之常立神 次男
　　→20社担当

天香山命と鹿屋野姫神の次男と活杙神の次女、三女、三男の1親等から4親等の12柱

- 天香山命と鹿屋野姫神の次男と活杙神の次女

226

→24社担当
- 天香山命と鹿屋野姫神の次男と活杙神の次女　伊邪那岐神 三女
→20社担当
- 天香山命と鹿屋野姫神の次男と活杙神の次女　伊邪那岐神 三女　瓊
瓊杵尊 次女
→20社担当
- 天香山命と鹿屋野姫神の次男と活杙神の次女　伊邪那岐神 三女　瓊
瓊杵尊 次女　役行者 次女
→20社担当
- 天香山命と鹿屋野姫神の次男と活杙神の三女
→24社担当
- 天香山命と鹿屋野姫神の次男と活杙神の三女　淤母陀流神 次女
→20社担当
- 天香山命と鹿屋野姫神の次男と活杙神の三女　淤母陀流神 次女　思
金神 三女
→20社担当
- 天香山命と鹿屋野姫神の次男と活杙神の三女　淤母陀流神 次女　思
金神 三女　武甕槌神 次女
→20社担当
- 天香山命と鹿屋野姫神の次男と活杙神の三男
→24社担当
- 天香山命と鹿屋野姫神の次男と活杙神の三男　大斗乃弁神 三男
→20社担当
- 天香山命と鹿屋野姫神の次男と活杙神の三男　大斗乃弁神 三男　倭
迹迹日百襲姫命 次男
→20社担当
- 天香山命と鹿屋野姫神の次男と活杙神の三男　大斗乃弁神 三男　倭
迹迹日百襲姫命 次男　天御柱命 三男
→20社担当

227

第6章 日本全国の氏神神社の氏神様を構成している神様

 天火明命と久久能智神の次男と活杙神の次女、三女、三男の1親等から4親等の12柱

- 天火明命と久久能智神の次男と活杙神の次女
  - →24社担当
- 天火明命と久久能智神の次男と活杙神の次女　淤母陀流神 三女
  - →20社担当
- 天火明命と久久能智神の次男と活杙神の次女　淤母陀流神 三女　瓊瓊杵尊 次女
  - →20社担当
- 天火明命と久久能智神の次男と活杙神の次女　淤母陀流神 三女　瓊瓊杵尊 次女　天之御中主神 次女
  - →20社担当
- 天火明命と久久能智神の次男と活杙神の三女
  - →24社担当
- 天火明命と久久能智神の次男と活杙神の三女　意富斗能地神 三女
  - →20社担当
- 天火明命と久久能智神の次男と活杙神の三女　意富斗能地神 三女　宇摩志麻遅命 三女
  - →20社担当
- 天火明命と久久能智神の次男と活杙神の三女　意富斗能地神 三女　宇摩志麻遅命 三女　天稚彦命 三女
  - →20社担当
- 天火明命と久久能智神の次男と活杙神の三男
  - →24社担当
- 天火明命と久久能智神の次男と活杙神の三男　大斗乃弁神 三男
  - →20社担当
- 天火明命と久久能智神の次男と活杙神の三男　大斗乃弁神 三男　迦具土神 次男
  - →20社担当
- 天火明命と久久能智神の次男と活杙神の三男　大斗乃弁神 三男　迦具土神 次男　国之常立神 次男

228

→20社担当

 磐鹿六雁命と大屋都姫命の次男と活杙神の次女、三女、三男の1親等から4親等の12柱

- 磐鹿六雁命と大屋都姫命の次男と活杙神の次女
  →24社担当
- 磐鹿六雁命と大屋都姫命の次男と活杙神の次女　淤母陀流神 次女
  →20社担当
- 磐鹿六雁命と大屋都姫命の次男と活杙神の次女　淤母陀流神 次女　罔象女神 次女
  →20社担当
- 磐鹿六雁命と大屋都姫命の次男と活杙神の次女　淤母陀流神 次女　罔象女神 次女　豊雲野神 三女
  →20社担当
- 磐鹿六雁命と大屋都姫命の次男と活杙神の三女
  →24社担当
- 磐鹿六雁命と大屋都姫命の次男と活杙神の三女　意富斗能地神 次女
  →20社担当
- 磐鹿六雁命と大屋都姫命の次男と活杙神の三女　意富斗能地神 次女　建御名方神 三女
  →20社担当
- 磐鹿六雁命と大屋都姫命の次男と活杙神の三女　意富斗能地神 次女　建御名方神 三女　大宜都比売神 次女
  →20社担当
- 磐鹿六雁命と大屋都姫命の次男と活杙神の三男
  →24社担当
- 磐鹿六雁命と大屋都姫命の次男と活杙神の三男　伊邪那美神 三男
  →20社担当
- 磐鹿六雁命と大屋都姫命の次男と活杙神の三男　伊邪那美神 三男　石凝姥命 次男
  →20社担当

- 磐鹿六雁命と大屋都姫命の次男と活杙神の三男　伊邪那美神 三男　石凝姥命 次男　国之常立神 次男
  →20社担当

 大宮能売命と役行者の次男と活杙神の次女、三女、三男の1親等から4親等の12柱

- 大宮能売命と役行者の次男と活杙神の次女
  →24社担当
- 大宮能売命と役行者の次男と活杙神の次女　淤母陀流神 次女
  →20社担当
- 大宮能売命と役行者の次男と活杙神の次女　淤母陀流神 次女　思金神 三女
  →20社担当
- 大宮能売命と役行者の次男と活杙神の次女　淤母陀流神 次女　思金神 三女　天之御中主神 次女
  →20社担当
- 大宮能売命と役行者の次男と活杙神の三女
  →24社担当
- 大宮能売命と役行者の次男と活杙神の三女　意富斗能地神 三女
  →20社担当
- 大宮能売命と役行者の次男と活杙神の三女　意富斗能地神 三女　宇摩志麻遅命 三女
  →20社担当
- 大宮能売命と役行者の次男と活杙神の三女　意富斗能地神 三女　宇摩志麻遅命 三女　饒速日命 三女
  →20社担当
- 大宮能売命と役行者の次男と活杙神の三男
  →24社担当
- 大宮能売命と役行者の次男と活杙神の三男　阿夜訶志古泥神 三男
  →20社担当
- 大宮能売命と役行者の次男と活杙神の三男　阿夜訶志古泥神 三男

衣通姫 三男
  →20社担当
・大宮能売命と役行者の次男と活杙神の三男　阿夜訶志古泥神 三男　衣通姫 三男　神産巣日神 三男
  →20社担当

 菊理媛神と経津主命の次男と活杙神の次女、三女、三男の1親等から4親等の12柱

・菊理媛神と経津主命の次男と活杙神の次女
  →24社担当
・菊理媛神と経津主命の次男と活杙神の次女　伊邪那岐神 三女
  →20社担当
・菊理媛神と経津主命の次男と活杙神の次女　伊邪那岐神 三女　豊雲野神 三女
  →20社担当
・菊理媛神と経津主命の次男と活杙神の次女　伊邪那岐神 三女　豊雲野神 三女　天羽槌雄命 次女
  →20社担当
・菊理媛神と経津主命の次男と活杙神の三女
  →24社担当
・菊理媛神と経津主命の次男と活杙神の三女　淤母陀流神 三女
  →20社担当
・菊理媛神と経津主命の次男と活杙神の三女　淤母陀流神 三女　経津主命 三女
  →20社担当
・菊理媛神と経津主命の次男と活杙神の三女　淤母陀流神 三女　経津主命 三女　天稚彦命 三女
  →20社担当
・菊理媛神と経津主命の次男と活杙神の三男
  →24社担当
・菊理媛神と経津主命の次男と活杙神の三男　阿夜訶志古泥神 次男

→20社担当
- 菊理媛神と経津主命の次男と活杙神の三男　阿夜訶志古泥神 次男　天宇受売命 三男
　→20社担当
- 菊理媛神と経津主命の次男と活杙神の三男　阿夜訶志古泥神 次男　天宇受売命 三男　国之常立神 次男
　→20社担当

国之常立神と大綿津見神の次男と活杙神の次女、三女、三男の1親等から6親等の18柱

- 国之常立神と大綿津見神の次男と活杙神の次女
　→24社担当
- 国之常立神と大綿津見神の次男と活杙神の次女　伊邪那岐神 次女
　→20社担当
- 国之常立神と大綿津見神の次男と活杙神の次女　伊邪那岐神 次女　塩土老翁神 三女
　→20社担当
- 国之常立神と大綿津見神の次男と活杙神の次女　伊邪那岐神 次女　塩土老翁神 三女　国御柱命 次女
　→20社担当
- 国之常立神と大綿津見神の次男と活杙神の次女　伊邪那岐神 次女　塩土老翁神 三女　国御柱命 次女　瓊瓊杵尊 三女
　→20社担当
- 国之常立神と大綿津見神の次男と活杙神の次女　伊邪那岐神 次女　塩土老翁神 三女　国御柱命 次女　瓊瓊杵尊 三女　天之御中主神 三女
　→20社担当
- 国之常立神と大綿津見神の次男と活杙神の三女
　→24社担当
- 国之常立神と大綿津見神の次男と活杙神の三女　意富斗能地神 次女
　→20社担当
- 国之常立神と大綿津見神の次男と活杙神の三女　意富斗能地神 次女

阿遅鋤高彦根命 三女
　　→20社担当
・国之常立神と大綿津見神の次男と活杙神の三女　意富斗能地神 次女
阿遅鋤高彦根命 三女　豊雲野神 三女
　　→20社担当
・国之常立神と大綿津見神の次男と活杙神の三女　意富斗能地神 次女
阿遅鋤高彦根命 三女　豊雲野神 三女　玉祖命 三女
　　→20社担当
・国之常立神と大綿津見神の次男と活杙神の三女　意富斗能地神 次女
阿遅鋤高彦根命 三女　豊雲野神 三女　玉祖命 三女　天目一箇命 三女
　　→20社担当
・国之常立神と大綿津見神の次男と活杙神の三男
　　→24社担当
・国之常立神と大綿津見神の次男と活杙神の三男　阿夜訶志古泥神 三
男
　　→20社担当
・国之常立神と大綿津見神の次男と活杙神の三男　阿夜訶志古泥神 三
男　迦具土神 次男
　　→20社担当
・国之常立神と大綿津見神の次男と活杙神の三男　阿夜訶志古泥神 三
男　迦具土神 次男　国之常立神 三男
　　→20社担当
・国之常立神と大綿津見神の次男と活杙神の三男　阿夜訶志古泥神 三
男　迦具土神 次男　国之常立神 三男　甕布都神 三男
　　→20社担当
・国之常立神と大綿津見神の次男と活杙神の三男　阿夜訶志古泥神 三
男　迦具土神 次男　国之常立神 三男　甕布都神 三男　天御柱命 次男
　　→20社担当

第6章 日本全国の氏神神社の氏神様を構成している神様

 熱田神と瓊瓊杵尊の次男と活杙神の次女、三女、三男の1親等から5親等の15柱

- 熱田神と瓊瓊杵尊の次男と活杙神の次女
  →24社担当
- 熱田神と瓊瓊杵尊の次男と活杙神の次女　淤母陀流神 三女
  →20社担当
- 熱田神と瓊瓊杵尊の次男と活杙神の次女　淤母陀流神 三女　瓊瓊杵尊 次女
  →20社担当
- 熱田神と瓊瓊杵尊の次男と活杙神の次女　淤母陀流神 三女　瓊瓊杵尊 次女　天之御中主神 三女
  →20社担当
- 熱田神と瓊瓊杵尊の次男と活杙神の次女　淤母陀流神 三女　瓊瓊杵尊 次女　天之御中主神 三女　哭沢女神 次女
  →20社担当
- 熱田神と瓊瓊杵尊の次男と活杙神の三女
  →24社担当
- 熱田神と瓊瓊杵尊の次男と活杙神の三女　淤母陀流神 次女
  →20社担当
- 熱田神と瓊瓊杵尊の次男と活杙神の三女　淤母陀流神 次女　瓊瓊杵尊 三女
  →20社担当
- 熱田神と瓊瓊杵尊の次男と活杙神の三女　淤母陀流神 次女　瓊瓊杵尊 三女　天之御中主神 三女
  →20社担当
- 熱田神と瓊瓊杵尊の次男と活杙神の三女　淤母陀流神 次女　瓊瓊杵尊 三女　天之御中主神 三女　宇摩志麻遅命 次女
  →20社担当
- 熱田神と瓊瓊杵尊の次男と活杙神の三男
  →24社担当
- 熱田神と瓊瓊杵尊の次男と活杙神の三男　伊邪那美神 三男

→20社担当
- 熱田神と瓊瓊杵尊の次男と活杙神の三男　伊邪那美神 三男　玉依姫命 三男
　→20社担当
- 熱田神と瓊瓊杵尊の次男と活杙神の三男　伊邪那美神 三男　玉依姫命 三男　磐鹿六雁命 次男
　→20社担当
- 熱田神と瓊瓊杵尊の次男と活杙神の三男　伊邪那美神 三男　玉依姫命 三男　磐鹿六雁命 次男　櫛名田比売神 次男
　→20社担当

金毘羅神と事代主命の次男と活杙神の次女、三女、三男の1親等から4親等の12柱

- 金毘羅神と事代主命の次男と活杙神の次女
　→24社担当
- 金毘羅神と事代主命の次男と活杙神の次女　意富斗能地神 三女
　→20社担当
- 金毘羅神と事代主命の次男と活杙神の次女　意富斗能地神 三女　思金神 三女
　→20社担当
- 金毘羅神と事代主命の次男と活杙神の次女　意富斗能地神 三女　思金神 三女　天之御中主神 次女
　→20社担当
- 金毘羅神と事代主命の次男と活杙神の三女
　→24社担当
- 金毘羅神と事代主命の次男と活杙神の三女　淤母陀流神 三女
　→20社担当
- 金毘羅神と事代主命の次男と活杙神の三女　淤母陀流神 三女　賀茂別雷神 三女
　→20社担当
- 金毘羅神と事代主命の次男と活杙神の三女　淤母陀流神 三女　賀茂

別雷神 三女　宇摩志麻遅命 次女
　→20社担当
・金毘羅神と事代主命の次男と活杙神の三男
　→24社担当
・金毘羅神と事代主命の次男と活杙神の三男　大斗乃弁神 三男
　→20社担当
・金毘羅神と事代主命の次男と活杙神の三男　大斗乃弁神 三男　大年神 次男
　→20社担当
・金毘羅神と事代主命の次男と活杙神の三男　大斗乃弁神 三男　大年神 次男　国之常立神 三男
　→20社担当

伊奢沙別命と大綿津見神の次男と活杙神の次女、三女、三男の1親等から4親等の12柱

・伊奢沙別命と大綿津見神の次男と活杙神の次女
　→24社担当
・伊奢沙別命と大綿津見神の次男と活杙神の次女　淤母陀流神 三女
　→20社担当
・伊奢沙別命と大綿津見神の次男と活杙神の次女　淤母陀流神 三女　罔象女神 次女
　→20社担当
・伊奢沙別命と大綿津見神の次男と活杙神の次女　淤母陀流神 三女　罔象女神 次女　田道間守命 次女
　→20社担当
・伊奢沙別命と大綿津見神の次男と活杙神の三女
　→20社担当
・伊奢沙別命と大綿津見神の次男と活杙神の三女　意富斗能地神 次女
　→20社担当
・伊奢沙別命と大綿津見神の次男と活杙神の三女　意富斗能地神 次女　稚日女命 三女

→20社担当
- 伊奢沙別命と大綿津見神の次男と活杙神の三女　意富斗能地神 次女　稚日女命 三女　天目一箇命 次女
  →20社担当
- 伊奢沙別命と大綿津見神の次男と活杙神の三男
  →20社担当
- 伊奢沙別命と大綿津見神の次男と活杙神の三男　大斗乃弁神 三男
  →20社担当
- 伊奢沙別命と大綿津見神の次男と活杙神の三男　大斗乃弁神 三男　大年神 次男
  →20社担当
- 伊奢沙別命と大綿津見神の次男と活杙神の三男　大斗乃弁神 三男　大年神 次男　天御柱命 三男
  →20社担当

> 天宇受売命と猿田彦命の次男と活杙神の次女、三女、三男の1親等から4親等の12柱

- 天宇受売命と猿田彦命の次男と活杙神の次女
  →24社担当
- 天宇受売命と猿田彦命の次男と活杙神の次女　意富斗能地神 三女
  →20社担当
- 天宇受売命と猿田彦命の次男と活杙神の次女　意富斗能地神 三女　宇摩志麻遅命 三女
  →20社担当
- 天宇受売命と猿田彦命の次男と活杙神の次女　意富斗能地神 三女　宇摩志麻遅命 三女　天之御中主神 三女
  →20社担当
- 天宇受売命と猿田彦命の次男と活杙神の三女
  →24社担当
- 天宇受売命と猿田彦命の次男と活杙神の三女　淤母陀流神 三女
  →20社担当

237

- 天宇受売命と猿田彦命の次男と活杙神の三女　淤母陀流神 三女　玉祖命 三女
   →20社担当
- 天宇受売命と猿田彦命の次男と活杙神の三女　淤母陀流神 三女　玉祖命 三女　高御産巣日神 次女
   →20社担当
- 天宇受売命と猿田彦命の次男と活杙神の三男
   →24社担当
- 天宇受売命と猿田彦命の次男と活杙神の三男　大斗乃弁神 三男
   →20社担当
- 天宇受売命と猿田彦命の次男と活杙神の三男　大斗乃弁神 三男　衣通姫 次男
   →20社担当
- 天宇受売命と猿田彦命の次男と活杙神の三男　大斗乃弁神 三男　衣通姫 次男　国之常立神 次男
   →20社担当

宇迦之御魂神と神大市姫命の次男と活杙神の次女、三女、三男の1親等から5親等の15柱

- 宇迦之御魂神と神大市姫命の次男と活杙神の次女
   →24社担当
- 宇迦之御魂神と神大市姫命の次男と活杙神の次女　伊邪那岐神 三女
   →20社担当
- 宇迦之御魂神と神大市姫命の次男と活杙神の次女　伊邪那岐神 三女　天之御影命 次女
   →20社担当
- 宇迦之御魂神と神大市姫命の次男と活杙神の次女　伊邪那岐神 三女　天之御影命 次女　天手力男命 三女
   →20社担当
- 宇迦之御魂神と神大市姫命の次男と活杙神の次女　伊邪那岐神 三女　天之御影命 次女　天手力男命 三女　豊雲野神 三女

→20社担当
・宇迦之御魂神と神大市姫命の次男と活杙神の三女
　　→20社担当
・宇迦之御魂神と神大市姫命の次男と活杙神の三女　意富斗能地神 三
女
　　→20社担当
・宇迦之御魂神と神大市姫命の次男と活杙神の三女　意富斗能地神 三
女　玉祖命 三女
　　→20社担当
・宇迦之御魂神と神大市姫命の次男と活杙神の三女　意富斗能地神 三
女　玉祖命 三女　稚日女命 次女
　　→20社担当
・宇迦之御魂神と神大市姫命の次男と活杙神の三女　意富斗能地神 三
女　玉祖命 三女　稚日女命 次女　経津主命 三女
　　→20社担当
・宇迦之御魂神と神大市姫命の次男と活杙神の三男
　　→20社担当
・宇迦之御魂神と神大市姫命の次男と活杙神の三男　阿夜訶志古泥神
三男
　　→20社担当
・宇迦之御魂神と神大市姫命の次男と活杙神の三男　阿夜訶志古泥神
三男　倭迹迹日百襲姫命 次男
　　→20社担当
・宇迦之御魂神と神大市姫命の次男と活杙神の三男　阿夜訶志古泥神
三男　倭迹迹日百襲姫命 次男　国之常立神次男
　　→20社担当
・宇迦之御魂神と神大市姫命の次男と活杙神の三男　阿夜訶志古泥神
三男　倭迹迹日百襲姫命 次男　国之常立神 次男　豊受大神〔イネ〕
三男
　　→20社担当

大山咋神と大山祇神の次男と活杙神の次女、三女、三男の1親等から4親等の12柱

- 大山咋神と大山祇神の次男と活杙神の次女
  →24社担当
- 大山咋神と大山祇神の次男と活杙神の次女　淤母陀流神 次女
  →20社担当
- 大山咋神と大山祇神の次男と活杙神の次女　淤母陀流神 次女　天之御影命 三女
  →20社担当
- 大山咋神と大山祇神の次男と活杙神の次女　淤母陀流神 次女　天之御影命 三女　賀茂別雷神 三女
  →20社担当
- 大山咋神と大山祇神の次男と活杙神の三女
  →20社担当
- 大山咋神と大山祇神の次男と活杙神の三女　意富斗能地神 次女
  →20社担当
- 大山咋神と大山祇神の次男と活杙神の三女　意富斗能地神 次女　誉田別命 次女
  →20社担当
- 大山咋神と大山祇神の次男と活杙神の三女　意富斗能地神 次女　誉田別命 次女　中筒男命 次女
  →20社担当
- 大山咋神と大山祇神の次男と活杙神の三男
  →20社担当
- 大山咋神と大山祇神の次男と活杙神の三男　大斗乃弁神 三男
  →20社担当
- 大山咋神と大山祇神の次男と活杙神の三男　大斗乃弁神 三男　菊理媛神 次男
  →20社担当
- 大山咋神と大山祇神の次男と活杙神の三男　大斗乃弁神 三男　菊理媛神 次男　熱田神 三男

→20社担当

 若宇加能売命と天之御影命の次男と活杙神の次女、三女、三男の1親等から4親等の12柱

- 若宇加能売命と天之御影命の次男と活杙神の次女
  →24社担当
- 若宇加能売命と天之御影命の次男と活杙神の次女　意富斗能地神 次女
  →20社担当
- 若宇加能売命と天之御影命の次男と活杙神の次女　意富斗能地神 次女　天羽槌雄命 次女
  →20社担当
- 若宇加能売命と天之御影命の次男と活杙神の次女　意富斗能地神 次女　天羽槌雄命 次女　豊雲野神 三女
  →20社担当
- 若宇加能売命と天之御影命の次男と活杙神の三女
  →20社担当
- 若宇加能売命と天之御影命の次男と活杙神の三女　意富斗能地神 三女
  →20社担当
- 若宇加能売命と天之御影命の次男と活杙神の三女　意富斗能地神 三女　彦火火出見命 次女
  →20社担当
- 若宇加能売命と天之御影命の次男と活杙神の三女　意富斗能地神 三女　彦火火出見命 次女　誉田別命 三女
  →20社担当
- 若宇加能売命と天之御影命の次男と活杙神の三男
  →20社担当
- 若宇加能売命と天之御影命の次男と活杙神の三男　大斗乃弁神 三男
  →20社担当
- 若宇加能売命と天之御影命の次男と活杙神の三男　大斗乃弁神 三男

241

天宇受売命 三男
　→20社担当
・若宇加能売命と天之御影命の次男と活杙神の三男　大斗乃弁神 三男　天宇受売命 三男　天御柱命 次男
　→20社担当

 天穂日命と天津彦根命の次男と活杙神の次女、三女、三男の1親等から6親等の18柱

・天穂日命と天津彦根命の次男と活杙神の次女
　→24社担当
・天穂日命と天津彦根命の次男と活杙神の次女　意富斗能地神 三女
　→20社担当
・天穂日命と天津彦根命の次男と活杙神の次女　意富斗能地神 三女　大屋都姫命 次女
　→20社担当
・天穂日命と天津彦根命の次男と活杙神の次女　意富斗能地神 三女　大屋都姫命 次女　天之御影命 三女
　→20社担当
・天穂日命と天津彦根命の次男と活杙神の次女　意富斗能地神 三女　大屋都姫命 次女　天之御影命 三女　大屋都姫命 三女
　→20社担当
・天穂日命と天津彦根命の次男と活杙神の次女　意富斗能地神 三女　大屋都姫命 次女　天之御影命 三女　大屋都姫命 三女　建御名方神 三女
　→20社担当
・天穂日命と天津彦根命の次男と活杙神の三女
　→24社担当
・天穂日命と天津彦根命の次男と活杙神の三女　淤母陀流神 三女
　→20社担当
・天穂日命と天津彦根命の次男と活杙神の三女　淤母陀流神 三女　武甕槌神 三女

→20社担当
- 天穂日命と天津彦根命の次男と活杙神の三女　淤母陀流神 三女　武甕槌神 三女　天羽槌雄命 次女
　　→20社担当
- 天穂日命と天津彦根命の次男と活杙神の三女　淤母陀流神 三女　武甕槌神 三女　天羽槌雄命 次女　罔象女神 次女
　　→20社担当
- 天穂日命と天津彦根命の次男と活杙神の三女　淤母陀流神 三女　武甕槌神 三女　天羽槌雄命 次女　罔象女神 次女　高御産巣日神 三女
　　→20社担当
- 天穂日命と天津彦根命の次男と活杙神の三男
　　→24社担当
- 天穂日命と天津彦根命の次男と活杙神の三男　阿夜訶志古泥神 三男
　　→20社担当
- 天穂日命と天津彦根命の次男と活杙神の三男　阿夜訶志古泥神 三男　気長足姫神 次男
　　→20社担当
- 天穂日命と天津彦根命の次男と活杙神の三男　阿夜訶志古泥神 三男　気長足姫神 次男　神産巣日神 三男
　　→20社担当
- 天穂日命と天津彦根命の次男と活杙神の三男　阿夜訶志古泥神 三男　気長足姫神 次男　神産巣日神 三男　天穂日命 次男
　　→20社担当
- 天穂日命と天津彦根命の次男と活杙神の三男　阿夜訶志古泥神 三男　気長足姫神 次男　神産巣日神 三男　天穂日命 次男　櫛名田比売神 次男
　　→20社担当

大年神と五十猛命の次男と活杙神の次女、三女、三男の1親等から6親等の18柱

- 大年神と五十猛命の次男と活杙神の次女

第6章　日本全国の氏神神社の氏神様を構成している神様

　　→24社担当
・大年神と五十猛命の次男と活杙神の次女　意富斗能地神 三女
　　→20社担当
・大年神と五十猛命の次男と活杙神の次女　意富斗能地神 三女　事代
　主命 三女
　　→20社担当
・大年神と五十猛命の次男と活杙神の次女　意富斗能地神 三女　事代
　主命 三女　高御産巣日神 三女
　　→20社担当
・大年神と五十猛命の次男と活杙神の次女　意富斗能地神 三女　事代
　主命 三女　高御産巣日神 三女　瓊瓊杵尊 次女
　　→20社担当
・大年神と五十猛命の次男と活杙神の次女　意富斗能地神 三女　事代
　主命 三女　高御産巣日神 三女　瓊瓊杵尊 次女　高倉下命 次女
　　→20社担当
・大年神と五十猛命の次男と活杙神の三女
　　→24社担当
・大年神と五十猛命の次男と活杙神の三女　意富斗能地神 三女
　　→20社担当
・大年神と五十猛命の次男と活杙神の三女　意富斗能地神 三女　天目
　一箇命 次女
　　→20社担当
・大年神と五十猛命の次男と活杙神の三女　意富斗能地神 三女　天目
　一箇命 次女　玉祖命 三女
　　→20社担当
・大年神と五十猛命の次男と活杙神の三女　意富斗能地神 三女　天目
　一箇命 次女　玉祖命 三女　天之御中主神 三女
　　→20社担当
・大年神と五十猛命の次男と活杙神の三女　意富斗能地神 三女　天目
　一箇命 次女　玉祖命 三女　天之御中主神 三女　思金神 次女
　　→20社担当
・大年神と五十猛命の次男と活杙神の三男

244

→24社担当
- 大年神と五十猛命の次男と活杙神の三男　大斗乃弁神 三男
　　→20社担当
- 大年神と五十猛命の次男と活杙神の三男　大斗乃弁神 三男　衣通姫 次男
　　→20社担当
- 大年神と五十猛命の次男と活杙神の三男　大斗乃弁神 三男　衣通姫 次男　国之常立神 三男
　　→20社担当
- 大年神と五十猛命の次男と活杙神の三男　大斗乃弁神 三男　衣通姫 次男　国之常立神 三男　天太玉命 三男
　　→20社担当
- 大年神と五十猛命の次男と活杙神の三男　大斗乃弁神 三男　衣通姫 次男　国之常立神 三男　天太玉命 三男　豊玉姫命 次男
　　→20社担当

天忍穂耳命と大禍津日神の次男と活杙神の次女、三女、三男の1親等から6親等の18柱

- 天忍穂耳命と大禍津日神の次男と活杙神の次女
　　→24社担当
- 天忍穂耳命と大禍津日神の次男と活杙神の次女　伊邪那岐神 三女
　　→20社担当
- 天忍穂耳命と大禍津日神の次男と活杙神の次女　伊邪那岐神 三女　火雷神 次女
　　→20社担当
- 天忍穂耳命と大禍津日神の次男と活杙神の次女　伊邪那岐神 三女　火雷神 次女　高御産巣日神 三女
　　→20社担当
- 天忍穂耳命と大禍津日神の次男と活杙神の次女　伊邪那岐神 三女　火雷神 次女　高御産巣日神 三女　瓊瓊杵尊 三女
　　→20社担当

第6章　日本全国の氏神神社の氏神様を構成している神様

- 天忍穂耳命と大禍津日神の次男と活杙神の次女　伊邪那岐神 三女
　火雷神 次女　高御産巣日神 三女　瓊瓊杵尊 三女　天羽槌雄命 次女
　→20社担当
- 天忍穂耳命と大禍津日神の次男と活杙神の三女
　→24社担当
- 天忍穂耳命と大禍津日神の次男と活杙神の三女　意富斗能地神 三女
　→20社担当
- 天忍穂耳命と大禍津日神の次男と活杙神の三女　意富斗能地神 三女
　鹿屋野姫神 三女
　→20社担当
- 天忍穂耳命と大禍津日神の次男と活杙神の三女　意富斗能地神 三女
　鹿屋野姫神 三女　天之御中主神 次女
　→20社担当
- 天忍穂耳命と大禍津日神の次男と活杙神の三女　意富斗能地神 三女
　鹿屋野姫神 三女　天之御中主神 次女　天之御影命 三女
　→20社担当
- 天忍穂耳命と大禍津日神の次男と活杙神の三女　意富斗能地神 三女
　鹿屋野姫神 三女　天之御中主神 次女　天之御影命 三女　瓊瓊杵尊 三
　女
　→20社担当
- 天忍穂耳命と大禍津日神の次男と活杙神の三男
　→20社担当
- 天忍穂耳命と大禍津日神の次男と活杙神の三男　阿夜訶志古泥神 三
　男
　→20社担当
- 天忍穂耳命と大禍津日神の次男と活杙神の三男　阿夜訶志古泥神 三
　男　衣通姫 三男
　→20社担当
- 天忍穂耳命と大禍津日神の次男と活杙神の三男　阿夜訶志古泥神 三
　男　衣通姫 三男　櫛名田比売神 次男
　→20社担当
- 天忍穂耳命と大禍津日神の次男と活杙神の三男　阿夜訶志古泥神 三

246

男　衣通姫 三男　櫛名田比売神 次男　大年神 次男
→20社担当
- 天忍穂耳命と大禍津日神の次男と活杙神の三男　阿夜訶志古泥神 三男　衣通姫 三男　櫛名田比売神 次男　大年神 次男　瀬織津姫神 三男
→20社担当

奥津姫命と彦火火出見命の次男と活杙神の次女、三女、三男の1親等から6親等の18柱

- 奥津姫命と彦火火出見命の次男と活杙神の次女
→24社担当
- 奥津姫命と彦火火出見命の次男と活杙神の次女　淤母陀流神 三女
→20社担当
- 奥津姫命と彦火火出見命の次男と活杙神の次女　淤母陀流神 三女　瓊瓊杵尊 次女
→20社担当
- 奥津姫命と彦火火出見命の次男と活杙神の次女　淤母陀流神 三女　瓊瓊杵尊 次女　建御名方神 三女
→20社担当
- 奥津姫命と彦火火出見命の次男と活杙神の次女　淤母陀流神 三女　瓊瓊杵尊 次女　建御名方神 三女　天羽槌雄命 次女
→20社担当
- 奥津姫命と彦火火出見命の次男と活杙神の次女　淤母陀流神 三女　瓊瓊杵尊 次女　建御名方神 三女　天羽槌雄命 次女　高御産巣日神 三女
→20社担当
- 奥津姫命と彦火火出見命の次男と活杙神の三女
→24社担当
- 奥津姫命と彦火火出見命の次男と活杙神の三女　意富斗能地神 次女
→20社担当
- 奥津姫命と彦火火出見命の次男と活杙神の三女　意富斗能地神 次女　金精神 三女

247

第 6 章　日本全国の氏神神社の氏神様を構成している神様

　　　→20社担当
- 奥津姫命と彦火火出見命の次男と活杙神の三女　意富斗能地神 次女
　金精神 三女　天之御中主神 三女
　　　→20社担当
- 奥津姫命と彦火火出見命の次男と活杙神の三女　意富斗能地神 次女
　金精神 三女　天之御中主神 三女　事代主命 次女
　　　→20社担当
- 奥津姫命と彦火火出見命の次男と活杙神の三女　意富斗能地神 次女
　金精神 三女　天之御中主神 三女　事代主命 次女　高御産巣日神 次女
　　　→20社担当
- 奥津姫命と彦火火出見命の次男と活杙神の三男
　　　→24社担当
- 奥津姫命と彦火火出見命の次男と活杙神の三男　阿夜訶志古泥神 三
　男
　　　→20社担当
- 奥津姫命と彦火火出見命の次男と活杙神の三男　阿夜訶志古泥神 三
　男　迦具土神 三男
　　　→20社担当
- 奥津姫命と彦火火出見命の次男と活杙神の三男　阿夜訶志古泥神 三
　男　迦具土神 三男　国之常立神 三男
　　　→20社担当
- 奥津姫命と彦火火出見命の次男と活杙神の三男　阿夜訶志古泥神 三
　男　迦具土神 三男　国之常立神 三男　倭迹迹日百襲姫命 三男
　　　→20社担当
- 奥津姫命と彦火火出見命の次男と活杙神の三男　阿夜訶志古泥神 三
　男　迦具土神 三男　国之常立神 三男　倭迹迹日百襲姫命 三男　櫛名
　田比売神 次男
　　　→20社担当

須勢理姫神と素盞嗚尊の次男と活杙神の次女、三女、三男の1親等から6親等の18柱

- 須勢理姫神と素盞嗚尊の次男と活杙神の次女
  →24社担当
- 須勢理姫神と素盞嗚尊の次男と活杙神の次女　伊邪那岐神 三女
  →20社担当
- 須勢理姫神と素盞嗚尊の次男と活杙神の次女　伊邪那岐神 三女　大宜都比売神 次女
  →20社担当
- 須勢理姫神と素盞嗚尊の次男と活杙神の次女　伊邪那岐神 三女　大宜都比売神 次女　天之御中主神 三女
  →20社担当
- 須勢理姫神と素盞嗚尊の次男と活杙神の次女　伊邪那岐神 三女　大宜都比売神 次女　天之御中主神 三女　火雷神 三女
  →20社担当
- 須勢理姫神と素盞嗚尊の次男と活杙神の次女　伊邪那岐神 三女　大宜都比売神 次女　天之御中主神 三女　火雷神 三女　高御産巣日神 次女
  →20社担当
- 須勢理姫神と素盞嗚尊の次男と活杙神の三女
  →24社担当
- 須勢理姫神と素盞嗚尊の次男と活杙神の三女　意富斗能地神 次女
  →20社担当
- 須勢理姫神と素盞嗚尊の次男と活杙神の三女　意富斗能地神 次女　鹿屋野姫神 三女
  →20社担当
- 須勢理姫神と素盞嗚尊の次男と活杙神の三女　意富斗能地神 次女　鹿屋野姫神 三女　天之御中主神 三女
  →20社担当
- 須勢理姫神と素盞嗚尊の次男と活杙神の三女　意富斗能地神 次女 鹿屋野姫神 三女　天之御中主神 三女　高倉下命 三女

→20社担当
- 須勢理姫神と素盞鳴尊の次男と活杙神の三女　意富斗能地神 次女　鹿屋野姫神 三女　天之御中主神 三女　高倉下命 三女　保食神 三女
  →20社担当
- 須勢理姫神と素盞鳴尊の次男と活杙神の三男
  →24社担当
- 須勢理姫神と素盞鳴尊の次男と活杙神の三男　大斗乃弁神 三男
  →20社担当
- 須勢理姫神と素盞鳴尊の次男と活杙神の三男　大斗乃弁神 三男　野見宿禰 次男
  →20社担当
- 須勢理姫神と素盞鳴尊の次男と活杙神の三男　大斗乃弁神 三男　野見宿禰 次男　瀬織津姫神 三男
  →20社担当
- 須勢理姫神と素盞鳴尊の次男と活杙神の三男　大斗乃弁神 三男　野見宿禰 次男　瀬織津姫神 三男　天宇受売命 三男
  →20社担当
- 須勢理姫神と素盞鳴尊の次男と活杙神の三男　大斗乃弁神 三男　野見宿禰 次男　瀬織津姫神 三男　天宇受売命 三男　天火明命 次男
  →20社担当

底筒男命と月読命の次男と活杙神の次女、三女、三男の1親等から4親等の12柱

- 底筒男命と月読命の次男と活杙神の次女
  →24社担当
- 底筒男命と月読命の次男と活杙神の次女　伊邪那岐神 三女
  →20社担当
- 底筒男命と月読命の次男と活杙神の次女　伊邪那岐神 三女　大宜都比売神 三女
  →20社担当
- 底筒男命と月読命の次男と活杙神の次女　伊邪那岐神 三女　大宜都

比売神 三女　高御産巣日神 三女
　　→20社担当
・底筒男命と月読命の次男と活杙神の三女
　　→24社担当
・底筒男命と月読命の次男と活杙神の三女　意富斗能地神 三女
　　→20社担当
・底筒男命と月読命の次男と活杙神の三女　意富斗能地神 三女　天之御中主神 次女
　　→20社担当
・底筒男命と月読命の次男と活杙神の三女　意富斗能地神 三女　天之御中主神 次女　金精神 三女
　　→20社担当
・底筒男命と月読命の次男と活杙神の三男
　　→24社担当
・底筒男命と月読命の次男と活杙神の三男　須比智邇神 次男
　　→20社担当
・底筒男命と月読命の次男と活杙神の三男　須比智邇神 次男　豊受大神〔コメ〕三男
　　→20社担当
・底筒男命と月読命の次男と活杙神の三男　須比智邇神 次男　豊受大神〔コメ〕三男　磐鹿六雁命　次男
　　→20社担当

 磐長姫命と大宜都比売神の次男と活杙神の次女、三女、三男の1親等から4親等の12柱

・磐長姫命と大宜都比売神の次男と活杙神の次女
　　→24社担当
・磐長姫命と大宜都比売神の次男と活杙神の次女　淤母陀流神 次女
　　→20社担当
・磐長姫命と大宜都比売神の次男と活杙神の次女　淤母陀流神 次女　瓊瓊杵尊 三女

第6章 日本全国の氏神神社の氏神様を構成している神様

　→20社担当
・**磐長姫命**と大宜都比売神の次男と活杙神の次女　淤母陀流神 次女
　瓊瓊杵尊 三女　天之御中主神 三女
　→20社担当
・**磐長姫命**と大宜都比売神の次男と活杙神の三女
　→24社担当
・**磐長姫命**と大宜都比売神の次男と活杙神の三女　淤母陀流神 三女
　→20社担当
・**磐長姫命**と大宜都比売神の次男と活杙神の三女　淤母陀流神 三女
　天之御中主神 三女
　→20社担当
・**磐長姫命**と大宜都比売神の次男と活杙神の三女　淤母陀流神 三女
　天之御中主神 三女　金精神 次女
　→20社担当
・**磐長姫命**と大宜都比売神の次男と活杙神の三男
　→24社担当
・**磐長姫命**と大宜都比売神の次男と活杙神の三男　阿夜訶志古泥神 三男
　→20社担当
・**磐長姫命**と大宜都比売神の次男と活杙神の三男　阿夜訶志古泥神 三男　衣通姫 次男
　→20社担当
・**磐長姫命**と大宜都比売神の次男と活杙神の三男　阿夜訶志古泥神 三男　衣通姫 次男　国之常立神 次男
　→20社担当

 木花咲耶姫神と天羽槌雄命 の次男と活杙神の次女、三女、三男の1親等から4親等の12柱

・**木花咲耶姫神**と天羽槌雄命の次男と活杙神の次女
　→24社担当
・**木花咲耶姫神**と天羽槌雄命の次男と活杙神の次女　淤母陀流神 次女

→20社担当
- 木花咲耶姫神と天羽槌雄命の次男と活杙神の次女　淤母陀流神 次女
　瓊瓊杵尊 次女
　　→20社担当
- 木花咲耶姫神と天羽槌雄命の次男と活杙神の次女　淤母陀流神 次女
　瓊瓊杵尊 次女　奥津彦命 次女
　　→20社担当
- 木花咲耶姫神と天羽槌雄命の次男と活杙神の三女
　　→24社担当
- 木花咲耶姫神と天羽槌雄命の次男と活杙神の三女　淤母陀流神 三女
　　→20社担当
- 木花咲耶姫神と天羽槌雄命の次男と活杙神の三女　淤母陀流神 三女
　思金神 三女
　　→20社担当
- 木花咲耶姫神と天羽槌雄命の次男と活杙神の三女　淤母陀流神 三女
　思金神 三女　天之御中主神 三女
　　→20社担当
- 木花咲耶姫神と天羽槌雄命の次男と活杙神の三男
　　→24社担当
- 木花咲耶姫神と天羽槌雄命の次男と活杙神の三男　伊邪那美神 次男
　　→20社担当
- 木花咲耶姫神と天羽槌雄命の次男と活杙神の三男　伊邪那美神 次男
　金山彦命 三男
　　→20社担当
- 木花咲耶姫神と天羽槌雄命の次男と活杙神の三男　伊邪那美神 次男
　金山彦命 三男　国之常立神 次男
　　→20社担当

 気長足姫神と天稚彦命の次男と活杙神の次女、三女、三男の1親等から6親等の18柱

- 気長足姫神と天稚彦命の次男と活杙神の次女

253

第6章　日本全国の氏神神社の氏神様を構成している神様

　　→24社担当
・気長足姫神と天稚彦命の次男と活杙神の次女　淤母陀流神 三女
　　→20社担当
・気長足姫神と天稚彦命の次男と活杙神の次女　淤母陀流神 三女　田
　道間守命 次女
　　→20社担当
・気長足姫神と天稚彦命の次男と活杙神の次女　淤母陀流神 三女　田
　道間守命 次女　中筒男命 三女
　　→20社担当
・気長足姫神と天稚彦命の次男と活杙神の次女　淤母陀流神 三女　田
　道間守命 次女　中筒男命 三女　天手力男命 次女
　　→20社担当
・気長足姫神と天稚彦命の次男と活杙神の次女　淤母陀流神 三女　田
　道間守命 次女　中筒男命 三女　天手力男命 次女　高御産巣日神 次女
　　→20社担当
・気長足姫神と天稚彦命の次男と活杙神の三女
　　→20社担当
・気長足姫神と天稚彦命の次男と活杙神の三女　意富斗能地神 三女
　　→20社担当
・気長足姫神と天稚彦命の次男と活杙神の三女　意富斗能地神 三女
　栲幡千千姫命 三女
　　→20社担当
・気長足姫神と天稚彦命の次男と活杙神の三女　意富斗能地神 三女
　栲幡千千姫命 三女　神大市姫命 三女
　　→20社担当
・気長足姫神と天稚彦命の次男と活杙神の三女　意富斗能地神 三女
　栲幡千千姫命 三女　神大市姫命 三女　五十猛命 次女
　　→20社担当
・気長足姫神と天稚彦命の次男と活杙神の三女　意富斗能地神 三女
　栲幡千千姫命 三女　神大市姫命 三女　五十猛命 次女　宇摩志麻遅命
　三女
　　→20社担当

254

- 気長足姫神と天稚彦命の次男と活杙神の三男
  →20社担当
- 気長足姫神と天稚彦命の次男と活杙神の三男　大斗乃弁神 三男
  →20社担当
- 気長足姫神と天稚彦命の次男と活杙神の三男　大斗乃弁神 三男　倭迹迹日百襲姫命 次男
  →20社担当
- 気長足姫神と天稚彦命の次男と活杙神の三男　大斗乃弁神 三男　倭迹迹日百襲姫命 次男　櫛名田比売神 三男
  →20社担当
- 気長足姫神と天稚彦命の次男と活杙神の三男　大斗乃弁神 三男　倭迹迹日百襲姫命 次男　櫛名田比売神 三男　弟橘媛命 次男
  →20社担当
- 気長足姫神と天稚彦命の次男と活杙神の三男　大斗乃弁神 三男　倭迹迹日百襲姫命 次男　櫛名田比売神 三男　弟橘媛命 次男　稲田姫命 次男
  →20社担当

豊玉姫命と誉田別命の次男と活杙神の次女、三女、三男の1親等から4親等の12柱

- 豊玉姫命と誉田別命の次男と活杙神の次女
  →24社担当
- 豊玉姫命と誉田別命の次男と活杙神の次女　淤母陀流神 三女
  →20社担当
- 豊玉姫命と誉田別命の次男と活杙神の次女　淤母陀流神 三女　事代主命 三女
  →20社担当
- 豊玉姫命と誉田別命の次男と活杙神の次女　淤母陀流神 三女　事代主命 三女　武甕槌神 次女
  →20社担当
- 豊玉姫命と誉田別命の次男と活杙神の三女

→20社担当
・豊玉姫命と誉田別命の次男と活杙神の三女　淤母陀流神 次女
　→20社担当
・豊玉姫命と誉田別命の次男と活杙神の三女　淤母陀流神 次女　大屋都姫命 三女
　→20社担当
・豊玉姫命と誉田別命の次男と活杙神の三女　淤母陀流神 次女　大屋都姫命 三女　建御名方神 三女
　→20社担当
・豊玉姫命と誉田別命の次男と活杙神の三男
　→20社担当
・豊玉姫命と誉田別命の次男と活杙神の三男　大斗乃弁神 三男
　→20社担当
・豊玉姫命と誉田別命の次男と活杙神の三男　大斗乃弁神 三男　大宮能売命 次男
　→20社担当
・豊玉姫命と誉田別命の次男と活杙神の三男　大斗乃弁神 三男　大宮能売命 次男　国之常立神 三女
　→20社担当

弟橘媛命と吉備津彦命の次男と活杙神の次女、三女、三男の1親等から4親等の12柱

・弟橘媛命と吉備津彦命の次男と活杙神の次女
　→24社担当
・弟橘媛命と吉備津彦命の次男と活杙神の次女　淤母陀流神 三女
　→20社担当
・弟橘媛命と吉備津彦命の次男と活杙神の次女　淤母陀流神 三女　天稚彦命 次女
　→20社担当
・弟橘媛命と吉備津彦命の次男と活杙神の次女　淤母陀流神 三女　天稚彦命 次女　誉田別命 三女

→20社担当
- 弟橘媛命と吉備津彦命の次男と活杙神の三女
　　→20社担当
- 弟橘媛命と吉備津彦命の次男と活杙神の三女　淤母陀流神 三女
　　→20社担当
- 弟橘媛命と吉備津彦命の次男と活杙神の三女　淤母陀流神 三女　天羽槌雄命 三女
　　→20社担当
- 弟橘媛命と吉備津彦命の次男と活杙神の三女　淤母陀流神 三女　天羽槌雄命 三女　天目一箇命 次女
　　→20社担当
- 弟橘媛命と吉備津彦命の次男と活杙神の三男
　　→20社担当
- 弟橘媛命と吉備津彦命の次男と活杙神の三男　阿夜訶志古泥神 三男
　　→20社担当
- 弟橘媛命と吉備津彦命の次男と活杙神の三男　阿夜訶志古泥神 三男　大宮能売命 三女
　　→20社担当
- 弟橘媛命と吉備津彦命の次男と活杙神の三男　阿夜訶志古泥神 三男　大宮能売命 三女　櫛名田比売神 三女
　　→20社担当

> **鸕鶿草葺不合尊と賀茂別雷神の次男と活杙神の次女、三女、三男の1親等から4親等の12柱**

- 鸕鶿草葺不合尊と賀茂別雷神の次男と活杙神の次女
　　→24社担当
- 鸕鶿草葺不合尊と賀茂別雷神の次男と活杙神の次女　淤母陀流神 次女
　　→20社担当
- 鸕鶿草葺不合尊と賀茂別雷神の次男と活杙神の次女　淤母陀流神 次女　天津彦根命 三女

第 6 章　日本全国の氏神神社の氏神様を構成している神様

→ 20 社担当
- 鸕鶿草葺不合尊と賀茂別雷神の次男と活杙神の次女　淤母陀流神 次女　天津彦根命 三女　火雷神 次女
  → 20 社担当
- 鸕鶿草葺不合尊と賀茂別雷神の次男と活杙神の三女
  → 20 社担当
- 鸕鶿草葺不合尊と賀茂別雷神の次男と活杙神の三女　意富斗能地神 三女
  → 20 社担当
- 鸕鶿草葺不合尊と賀茂別雷神の次男と活杙神の三女　意富斗能地神 三女　大屋都姫命 次女
  → 20 社担当
- 鸕鶿草葺不合尊と賀茂別雷神の次男と活杙神の三女　意富斗能地神 三女　大屋都姫命 次女　五十猛命 三女
  → 20 社担当
- 鸕鶿草葺不合尊と賀茂別雷神の次男と活杙神の三男
  → 20 社担当
- 鸕鶿草葺不合尊と賀茂別雷神の次男と活杙神の三男　阿夜訶志古泥神 三男
  → 20 社担当
- 鸕鶿草葺不合尊と賀茂別雷神の次男と活杙神の三男　阿夜訶志古泥神 三男　磐鹿六雁命 三男
  → 20 社担当
- 鸕鶿草葺不合尊と賀茂別雷神の次男と活杙神の三男　阿夜訶志古泥神 三男　磐鹿六雁命 三男　神産巣日神 次男
  → 20 社担当

 玉依姫命と大山祇神の次男と活杙神の次女、三女、三男の 1 親等から 4 親等の 12 柱

- 玉依姫命と大山祇神の次男と活杙神の次女
  → 24 社担当

・玉依姫命と大山祇神の次男と活杙神の次女　淤母陀流神 三女
　　→20社担当
・玉依姫命と大山祇神の次男と活杙神の次女　淤母陀流神 三女　瓊瓊
　杵尊 次女
　　→20社担当
・玉依姫命と大山祇神の次男と活杙神の次女　淤母陀流神 三女　瓊瓊
　杵尊 次女　天之御中主神 次女
　　→20社担当
・玉依姫命と大山祇神の次男と活杙神の三女
　　→20社担当
・玉依姫命と大山祇神の次男と活杙神の三女　意富斗能地神 三女
　　→20社担当
・玉依姫命と大山祇神の次男と活杙神の三女　意富斗能地神 三女　哭
　沢女神 次女
　　→20社担当
・玉依姫命と大山祇神の次男と活杙神の三女　意富斗能地神 三女　哭
　沢女神 次女　玉祖命三女
　　→20社担当
・玉依姫命と大山祇神の次男と活杙神の三男
　　→20社担当
・玉依姫命と大山祇神の次男と活杙神の三男　阿夜訶志古泥神 三男
　　→20社担当
・玉依姫命と大山祇神の次男と活杙神の三男　阿夜訶志古泥神 三男
　倭迹迹日百襲姫命 三男
　　→20社担当
・玉依姫命と大山祇神の次男と活杙神の三男　阿夜訶志古泥神 三男
　倭迹迹日百襲姫命 三男　国之常立神 次男
　　→20社担当

野見宿禰と熊野速玉男神の次男と活杙神の次女、三女、三男の1親等から4親等の12柱

- 野見宿禰と熊野速玉男神の次男と活杙神の次女
  →24社担当
- 野見宿禰と熊野速玉男神の次男と活杙神の次女　淤母陀流神 三女
  →20社担当
- 野見宿禰と熊野速玉男神の次男と活杙神の次女　淤母陀流神 三女　金精神 三女
  →20社担当
- 野見宿禰と熊野速玉男神の次男と活杙神の次女　淤母陀流神 三女　金精神 三女　武甕槌神 次女
  →20社担当
- 野見宿禰と熊野速玉男神の次男と活杙神の三女
  →20社担当
- 野見宿禰と熊野速玉男神の次男と活杙神の三女　意富斗能地神 三女
  →20社担当
- 野見宿禰と熊野速玉男神の次男と活杙神の三女　意富斗能地神 三女　瓊瓊杵尊 次女
  →20社担当
- 野見宿禰と熊野速玉男神の次男と活杙神の三女　意富斗能地神 三女　瓊瓊杵尊 次女　建御名方神 三女
  →20社担当
- 野見宿禰と熊野速玉男神の次男と活杙神の三男
  →20社担当
- 野見宿禰と熊野速玉男神の次男と活杙神の三男　大斗乃弁神 次男
  →20社担当
- 野見宿禰と熊野速玉男神の次男と活杙神の三男　大斗乃弁神 次男　天火明命 三男
  →20社担当
- 野見宿禰と熊野速玉男神の次男と活杙神の三男　大斗乃弁神 次男　天火明命 三男　国之常立神 次男

→20社担当

 石凝姥命と火雷神の次男と活杙神の次女、三女、三男の1親等から4親等の12柱

- 石凝姥命と火雷神の次男と活杙神の次女
  →24社担当
- 石凝姥命と火雷神の次男と活杙神の次女　淤母陀流神 三女
  →20社担当
- 石凝姥命と火雷神の次男と活杙神の次女　淤母陀流神 三女　天羽槌雄命 三女
  →20社担当
- 石凝姥命と火雷神の次男と活杙神の次女　淤母陀流神 三女　天羽槌雄命 三女　火雷神 次女
  →20社担当
- 石凝姥命と火雷神の次男と活杙神の三女
  →20社担当
- 石凝姥命と火雷神の次男と活杙神の三女　意富斗能地神 三女
  →20社担当
- 石凝姥命と火雷神の次男と活杙神の三女　意富斗能地神 三女　大綿津見神 次女
  →20社担当
- 石凝姥命と火雷神の次男と活杙神の三女　意富斗能地神 三女　大綿津見神 次女　豊雲野神 三女
  →20社担当
- 石凝姥命と火雷神の次男と活杙神の三男
  →20社担当
- 石凝姥命と火雷神の次男と活杙神の三男　阿夜訶志古泥神 三男
  →20社担当
- 石凝姥命と火雷神の次男と活杙神の三男　阿夜訶志古泥神 三男　宇迦之御魂神 次男
  →20社担当

- 石凝姥命と火雷神の次男と活杙神の三男　阿夜訶志古泥神 三男　宇迦之御魂神 次男　天日槍命 三男
  →20社担当

 甕布都神と武甕槌神の次男と活杙神の次女、三女、三男の1親等から4親等の12柱

- 甕布都神と武甕槌神の次男と活杙神の次女
  →24社担当
- 甕布都神と武甕槌神の次男と活杙神の次女　淤母陀流神 三女
  →20社担当
- 甕布都神と武甕槌神の次男と活杙神の次女　淤母陀流神 三女　天津彦根命 次女
  →20社担当
- 甕布都神と武甕槌神の次男と活杙神の次女　淤母陀流神 三女　天津彦根命 次女　天目一箇命 三女
  →20社担当
- 甕布都神と武甕槌神の次男と活杙神の三女
  →20社担当
- 甕布都神と武甕槌神の次男と活杙神の三女　意富斗能地神 三女
  →20社担当
- 甕布都神と武甕槌神の次男と活杙神の三女　意富斗能地神 三女　高御産巣日神 三女
  →20社担当
- 甕布都神と武甕槌神の次男と活杙神の三女　意富斗能地神 三女　高御産巣日神 三女　金精神 三女
  →20社担当
- 甕布都神と武甕槌神の次男と活杙神の三男
  →20社担当
- 甕布都神と武甕槌神の次男と活杙神の三男　阿夜訶志古泥神 次男
  →20社担当
- 甕布都神と武甕槌神の次男と活杙神の三男　阿夜訶志古泥神 次男

稚産霊神 三男
　→20社担当
・甕布都神と武甕槌神の次男と活杙神の三男　阿夜訶志古泥神 次男　稚産霊神 三男　天宇受売命 次男
　→20社担当

 金山彦命と大国主命の次男と活杙神の次女、三女、三男の1親等から4親等の12柱

・金山彦命と大国主命の次男と活杙神の次女
　→24社担当
・金山彦命と大国主命の次男と活杙神の次女　伊邪那岐神 三女
　→20社担当
・金山彦命と大国主命の次男と活杙神の次女　伊邪那岐神 三女　宇摩志麻遅命 次女
　→20社担当
・金山彦命と大国主命の次男と活杙神の次女　伊邪那岐神 三女　宇摩志麻遅命 次女　武甕槌神 三女
　→20社担当
・金山彦命と大国主命の次男と活杙神の三女
　→20社担当
・金山彦命と大国主命の次男と活杙神の三女　伊邪那岐神 三女
　→20社担当
・金山彦命と大国主命の次男と活杙神の三女　伊邪那岐神 三女　瓊瓊杵尊 次女
　→20社担当
・金山彦命と大国主命の次男と活杙神の三女　伊邪那岐神 三女　瓊瓊杵尊 次女　建御名方神 三女
　→20社担当
・金山彦命と大国主命の次男と活杙神の三男
　→20社担当
・金山彦命と大国主命の次男と活杙神の三男　阿夜訶志古泥神 次男

第6章 日本全国の氏神神社の氏神様を構成している神様

　　→20社担当
・金山彦命と大国主命の次男と活杙神の三男　阿夜訶志古泥神 次男　天火明命 三男
　　→20社担当
・金山彦命と大国主命の次男と活杙神の三男　阿夜訶志古泥神 次男　天火明命 三男　金山彦命 次男
　　→20社担当

 衣通姫と建御名方神の次男と活杙神の次女、三女、三男の1親等から4親等の12柱

・衣通姫と建御名方神の次男と活杙神の次女
　　→24社担当
・衣通姫と建御名方神の次男と活杙神の次女　意富斗能地神 三女
　　→20社担当
・衣通姫と建御名方神の次男と活杙神の次女　意富斗能地神 三女　鹿屋野姫神 三女
　　→20社担当
・衣通姫と建御名方神の次男と活杙神の次女　意富斗能地神 三女　鹿屋野姫神 三女　塩土老翁神 三女
　　→20社担当
・衣通姫と建御名方神の次男と活杙神の三男
　　→20社担当
・衣通姫と建御名方神の次男と活杙神の三男　淤母陀流神 三女
　　→20社担当
・衣通姫と建御名方神の次男と活杙神の三男　淤母陀流神 三女　大宜都比売神 次女
　　→20社担当
・衣通姫と建御名方神の次男と活杙神の三男　淤母陀流神 三女　大宜都比売神 次女　火雷神 三女
　　→20社担当
・衣通姫と建御名方神の次男と活杙神の三男

→20社担当
- 衣通姫と建御名方神の次男と活杙神の三男　大斗乃弁神 三男
　→20社担当
- 衣通姫と建御名方神の次男と活杙神の三男　大斗乃弁神 三男　天御柱命 次男
　→20社担当
- 衣通姫と建御名方神の次男と活杙神の三男　大斗乃弁神 三男　天御柱命 次男　伊奢沙別命 三男
　→20社担当

倭迹迹日百襲姫命と経津主命の次男と活杙神の次女、三女、三男の1親等から4親等の12柱

- 倭迹迹日百襲姫命と経津主命の次男と活杙神の次女
　→24社担当
- 倭迹迹日百襲姫命と経津主命の次男と活杙神の次女　意富斗能地神 三女
　→20社担当
- 倭迹迹日百襲姫命と経津主命の次男と活杙神の次女　意富斗能地神 三女　瓊瓊杵尊 三女
　→20社担当
- 倭迹迹日百襲姫命と経津主命の次男と活杙神の次女　意富斗能地神 三女　瓊瓊杵尊 三女　天之御中主神 三女
　→20社担当
- 倭迹迹日百襲姫命と経津主命の次男と活杙神の三女
　→20社担当
- 倭迹迹日百襲姫命と経津主命の次男と活杙神の三女　淤母陀流神 三女
　→20社担当
- 倭迹迹日百襲姫命と経津主命の次男と活杙神の三女　淤母陀流神 三女　天津彦根命 次女
　→20社担当

- 倭迹迹日百襲姫命と経津主命の次男と活杙神の三女　淤母陀流神 三女　天津彦根命 次女　武甕槌神 三女
  →20社担当
- 倭迹迹日百襲姫命と経津主命の次男と活杙神の三男
  →20社担当
- 倭迹迹日百襲姫命と経津主命の次男と活杙神の三男　大斗乃弁神 三男
  →20社担当
- 倭迹迹日百襲姫命と経津主命の次男と活杙神の三男　大斗乃弁神 三男　磐鹿六雁命 次男
  →20社担当
- 倭迹迹日百襲姫命と経津主命の次男と活杙神の三男　大斗乃弁神 三男　磐鹿六雁命 次男　国之常立神 三男
  →20社担当

迦具土神と高御産巣日神の次男と活杙神の次女、三女、三男の1親等から4親等の12柱

- 迦具土神と高御産巣日神の次男と活杙神の次女
  →24社担当
- 迦具土神と高御産巣日神の次男と活杙神の次女　意富斗能地神 三女
  →20社担当
- 迦具土神と高御産巣日神の次男と活杙神の次女　意富斗能地神 三女　稚日女命 次女
  →20社担当
- 迦具土神と高御産巣日神の次男と活杙神の次女　意富斗能地神 三女　稚日女命 次女　建御名方神 三女
  →20社担当
- 迦具土神と高御産巣日神の次男と活杙神の三女
  →20社担当
- 迦具土神と高御産巣日神の次男と活杙神の三女　意富斗能地神 次女
  →20社担当

- 迦具土神と高御産巣日神の次男と活杙神の三女　意富斗能地神 次女
  火雷神 三女
  →20社担当
- 迦具土神と高御産巣日神の次男と活杙神の三女　意富斗能地神 次女
  火雷神 三女　大国主命 次女
  →20社担当
- 迦具土神と高御産巣日神の次男と活杙神の三男
  →20社担当
- 迦具土神と高御産巣日神の次男と活杙神の三男　阿夜訶志古泥神 三
  男
  →20社担当
- 迦具土神と高御産巣日神の次男と活杙神の三男　阿夜訶志古泥神 三
  男　金毘羅神 次男
  →20社担当
- 迦具土神と高御産巣日神の次男と活杙神の三男　阿夜訶志古泥神 三
  男　金毘羅神 次男　熱田神 三男
  →20社担当

　日本におられる神様は、10月30日から11月1日までの3日間は、出雲大社の裏山にある特定の場所から宇宙からのエネルギーをいただいているので、その間神社にはいないそうです。
　11月2日には、活杙神様と角杙神様と宇摩志阿斯訶備比古遅神様の3柱が、氏神神社の神様にエネルギーを分け与えています。

　また、出雲大社の御祭神の大物主神様は、天之冬衣神様（活杙神様と天之御中主神様の次男）と伊邪那美神様の次男と熊野夫須美神様の三男になります。大物主神様は、大国主様とは同一神ではなく、島根県の出雲大社、島根県の居去神社、佐賀県の肥前國三之宮 天山神社（晴気下社）の3カ所にのみ祀られています。大神神社に祀られているとされている大物主神様は、奈良県の大神神社には一度も祀られたことはなく、大神神社の御本殿に祀られている神様は活杙神様、角杙神様の2柱で、大神神社の山に祀られている神様は素盞嗚尊様だと教えていただきました。

第6章　日本全国の氏神神社の氏神様を構成している神様

　天之冬衣神様は神社の神様になり、活枳神様と天之御中主神様の長男は
宇宙の神様になり、三男は氏神様になって氏子を守られています。

　また、神様誕生に携わった124柱の神様は氏神様にはなっておりませ
ん。しかし、3,022年前に私の大切な天命が決まったことから、私が住む
小さな田舎町は例外となっています。この町の氏神様は、約170年前の
1852年8月30日に、活枳神様と高御産巣日神様の次女と伊邪那岐神様の
次女から交代して、活枳神様が一番信頼する2段目の素盞嗚尊様となりま
した。現在は特別に1カ所でのみ、素盞嗚尊様の分身が祀られており、こ
の町だけを担当していると教えていただきました。

第7章

龍神様がおられる神社
100社の神様、龍神様

第 7 章　龍神様がおられる神社 100 社の神様、龍神様

1　神社におられる神様とエネルギー

　全国に氏神神社を含め 80,000 社ある神社の中で、活杙神様と角杙神様
は、奈良県の大神神社の本殿と神奈川県の寒川神社の本殿の 2 カ所のみに
分身で常におられます。また、神様誕生に携わった 124 柱の神様のうち、
活杙神様と角杙神様以外の 122 柱の神様は、30 カ所が担当神社になります。
その 30 カ所では、氏神神社の神様と同様、神社により月毎に 1 日か 2 日の
ローテーションが決められていますので、常に同じ神社にいるわけではあ
りません（30 カ所の神社の拠点を記載させていただいています）。
　神社の神様については、神様の誕生に携わった 124 柱と一部の神様を書
かせていただいていますが、124 柱と氏神様になっていない神様（11,998
柱）は、日本にいながら他の星を守っていますので、3 カ所の神社にのみ
におられると教えていただきました。1 カ所の神社につき月に 3 日だけお
られることが、ローテーションで決められているそうです。82% 以上の神
社には、124 柱の神様以外の神様がおられると教えていただきました。
　決められた神社に御霊がおられなくてもエネルギーを感じるのは全知全
能の神様だからであり、他の場所におられてもエネルギーを送ることがで
き、全てお分かりになられると教えていただきました。
　神様には、天界と神社と人間の身体に入っている神様、人間についてい
る神様、分け御霊があると教えていただきました。

　活杙神様は、天界に 67%、大神神社に分身で 3%、寒川神社に分身で
3%、私の身体に分身で 27% の割合です。
　角杙神様は、天界に 67%、大神神社に分身で 3%、寒川神社に分身で
3%、私の身体に分身で 27%、分け御霊に分身で 0.01% の割合です。
　素盞嗚尊様は、天界に分身で 3%、神社に 50%、氏神神社に分身で
25%、私の身体に分身で 20%、人間につくための 4 柱に分身で 1.8%、分
け御霊に分身で 0.2% の割合です。
　神様の誕生に携わった 124 柱のうち、神様として入れられている伊邪那
岐神様、伊邪那美神様、豊受大神〔イネ〕様、高龗神様、天照大御神様、
豊受大神〔ムギ〕様は、天界に分身で 3%、神社に 75%、6 人の方の身体
に分身で 20%、人間につくための 1 〜 2 柱に分身で 1.3 〜 1.9%、分け御

霊に分身で0.1 〜 0.7％の割合です。

　神様の誕生に携わった124柱のうち、神様、分け御霊で入られていない神様は、天界に分身で3％、神社に95 〜 96％、人間につくための1 〜 3柱に分身で1 〜 2％の割合です。

　神様の誕生に携わった124柱のうち、神様としては入っておらず、分け御霊として入られている神様は、天界に分身で3％、神社に95 〜 96％、人間につくための1 〜 3柱に分身で1 〜 1.9％、分け御霊に分身で0.1 〜 1％の割合です。

　その他の神様は、天界に分身で3％、神社と宇宙に95 〜 96％、人間につくための1 〜 3柱に分身で1 〜 2％の割合です。

　神社の神様の数については、神社の公式に掲載されていない情報です。この情報は、活代神様に教えていただいた現在（2022年11月7日現在）の神様の神社の拠点を記載していますので予めよろしくお願いいたします。

　神様のランクは87ページに記載しております。天照大御神様、国之常立神様、豊雲野神様の3柱のみ、日本の神様でのランクで記載しております。

　土地のエネルギーについても教えていただきました。土地のエネルギーは、マイナス50 〜プラス50のエネルギーで構成されていて、日本では、お墓や死刑場だった所などのマイナスの場所に家を建てて住んでおられる人（2％以下）以外は、神社、氏神神社のおかげでプラスの土地に住んでいます。

　神社、氏神神社は、全てプラス3以上のエネルギーの場所に建てられており、プラス50ある神社は、奈良県の大神神社と神奈川県の寒川神社と三重県の伊勢神宮の3カ所だけと教えていただきました。

2　龍神様がおられる神社100社の神様、龍神様

　龍神様がおられる神社は日本全国に174社ありますが、ここではそのうちの100社の神様、龍神様をご紹介します。

第7章　龍神様がおられる神社100社の神様、龍神様

　第4章で、全ての日本人に入られている神様の分け御霊は、108柱で構
成されていると申しましたが、具体的にはどのような神様なのか、神様の
お名前を紹介していますので、自分と縁のある神社に祀られている神様が
どんな分け御霊を構成している神様なのか、お分かりいただけると思いま
す。
　自分と縁のある神社の神様のお名前だけでも覚えていただくと、親しみ
が湧くのではないでしょうか。私たちは神様の分け御霊をいただいている
ので、きっと神様と心が通じ合えるはずです。

1　北海道神宮　北海道札幌市中央区宮ケ丘474

神様11柱
その他の神様2柱
龍神様5柱
　　白龍1柱、赤龍1柱、朱龍1柱、青龍2柱
●御祭神
・御本殿1柱
　　建御名方神
☆龍神様5柱
　　白龍1柱、赤龍1柱、朱龍1柱、青龍2柱
・拝殿2柱
　　瓊瓊杵尊、倭迹迹日百襲姫命
・祈祷殿2柱
　　石凝姥命、迦具土神
・開拓神社2柱
　　金精神、思金神
・鉱霊神社2柱
　　甕布都神、金山彦命
・穂多木神社2柱
　　衣通姫、宇摩志麻遅命

2　箭根森八幡宮　青森県下北郡佐井村佐井八幡堂37

神様5柱
その他の神様0柱
龍神様5柱
　　黄龍1柱、白龍1柱、青龍3柱
●御祭神
・御本殿5柱
　　素盞鳴尊、豊受大神〔イネ〕、高龗神、家都御子神、迦具土神
☆龍神様5柱
　　黄龍1柱、白龍1柱、青龍3柱

3　蕪嶋神社　青森県八戸市鮫町鮫56－2

神様17柱
その他の神様2柱
龍神様31柱
　　黄龍6柱、白龍5柱、黒龍2柱、赤龍12柱、朱龍1柱、青龍5柱
●御祭神
・御本殿17柱
　　宇摩志阿斯訶備比古遅神、多紀理姫命、市杵島姫命、多岐都姫命、
　　豊受大神〔コメ〕、大宮能売命、菊理媛神、経津主命、饒速日命、
　　猿田彦命、天宇受売命、五十猛命、保食神、田道間守命、高倉下
　　命、天穂日命、大年神
☆龍神様31柱
　　黄龍6柱、白龍5柱、黒龍2柱、赤龍12柱、朱龍1柱、青龍5柱

4　岩手護國神社　岩手県盛岡市八幡町13－2

神様6柱
その他の神様2柱
龍神様7柱
　　黄龍1柱、黒龍1柱、赤龍1柱、朱龍3柱、青龍1柱

第7章　龍神様がおられる神社100社の神様、龍神様

● 御祭神
・御本殿6柱
　　神産巣日神、瀬織津姫神、天之御影命、豊受大神〔コメ〕、鹿屋野
　　姫神、大宜都比売神
☆龍神様7柱
　　黄龍1柱、黒龍1柱、赤龍1柱、朱龍3柱、青龍1柱

5　厳島神社　福島県伊達市保原町弥生町58

神様5柱
その他の神様4柱
龍神様4柱
　　朱龍3柱、青龍1柱
● 御祭神
・御本殿3柱
　　建御名方神、武甕槌神、豊受大神〔アワ〕
☆龍神様4柱
　　朱龍3柱、青龍1柱
・拝殿1柱
　　少彦名命
・摂社1柱
　　大禍津日神

6　愛宕神社　福島県双葉郡富岡町釜田346−5

神様5柱
その他の神様3柱
龍神様4柱
　　白龍1柱、赤龍1柱、朱龍1柱、青龍1柱
● 御祭神
・御本殿5柱
　　豊受大神〔コメ〕、菊理媛神、経津主命、大山祇神、瓊瓊杵尊

274

☆龍神様4柱
　　白龍1柱、赤龍1柱、朱龍1柱、青龍1柱

7　都々古別神社　馬場　福島県東白川郡棚倉町大字棚倉字馬場39

神様9柱
その他の神様5柱
龍神様14柱
　　赤龍2柱、朱龍4柱、青龍8柱
● 御祭神
・御本殿2柱
　　須比智邇神、伊邪那美神
☆龍神様8柱
　　赤龍1柱、朱龍3柱、青龍4柱
・拝殿0柱
・神明宮1柱
　　武内宿禰
・鹿島神社1柱
　　天羽槌雄命
・厳島神社1柱
　　哭沢女神
・稲荷神社1柱
　　宇摩志麻遅命
・甲山天満宮1柱
　　衣通姫
・熊野神社0柱
　　その他の神様
・金刀比羅神社0柱
　　その他の神様
・日枝神社1柱
　　彦火火出見命
・寅卯神社1柱

第7章　龍神様がおられる神社100社の神様、龍神様

　　磐鹿六雁命
　☆龍神様6柱
　　　赤龍1柱、朱龍1柱、青龍4柱

8　大甕神社　茨城県日立市大みか町6－16－1

神様13柱
その他の神様1柱
龍神様9柱
　　赤龍3柱、朱龍3柱、青龍3柱
●御祭神
・御本殿2柱
　　大禍津日神、奥津姫命
☆龍神様9柱
　　赤龍3柱、朱龍3柱、青龍3柱
・拝殿3柱
　　豊受大神〔ムギ〕、稲田姫命、稚産霊神
　　【甕星香々背男―高御産巣日神と熊野夫須美神の四男】
・甕星香々背男社1柱
　　天羽槌雄命
・大杉神社1柱
　　天穂日命
・稲荷神社1柱
　　気長足姫神
・八坂神社1柱
　　玉祖命
・御神輿殿1柱
　　久久能智神
・天満神社1柱
　　栲幡千千姫命
・久慈浜稲荷神社1柱
　　天手力男命

276

・祖霊殿1柱

　　阿遅鋤高彦根命

9　鹿島神宮　茨城県鹿嶋市宮中2306－1

神様33柱

その他の神様7柱

龍神様5柱

　赤龍1柱、朱龍2柱、青龍2柱

● 御祭神

・御本殿2柱

　　豊雲野神、田道間守命

☆龍神様1柱

　　赤龍1柱

・奥宮2柱

　　天火明命、天穂日命

・高房社1柱

　　罔象女神

・武徳殿1柱

　　大山咋神

・三笠社1柱

　　鸕鷀草葺不合尊

・熱田社2柱

　　天石門別命、磐長姫命

・大黒社2柱

　　大山祇神、思金神

・祈祷殿3柱

　　阿遅鋤高彦根命、金山彦命、宇摩志麻遅命

☆龍神様2柱

　　朱龍1柱、青龍1柱

・楼門1柱

　　大斗乃弁神

第7章　龍神様がおられる神社100社の神様、龍神様

・御厨社2柱
　栲幡千千姫命、玉依姫命
・祖霊社2柱
　稚産霊神 、気長足姫神
・神庫1柱
　哭沢女神
・宝庫1柱
　伊奢沙別命
・稲荷社2柱
　稚日女命、石凝姥命
・須賀社2柱
　金精神、衣通姫
・熊野社2柱
　天之御影命、天目一箇命
・祝詞社2柱
　熱田神、五十猛命
・津東西社4柱
　淤母陀流神、伊邪那美神、国之常立神、豊受大神〔ヒエ〕
☆龍神様2柱
　朱龍1柱、青龍1柱

10　一之宮貫前神社　群馬県富岡市一ノ宮1535

神様22柱
その他の神様4柱
龍神様5柱
　黄龍4柱、青龍1柱
● 御祭神
・御本殿2柱
　天香山命、天火明命
☆龍神様4柱
　黄龍4柱

・拝殿2柱
　　天日槍命、伊奢沙別命
・神楽殿1柱
　　大宜都比売神
・抜鉾若御子神社1柱
　　宇迦之御魂神
・月読神社1柱
　　迦具土神
・日枝神社1柱
　　金山彦命
・伊勢内宮1柱
　　鹿屋野姫神
・伊勢外宮1柱
　　瓊瓊杵尊
・二十二社3柱
　　天照大御神、豊受大神〔コメ〕、金毘羅神
☆龍神様1柱
　　青龍1柱
★境外摂社
・荒船神社2柱
　　石凝姥命、**甕布都神**
・稲含神社2柱
　　天石門別命、大年神
・小船神社3柱
　　多紀理姫命、大宮能売命、阿遅鋤高彦根命
・咲前神社2柱
　　磐鹿六雁命、若宇加能売命

11　氷川神社　総本山 埼玉県さいたま市大宮区高鼻町1－407

神様43柱
その他の神様2柱

第 7 章　龍神様がおられる神社 100 社の神様、龍神様

龍神様20柱
　　金龍2柱、黄龍4柱、赤龍2柱、朱龍8柱、青龍4柱
● 御祭神
・御本殿1柱
　　素盞嗚尊
☆龍神様5柱
　　黄龍2柱、朱龍2柱、青龍1柱
・拝殿3柱
　　天太玉命、役行者、大年神
☆龍神様2柱
　　黄龍2柱
・門客人神社3柱
　　饒速日命、彦火火出見命、大宜都比売神
・天津神社2柱
　　天之御影命、天目一箇命
・宗像神社3柱
　　豊受大神〔イネ〕、豊受大神〔ヒエ〕、倭迹迹日百襲姫命
☆龍神様8柱
　　金龍2柱、朱龍3柱、青龍3柱
・六社5柱
　　市杵島姫命、稚産霊神、石凝姥命、衣通姫、瓊瓊杵尊
・松尾神社5柱
　　高龗神、八意思兼命、熊野速玉男神、高倉下命、宇摩志麻遅命
・御嶽神社6柱
　　淤母陀流神、伊邪那美神、天児屋根命、天香山命、田道間守命、金
　　精神
・稲荷神社6柱
　　大山祇神、須勢理姫神、稚日女命、弟橘媛命、気長足姫神、玉祖命
・天満神社9柱
　　多岐都姫命、天火明命、菊理媛神、少彦名命、金毘羅神、猿田彦
　　命、保食神、野見宿禰、鹿屋野姫神
☆龍神様5柱

280

赤龍2柱、朱龍3柱

12　川越氷川神社　埼玉県川越市宮下町2－11－3

神様25柱
その他の神様1柱
龍神様15柱
　　白龍3柱、黒龍8柱、朱龍2柱、青龍2柱
● 御祭神
・御本殿17柱
　　天照大御神、大国主命、多紀理姫命、市杵島姫命、多岐都姫命、月
　　読命、稲田姫命、稚産霊神、経津主命、大禍津日神、矢乃波波木
　　神、奥津彦命、奥津姫命、宇摩志麻遅命、瓊瓊杵尊、倭迹迹日百襲
　　姫命、迦具土神
☆龍神様7柱
　　白龍3柱、黒龍4柱
・八坂神社1柱
　　金山彦命
・柿本人麻呂神社1柱
　　哭沢女神
・稲荷社1柱
　　石凝姥命
・護国神社5柱
　　少彦名命、阿遅鋤高彦根命、野見宿禰、甕布都神、衣通姫
☆龍神様8柱
　　黒龍4柱、朱龍2柱、青龍2柱

13　香取神宮　千葉県香取市香取1697－1

神様33柱
その他の神様3柱
龍神様6柱

第7章　龍神様がおられる神社100社の神様、龍神様

　　　黄龍3柱、朱龍1柱、青龍2柱
　●御祭神
　・御本殿3柱
　　　素盞鳴尊、豊受大神〔イネ〕、高龗神
　☆龍神様6柱
　　　黄龍3柱、朱龍1柱、青龍2柱
　・拝殿3柱
　　　猿田彦命、天宇受売命、保食神
　・祈祷殿2柱
　　　田道間守命、高倉下命
　・神楽殿1柱
　　　熊野夫須美神
　・神饌殿1柱
　　　菊理媛神
　・鹿島新宮社1柱
　　　豊受大神〔ムギ〕
　・匝瑳神社1柱
　　　宇摩志麻遅命
　・奥宮1柱
　　　柿本人麿
　・天降神社、市神社2柱
　　　役行者、金精神
　・諏訪神社1柱
　　　石凝姥命
　・六所神社1柱
　　　甕布都神
　・花薗神社1柱
　　　衣通姫
　・馬場殿神社1柱
　　　天穂日命
　・桜大刀自神社1柱
　　　野見宿禰

282

- 押手神社1柱
    稲田姫命
- 姥山神社1柱
    大年神
- 佐山神社1柱
    須勢理姫神
- 狐坐山神社1柱
    思金神
- 王子神社1柱
    五十猛命
- 沖宮1柱
    家都御子神
- 龍田神社1柱
    稚産霊神
- 璽神社1柱
    倭迹迹日百襲姫命
- 裂々神社1柱
    饒速日命
- 日神社1柱
    経津主命
- 月神社0柱
- 大山祇神社0柱
- 三島神社1柱
    迦具土神
- 香取護國神社1柱
    金山彦命
- 祖霊社1柱
    哭沢女神

14　浅間神社　東京都豊島区高松2−9−3

神様7柱

第7章　龍神様がおられる神社100社の神様、龍神様

その他の神様3柱

龍神様3柱

　青龍3柱

●御祭神

・御本殿2柱

　　大禍津日神、矢乃波波木神

☆龍神様3柱

　　青龍3柱

・三峯神社2柱

　　月読命、天忍穂耳命

・稲荷神社3柱

　　天日槍命、天香山命、天火明命

15　荏柄天神社　神奈川県鎌倉市二階堂74

神様10柱

その他の神様2柱

龍神様4柱

　朱龍1柱、青龍3柱

●御祭神

・御本殿3柱

　　豊受大神〔コメ〕、経津主命、大綿津見神

☆龍神様4柱

　　朱龍1柱、青龍3柱

・拝殿7柱

　　豊受大神〔アワ〕、大豊受大神〔ヒエ〕、金毘羅神、大山咋神、天羽槌雄命、衣通姫　哭沢女神

16　鶴岡八幡宮　神奈川県鎌倉市雪ノ下2-1-31

神様13柱

その他の神様3柱

龍神様3柱
　　白龍3柱
●御祭神
・本宮3柱
　　天之常立神、天目一箇命、天忍穂耳命
☆龍神様3柱
　　白龍3柱
・若宮2柱
　　月読命、豊受大神〔コメ〕
・丸山稲荷社2柱
　　稚産霊神、大宮能売命
・舞殿1柱
　　天之御影命
・白旗神社1柱
　　磐鹿六雁命
・祖霊社1柱
　　迦具土神
・旗上弁財天社1柱
　　若宇加能売命
・今宮2柱
　　宇迦之御魂神、豊玉姫命

17　江島神社　神奈川県藤沢市江の島2－3－8

神様10柱
その他の神様2柱
龍神様24柱
　　黒龍7柱、赤龍8柱、青龍9柱
●御祭神
・奥津宮2柱
　　国之常立神、多紀理姫命
☆龍神様4柱

285

第7章　龍神様がおられる神社100社の神様、龍神様

　　　　黒龍4柱
　・中津宮2柱
　　　　市杵島姫命、阿遅鋤高彦根命
　☆龍神様5柱
　　　　黒龍2柱、赤龍3柱
　・辺津宮2柱
　　　　多岐都姫命、哭沢女神
　☆龍神様15柱
　　　　黒龍1柱、赤龍5柱、青龍9柱
　・八坂神社1柱
　　　　事代主命
　・稲荷神社1柱
　　　　経津主命
　・秋葉神社1柱
　　　　大綿津見神
　・龍宮1柱
　　　　菊理媛神

18　寒川神社　神奈川県高座郡寒川町宮山3916

神様67柱
その他の神様7柱
龍神様13柱
　　金龍4柱、黄龍4柱、朱龍4柱、青龍1柱
● 御祭神
　・御本殿2柱
　　　　活杙神、角杙神
　☆龍神8柱
　　　　金龍4柱、朱龍4柱
　・神嶽山神苑14柱
　　　　大斗乃弁神、意富斗能地神、阿夜訶志古泥神、淤母陀流神、伊邪那
　　　　岐神、伊邪那美神、天御柱命、国御柱命、賀茂別雷神、天之御影

命、天目一箇命、阿遅鋤高彦根命、鸕鶿草葺不合尊、玉依姫命

- 神戸神社8柱

　建御名方神、武甕槌神、瀬織津姫神、天日槍命、天火明命、大綿津見神、天稚彦命、天羽槌雄命

☆龍神4柱

　黄龍4柱

- 奨学神社4柱

　天之御中主神、五十猛命、保食神、田道間守命

- 神門4柱

　饒速日命、猿田彦命、天宇受売命、高倉下命

- 神楽殿4柱

　八意思兼命、豊受大神〔コメ〕、磐鹿六雁命、大宮能売命

- 神輿殿4柱

　素盞嗚尊、豊受大神〔イネ〕、高龗神、弟橘媛命

- 祖霊社5柱

　豊雲野神、国之常立神、吉備津彦命、神大市姫命、柿本人麿

- 鐘楼5柱

　豊受大神〔アワ〕、役行者、誉田別命、事代主命、彦火火出見命

- 宮山神社17柱

　高御産巣日神、天児屋根命、天太玉命、櫛名田比売神、多紀理姫命、市杵島姫命、多岐都姫命、豊受大神〔ムギ〕、稲田姫命、稚産霊神、天香山命、塩土老翁神、金毘羅神、天穂日命、須勢理姫神、哭沢女神、倭迹迹日百襲姫命

☆龍神1柱

　青龍1柱

19　龍藏神社　神奈川県厚木市飯山5526

神様7柱

その他の神様1柱

龍神様9柱

　黄龍3柱、白龍3柱、赤龍1柱、朱龍1柱、青龍1柱

第7章　龍神様がおられる神社100社の神様、龍神様

● 御祭神
・御本殿2柱
　　天照大御神、武甕槌神
☆龍神様9柱
　　黄龍3柱、白龍3柱、赤龍1柱、朱龍1柱、青龍1柱
・拝殿5柱
　　大国主命、大綿津見神、金精神、思金神、衣通姫

20　諏訪神社　神奈川県足柄下郡箱根町宮城野719

神様12柱
その他の神様2柱
龍神様7柱
　　白龍1柱、赤龍1柱、朱龍3柱、青龍2柱
● 御祭神
・御本殿12柱
　　豊受大神〔イネ〕、磐鹿六雁命、大宮能売命、大山咋神、大山祇神、
　　若宇加能売命、天手力男命、久久能智神、阿遅鋤高彦根命、栲幡
　　千千姫命、彦火火出見命、野見宿禰
☆龍神様7柱
　　白龍1柱、赤龍1柱、朱龍3柱、青龍2柱

21　箱根神社　神奈川県足柄下郡箱根町元箱根80－1

神様45柱
その他の神様7柱
龍神様15柱
　　白龍6柱、赤龍3柱、朱龍5柱、青龍1柱
● 御祭神
・御本殿7柱
　　素盞嗚尊、豊受大神〔イネ〕、高龗神、大国主命、多紀理姫命、市
　　杵島姫命、多岐都姫命

☆龍神様10柱

　　白龍3柱、赤龍3柱、朱龍3柱、青龍1柱

・拝殿5柱

　　豊受大神〔アワ〕、役行者、誉田別命、天之御影命、天目一箇命

・神楽殿2柱

　　天日槍命、大綿津見神

・九頭龍神社新宮2柱

　　事代主命、金精神

☆龍神様2柱

　　朱龍2柱

・駒形神社2柱

　　玉祖命、金山彦命

・高根神社2柱

　　田道間守命、大年神

・曽我神社2柱

　　倭迹迹日百襲姫命、迦具土神

・恵比寿社2柱

　　石凝姥命、哭沢女神

・弁財天社2柱

　　保食神、甕布都神

・第六神社4柱

　　饒速日命、猿田彦命、五十猛命、高倉下命

・日吉神社4柱

　　豊受大神〔コメ〕、伊奢沙別命、大山咋神、木花咲耶姫神

・箱根元宮2柱

　　磐長姫命、天稚彦命

・九頭龍神社本宮11柱

　　天香山命、天火明命、天宇受売命、宇迦之御魂神、大山祇神、天穂
　　日命、須勢理姫神、火雷神、久久能智神、気長足姫神、天津彦根命
　　【九頭龍—保食神と豊受大神〔ムギ〕の三男】

☆龍神様3柱

　　白龍3柱

289

第7章　龍神様がおられる神社100社の神様、龍神様

22　九頭龍神社　本宮　神奈川県足柄下郡箱根町元箱根防ヶ沢 箱根九頭龍の森内

神様7柱

その他の神様3柱

龍神様49柱

　銀龍13柱、黄龍10柱、白龍6柱、黒龍2柱、赤龍14柱、朱龍2柱、青龍2柱

● 御祭神

・御本殿7柱

　豊受大神〔ヒエ〕、天羽槌雄命、玉依姫命、金山彦命、金精神、思金神、迦具土神

☆龍神様49柱

　銀龍13柱、黄龍10柱、白龍6柱、黒龍2柱、赤龍14柱、朱龍2柱、青龍2柱

23　諏訪神社　新潟県新発田市諏訪町1－8－9

神様28柱

その他の神様1柱

龍神様10柱

　黄龍1柱、赤龍2柱、朱龍1柱、青龍6柱

● 御祭神

・御本殿5柱

　素盞嗚尊、豊受大神〔イネ〕、高龗神、豊受大神〔ヒエ〕、伊奢沙別命

☆龍神様7柱

　黄龍1柱、赤龍2柱、朱龍1柱、青龍3柱

・幣殿6柱

　多紀理姫命、市杵島姫命、多岐都姫命、豊受大神〔ムギ〕、稲田姫命、稚産霊神

・拝殿3柱

　家都御子神、熊野夫須美神、熊野速玉男神

290

- 稲荷神社4柱
  - 宇迦之御魂神、豊玉姫命、鸕鷀草葺不合尊、宇摩志麻遅命
- 厳島神社3柱
  - 阿遅鋤高彦根命、玉依姫命、思金神
- ☆龍神様3柱
  - 青龍3柱
- 古峯神社4柱
  - 大山咋神、甕布都神、倭迹迹日百襲姫命、迦具土神
- 五十志霊神社3柱
  - 豊受大神〔ヒエ〕、天羽槌雄命、彦火火出見命

24　新潟懸護國神社　新潟県新潟市中央区西船見町5932 − 300

神様29柱
その他の神様1柱
龍神様16柱
　黄龍6柱、白龍6柱、朱龍1柱、青龍3柱
- ●御祭神
- 御本殿14柱
  - 素盞嗚尊、豊受大神〔イネ〕、高龗神、八意思兼命、天児屋根命、天太玉命、家都御子神、熊野夫須美神、熊野速玉男神、多紀理姫命、市杵島姫命、多岐都姫命、豊受大神〔ムギ〕、稲田姫命
- ☆龍神様10柱
  - 白龍6柱、朱龍1柱、青龍3柱
- 拝殿8柱
  - 大国主命、稚産霊神、天火明命、天手力男命、稚日女命、気長足姫神、倭迹迹日百襲姫命、迦具土神
- 舞殿2柱
  - 猿田彦命、若宇加能売命
- 幣殿2柱
  - 五十猛命、豊玉姫命
- 神楽堂3柱

第7章　龍神様がおられる神社100社の神様、龍神様

　　　賀茂別雷神、饒速日命、天宇受売命
　☆龍神様6柱
　　　黄龍6柱

25　彌彦神社　新潟県西蒲原郡弥彦村弥彦2887－2

　神様42柱
　その他の神様1柱
　龍神様6柱
　　　黄龍6柱
　●御祭神
　・御本殿8柱
　　　素盞嗚尊、豊受大神〔イネ〕、八意思兼命、天児屋根命、天太玉命、
　　　天御桂命、神大市姫命、若宇加能売命
　☆龍神様3柱
　　　黄龍3柱
　・拝殿3柱
　　　家都御子神、熊野夫須美神、熊野速玉男神
　・祈祷殿3柱
　　　多紀理姫命、市杵島姫命、気長足姫神
　・武呉神社2柱
　　　大山祇神、久久能智神
　・船山神社2柱
　　　天穂日命、大年神
　・草薙神社3柱
　　　饒速日命、猿田彦命、田道間守命
　・今山神社3柱
　　　五十猛命、保食神、哭沢女神
　・勝神社2柱
　　　倭迹迹日百襲姫命、迦具土神
　・乙子神社2柱
　　　天宇受売命、大山咋神

- 妻戸神社2柱
  - 大宮能売命、武内宿禰
- 桜井神社3柱
  - 菊理媛神、経津主命、伊奢沙別命
- ☆龍神様3柱
  - 黄龍3柱
- 祓戸神社1柱
  - 宇迦之御魂神
- 湯神社1柱
  - 大宜都比売神
- 上諏訪神社1柱
  - 金毘羅神
- 下諏訪神社1柱
  - 金山彦命
- 住吉神社1柱
  - 思金神
- 火宮神社1柱
  - 衣通姫
- 二十二所神社1柱
  - 金精神
- 八所神社1柱
  - 鹿屋野姫神
- 十柱神社1柱
  - 甕布都神

26　居多神社　新潟県上越市五智6－1－11

神様11柱
その他の神様1柱
龍神様7柱
　　白龍2柱、朱龍2柱、青龍3柱
　●御祭神

第7章　龍神様がおられる神社100社の神様、龍神様

・御本殿3柱
　　稲田姫命、稚産霊神、大宜都比売神
☆龍神様7柱
　　白龍2柱、朱龍2柱、青龍3柱
・拝殿3柱
　　阿遅鋤高彦根命、彦火火出見命、鹿屋野姫神
・雁田神社3柱
　　罔象女神、大綿津見神、栲幡千千姫命
・稲荷神社2柱
　　宇迦之御魂神、弟橘媛命

27　重蔵神社　石川県輪島市河井町4－69

神様12柱
その他の神様2柱
龍神様5柱
　　白龍1柱、赤龍1柱、朱龍2柱、青龍1柱
● 御祭神
・御本殿3柱
　　高龗神、磐鹿六雁命、保食神
☆龍神様5柱
　　白龍1柱、赤龍1柱、朱龍2柱、青龍1柱
・拝殿3柱
　　事代主命、衣通姫、宇摩志麻遅命
・子安神社1柱
　　迦具土神
　　【天之冬衣神─活杙神様と天之御中主神様の次男】
・秋葉神社1柱
　　彦火火出見命
・金比羅神社1柱
　　金精神
・白山神社1柱

玉依姫命
・稲荷神社1柱
　　天津彦根命
・菅原神社1柱
　　大綿津見神

28　気多大社　石川県羽咋市寺家町ク1－1

神様9柱
その他の神様1柱
龍神様9柱
　　白龍3柱、朱龍3柱、青龍3柱
●御祭神
・御本殿3柱
　　素盞嗚尊、豊受大神〔イネ〕、高龗神
☆龍神様7柱
　　白龍3柱、朱龍3柱、青龍1柱
・拝殿2柱
　　天宇受売命、倭迹迹日百襲姫命
・若宮神社2柱
　　大国主命、菊理媛神
☆龍神様1柱
　　青龍1柱
・白山神社2柱
　　柿本人麿、磐長姫命
☆龍神様1柱
　　青龍1柱

29　尾崎神社　石川県金沢市丸の内5－5

神様6柱
その他の神様2柱

295

龍神様4柱
　　白龍2柱、赤龍2柱
● 御祭神
・御本殿2柱
　　天照大御神、月読命
☆龍神様4柱
　　白龍2柱、赤龍2柱
・拝殿3柱
　　大禍津日神、矢乃波波木神、奥津彦命
・豊受稲荷社1柱
　　奥津姫命

30　若狭彦神社　福井県小浜市竜前28－7

神様4柱
その他の神様1柱
龍神様3柱
　　白龍1柱、朱龍1柱、青龍1柱
● 御祭神
・御本殿3柱
　　哭沢女神、宇摩志麻遅命、瓊瓊杵尊
☆龍神様3柱
　　白龍1柱、朱龍1柱、青龍1柱
・若宮社1柱
　　倭迹迹日百襲姫命

31　浅間神社　山梨県笛吹市一宮町一ノ宮1684

神様20柱
その他の神様1柱
龍神様16柱
　　白龍3柱、赤龍2柱、朱龍5柱、青龍6柱

● 御祭神
・御本殿3柱
　　玉依姫命、彦火火出見命、野見宿禰
☆龍神様8柱
　　白龍3柱、朱龍2柱、青龍3柱
・幣殿2柱
　　猿田彦命、高倉下命
・拝殿3柱
　　多岐都姫命、天之御影命、天目一箇命
・山宮神社2柱
　倭迹迹日百襲姫命、迦具土神
☆龍神様7柱
　　赤龍2柱、朱龍2柱、青龍3柱
・七社2柱
　　経津主命、天穂日命
・護国社2柱
　　思金神、衣通姫
・神楽社2柱
　　吉備津彦命、罔象女神
・神明社2柱
　　事代主命、天羽槌雄命
・真貞社2柱
　　熱田神、天津彦根命
☆龍神様1柱
　　朱龍1柱

32　武田神社　山梨県甲府市古府中町2611

神様12柱
その他の神様1柱
龍神様4柱
　白龍1柱、朱龍1柱、青龍2柱

第7章　龍神様がおられる神社100社の神様、龍神様

● 御祭神
・御本殿3柱
　　素盞嗚尊、豊受大神〔イネ〕、高龗神
☆龍神様1柱
　　青龍1柱
・拝殿3柱
　　饒速日命、猿田彦命、五十猛命
・甲陽武能殿2柱
　　彦火火出見命、金山彦命
・榎天神社2柱
　　宇摩志麻遅命、瓊瓊杵尊
☆龍神様3柱
　　白龍1柱、朱龍1柱、青龍1柱
・由緒舎2柱
　　稚産霊神、岡象女神

33　諏訪大社　下社秋宮　長野県諏訪郡下諏訪町5828

神様22柱
その他の神様1柱
龍神4柱
　黄龍1柱、白龍1柱、朱龍1柱、青龍1柱
● 御祭神
・御本殿3柱
　　天稚彦命、金精神、思金神
☆龍神様4柱
　　黄龍1柱、白龍1柱、朱龍1柱、青龍1柱
・幣拝殿3柱
　　菊理媛神、経津主命、迦具土神
・神楽殿2柱
　　大山咋神、大山祇神
・皇大神宮社2柱

298

玉祖命、倭迹迹日百襲姫命
・若宮社2柱
　　天穂日命、大年神
・稲荷社2柱
　　天羽槌雄命、金山彦命
・八坂社1柱
　　甕布都神
・賀茂上下社1柱
　　迦具土神
・子安社1柱
　　哭沢女神
・鹿島社1柱
　　玉依姫命
・宝物殿1柱
　　宇摩志麻遅命
・千尋社1柱
　　衣通姫
・八幡社1柱
　　石凝姥命
・恵比寿社1柱
　　彦火火出見命

34　三嶋大社　静岡県三島市大宮町2－1－5

神様24柱
その他の神様3柱
龍神様6柱
　　赤龍1柱、朱龍2柱、青龍3柱
● 御祭神
・御本殿3柱
　　阿夜訶志古泥神、淤母陀流神、役行者
☆龍神様2柱

第7章　龍神様がおられる神社100社の神様、龍神様

　　　　赤龍1柱、青龍1柱
　・若宮神社2柱
　　　　誉田別命、天目一箇命
　・見目神社2柱
　　　　伊邪那岐神、稚日女命
　・舞殿3柱
　　　　伊邪那美神、八意思兼命、天児屋根命
　・伊豆魂神社2柱
　　　　饒速日命、猿田彦命
　・水神社2柱
　　　　天穂日命、石凝姥命
　・客殿2柱
　　　　野見宿禰、甕布都神
　・神馬社2柱
　　　　天御柱命、倭迹迹日百襲姫命
　・芸能殿2柱
　　　　木花咲耶姫神、迦具土神
　・祓所神社2柱
　　　　賀茂別雷神、火雷神
　☆龍神様2柱
　　　　朱龍1柱、青龍1柱
　・厳島神社2柱
　　　　金山彦命、哭沢女神
　☆龍神様2柱
　　　　朱龍1柱、青龍1柱

35　日枝神社　静岡県沼津市平町7－24

　神様11柱
　その他の神様1柱
　龍神様6柱
　　　朱龍2柱、青龍4柱

●御祭神
・御本殿2柱
　　饒速日命、猿田彦命
☆龍神様3柱
　　朱龍2柱、青龍1柱
・幣殿3柱
　　天羽槌雄命、玉依姫命、彦火火出見命
・拝殿2柱
　　金精神、思金神
・高尾山　穂見神社2柱
　　天太玉命、天穂日命
・日枝天満宮2柱
　　倭迹迹日百襲姫命、迦具土神
☆龍神様3柱
　　青龍3柱

36　砥鹿神社　里宮 愛知県豊川市一宮町西垣内2

神様15柱
その他の神様2柱
龍神様4柱
　　朱龍2柱、青龍2柱
●御祭神
・御本殿3柱
　　天照大御神、月読命、武内宿禰
☆龍神様2柱
　　朱龍1柱、青龍1柱
・三河えびす社3柱
　　八意思兼命、天児屋根命、弟橘媛命
・八幡宮1柱
　　宇迦之御魂神
・守見殿神社1柱

第7章　龍神様がおられる神社100社の神様、龍神様

　　　宇摩志麻遅命
・本宮山遙拝所1柱
　　　瓊瓊杵尊
・八束穂神社1柱
　　　多岐都姫命
・荒羽々気神社1柱
　　　豊玉姫命
・秋葉神社1柱
　　　彦火火出見命
・護国神社1柱
　　　市杵島姫命
・津守神社1柱
　　　玉依姫命
☆龍神様2柱
　　　朱龍1柱、青龍1柱
・饌川水神社1柱
　　　多紀理姫命

37　桃太郎神社　愛知県犬山市大字栗栖大平853

神様5柱
その他の神様1柱
龍神様3柱
　　朱龍2柱、青龍1柱
●御祭神
・御本殿2柱
　　　五十猛命、高倉下命
☆龍神様3柱
　　　朱龍2柱、青龍1柱
・拝殿3柱
　　　玉祖命、天稚彦命、天羽槌雄命

38　桜天神社　愛知県名古屋市中区錦2－4－6

神様5柱
その他の神様1柱
龍神様2柱
　金龍2柱
●御祭神
・御本殿2柱
　　建御名方神、武甕槌神
☆龍神様2柱
　　金龍2柱
・拝殿3柱
　　鹿屋野姫神、大宜都比売神、宇摩志麻遅命

39　熱田神宮　愛知県名古屋市熱田区神宮1－1－1

神様30柱
その他の神様1柱
龍神様6柱
　朱龍3柱、青龍3柱
●御祭神
・御本殿5柱
　　天御柱命、国御柱命、豊受大神〔アワ〕、熱田神、天津彦根命
☆龍神様6柱
　　朱龍3柱、青龍3柱
・一之御前神社2柱
　　天太玉命、多岐都姫命
・清水社1柱
　　栲幡千千姫命
・土用殿1柱
　　豊受大神〔コメ〕
・御田神社1柱
　　天石門別命

303

第7章　龍神様がおられる神社 100 社の神様、龍神様

- 龍神社1柱
　　武内宿禰
- 神楽殿1柱
　　大山祇神
- 祈禱殿1柱
　　気長足姫神
- 大幸田神社1柱
　　久久能智神
- 内天神社1柱
　　稚日女命
- 六末社1柱
　　大綿津見神
- みなも神殿1柱
　　玉依姫命
- 菅原社1柱
　　天手力男命
- 徹社1柱
　　少彦名命
- 楠之御前社1柱
　　大山咋神
- 南新宮社1柱
　　金毘羅神
- 上知我麻神社1柱
　　若宇加能売命
- 大国主社1柱
　　八意思兼命
- 事代主社1柱
　　阿遅鋤高彦根命
- 孫若御子神社1柱
　　稚産霊神
- 日割御子神社1柱
　　稲田姫命

・下知我麻神社1柱
　　多紀理姫命
・別宮　八剣宮3柱
　　天児屋根命、市杵島姫命、豊受大神〔ムギ〕

40　福王神社　三重県三重郡菰野町田口2404

神様6柱
その他の神様1柱
龍神様2柱
　朱龍1柱、青龍1柱
● 御祭神
・御本殿4柱
　　賀茂別雷神、吉備津彦命、神大市姫命、柿本人麿
☆龍神様2柱
　　朱龍1柱、青龍1柱
・稲荷社2柱
　　思金神、鹿屋野姫神

41　椿大神社　三重県鈴鹿市山本町1871

神様16柱
その他の神様1柱
龍神様13柱
　黄龍5柱、赤龍3柱、朱龍2柱、青龍3柱
● 御祭神
・御本殿3柱
　　伊邪那美神、天之常立神、神産巣日神
☆龍神様11柱
　　黄龍3柱、赤龍3柱、朱龍2柱、青龍3柱
・拝殿3柱
　　猿田彦命、田道間守命、高倉下命

305

第7章　龍神様がおられる神社100社の神様、龍神様

・別宮椿岸神社2柱
　　　玉祖命、迦具土神
・御船磐座1柱
　　　大国主命
・獅子堂1柱
　　　金毘羅神
・行満堂神霊殿1柱
　　　火雷神
・椿護国神社1柱
　　　思金神
・縣主神社1柱
　　　天稚彦命
・愛宕社1柱
　　　天羽槌雄命
・入道ケ嶽奥宮2柱
　　　饒速日命、五十猛命
☆龍神様2柱
　　　黄龍2柱

42　猿田彦神社　三重県伊勢市宇治浦田2－1－10

神様5柱
その他の神様3柱
龍神様8柱
　　　白龍2柱、朱龍2柱、青龍4柱
●御祭神
・御本殿3柱
　　　素盞鳴尊、豊受大神〔イネ〕、高龗神
☆龍神様5柱
　　　白龍2柱、朱龍2柱、青龍1柱
・佐瑠女神社2柱
　　　猿田彦命、天宇受売命

306

☆龍神様3柱
　　青龍3柱

43　伊勢神宮

外宮　三重県伊勢市豊川町279
内宮　三重県伊勢市宇治館町1
神様54柱
その他の神様2柱
龍神様10柱
　　黄龍4柱、赤龍2柱、青龍4柱
●御祭神
★外宮24柱
・御正宮1柱
　　豊受大神〔イネ〕
　　【伊邪那岐神と豊受大神〔イネ〕の長女もいる】
☆龍神様4柱
　　黄龍4柱
・下御井神社2柱
　　瀬織津姫神、市杵島姫命
・多賀宮3柱
　　阿夜訶志古泥神、伊邪那美神、多岐都姫命
・土宮2柱
　　須比智邇神、経津主命
・風宮2柱
　　淤母陀流神、天手力男命
・四至神2柱
　　磐長姫命、火雷神
・五丈殿2柱
　　天太玉命、天之御影命
・九丈殿2柱
　　役行者、天目一箇命

307

第7章　龍神様がおられる神社100社の神様、龍神様

・神楽殿2柱
　　伊邪那岐神、豊雲野神
・忌火屋殿、祓所2柱
　　天日槍命、天火明命
・度会国御神社3柱
　　高御産巣日神、神産巣日神、国御柱命
・大津神社1柱
　　天之常立神

● 御祭神

★内宮30柱
・御正宮5柱
　　天照大御神、大禍津日神、矢乃波波木神、奥津彦命、玉祖命
☆龍神様6柱
　　赤龍2柱、青龍4柱
・荒祭宮2柱
　　天之御中主神、須勢理姫神
・外幣殿2柱
　　月読命、豊受大神〔ヒエ〕
・忌火屋殿2柱
　　武甕槌神、賀茂別雷神
・御稲御倉3柱
　　吉備津彦命、柿本人麿、豊玉姫命
・荒祭宮遥拝所2柱
　　宇比地邇神、誉田別命
・五丈殿2柱
　　建御名方神、少彦名命
・四至神2柱
　　多紀理姫命、豊受大神〔アワ〕
・由貴御倉御酒殿2柱
　　宇迦之御魂神、奥津姫命
・風日祈宮2柱
　　神大市姫命、天石門別命

・神楽殿2柱
　　大国主命、月読命
・瀧祭神2柱
　　弟橘媛命、鸕鷀草葺不合尊
・大山祇神社1柱
　　意富斗能地神
・子安神社1柱
　　熱田神

44　皇大神宮　別宮瀧原宮　三重県度会郡大紀町滝原872

神様8柱
その他の神様2柱
龍神様6柱
　　黒龍6柱
● 御祭神
・御本殿2柱
　　豊受大神〔アワ〕、誉田別命
☆龍神様6柱
　　黒龍6柱
・若宮神社2柱
　　神産巣日神、阿遅鋤高彦根命
・長由介神社2柱
　　金精神、迦具土神
・川島神社2柱
　　事代主命、思金神

45　田村神社　滋賀県甲賀市土山町北土山469

神様11柱
その他の神様3柱
龍神様43柱

第7章　龍神様がおられる神社100社の神様、龍神様

銀龍15柱、黄龍2柱、白龍2柱、黒龍18柱、赤龍2柱、朱龍2柱、青龍2柱

● 御祭神

・御本殿2柱

　　稚日女命、久久能智神

☆龍神様17柱

　　銀龍11柱、黄龍1柱、白龍1柱、黒龍1柱、赤龍1柱、朱龍1柱、青龍1柱

・拝殿3柱

　　天手力男命、武内宿禰、気長足姫神

・吉崎稲荷社2柱

　　阿遅鋤高彦根命、栲幡千千姫命

・天満神社2柱

　　罔象女神 、天津彦根命

・祝谷神社2柱

　　野見宿禰、石凝姥命

☆龍神様26柱

　　銀龍4柱、黄龍1柱、白龍1柱、黒龍17柱、赤龍1柱、朱龍1柱、青龍1柱

46　賀茂神社　滋賀県近江八幡市加茂町1691

神様13柱

その他の神様2柱

龍神様11柱

　　黄龍2柱、赤龍2柱、朱龍3柱、青龍4柱

● 御祭神

・御本殿3柱

　　賀茂別雷神、吉備津彦命、柿本人麿

☆龍神様6柱

　　黄龍2柱、赤龍2柱、朱龍1柱、青龍1柱

・拝殿2柱

天御柱命、国御柱命
・不動堂2柱
　　栲幡千千姫命、野見宿禰
・庚申堂2柱
　　豊受大神〔ムギ〕、天火明命
・日吉神社2柱
　　磐鹿六雁命、久久能智神
・若宮神社2柱
　　磐鹿六雁命、天稚彦命
☆龍神様5柱
　　朱龍2柱、青龍3柱

47　建部大社　滋賀県大津市神領1－16－1

神様22柱
その他の神様1柱
龍神様16柱
　黄龍3柱、白龍1柱、黒龍1柱、赤龍3柱、青龍8柱
● 御祭神
・御本殿2柱
　　天之常立神、天之御中主神
☆龍神様10柱
　　黄龍3柱、白龍1柱、黒龍1柱、赤龍1柱、青龍4柱
・権殿2柱
　　家都御子神、熊野速玉男神
・拝殿2柱
　　饒速日命、猿田彦命
・聖宮神社2柱
　　思金神、迦具土神
・大政所神社2柱
　　磐鹿六雁命、大宮能売命
☆龍神様3柱

第7章　龍神様がおられる神社100社の神様、龍神様

　　　赤龍1柱、青龍2柱
・藤宮神社2柱
　　　鹿屋野姫神、倭迹迹日百襲姫命
・若宮神社2柱
　　　五十猛命、保食神
☆龍神様3柱
　　　赤龍1柱、青龍2柱
・行事神社1柱
　　　野見宿禰
・弓取神社1柱
　　　衣通姫
・箭取神社1柱
　　　金山彦命
・蔵人頭神社1柱
　　　瓊瓊杵尊
・大野神社1柱
　　　金精神
・武富稲荷神社1柱
　　　田道間守命
・八柱神社1柱
　　　宇摩志麻遅命
・桧山神社1柱
　　　高倉下命

48　元伊勢内宮皇大神社　京都府福知山市大江町内宮217

神様8柱
その他の神様1柱
龍神様4柱
　　朱龍2柱、青龍2柱
●御祭神
・御本殿2柱

宇摩志阿斯訶備比古遅神、豊受大神〔アワ〕

☆龍神様4柱

　　朱龍2柱、青龍2柱

・左殿2柱

　　豊受大神〔コメ〕、稚日女命

・右殿2柱

　　火雷神、天手力男命

・小宮1柱

　　金毘羅神

・御門神社1柱

　　稲田姫命

49　下鴨神社　京都府京都市左京区下鴨泉川町59

神様17柱

その他の神様1柱

龍神様7柱

　　黄龍2柱、朱龍1柱、青龍4柱

● 御祭神

・東御本殿2柱

　　天之常立神、神大市姫命

☆龍神様4柱

　　青龍4柱

・西御本殿2柱

　　賀茂別雷神、吉備津彦命

☆龍神様3柱

　　黄龍2柱、朱龍1柱

・拝殿2柱

　　豊受大神〔ムギ〕、柿本人麿

・言社1柱

　　伊奢沙別命

・舞殿1柱

313

第 7 章　龍神様がおられる神社 100 社の神様、龍神様

　　　思金神
・細殿 1 柱
　　　鹿屋野姫神
・橋殿 1 柱
　　　豊受大神〔コメ〕
・新服殿 1 柱
　　　哭沢女神
・出雲井於神社 1 柱
　　　若宇加能売命
・三井神社 1 柱
　　　衣通姫
・大炊殿 1 柱
　　　金精神
・相生社 1 柱
　　　玉姫命
・河合神社 1 柱
　　　宇迦之御魂神
・任部社 1 柱
　　　金山彦命

50　平安神宮　京都府京都市左京区岡崎西天王町 97

神様 8 柱
その他の神様 2 柱
龍神様 6 柱
　　　白龍 1 柱、朱龍 3 柱、青龍 2 柱
●御祭神
・御本殿 2 柱
　　　伊邪那美神、磐長姫命
・拝殿 2 柱
　　　久久能智神、気長足姫神
・神楽殿 2 柱

野見宿禰、衣通姫
・額殿2柱
　　　大宜都比売神、迦具土神
☆龍神様6柱
　　　白龍1柱、朱龍3柱、青龍2柱

51　護王神社　京都府京都市上京区烏丸通下長者町下ル桜鶴円町385

神様10柱
その他の神様1柱
龍神様5柱
　　　朱龍3柱、青龍2柱
●御祭神
・御本殿3柱
　　　天照大御神、菊理媛神、金毘羅神
☆龍神様1柱
　　　青龍1柱
・拝殿3柱
　　　豊受大神〔ムギ〕、経津主命、大山咋神
・祈願殿2社
　　　宇迦之御魂神、阿遅鋤高彦根命
・祖霊社2柱
　　　伊奢沙別命、若宇加能売命
☆龍神様4柱
　　　朱龍3柱、青龍1柱

52　八坂神社　京都府京都市東山区祇園町北側625

神様29柱
その他の神様4柱
龍神様13柱
　　　赤龍3柱、朱龍2柱、青龍8柱

315

第 7 章　龍神様がおられる神社 100 社の神様、龍神様

● 御祭神
・御本殿 4 柱
　　建御名方神、大国主命、熊野夫須美神、熊野速玉男神
☆龍神様 13 柱
　　赤龍 3 柱、朱龍 2 柱、青龍 8 柱
・舞殿 3 柱
　　大山祇神、若宇加能売命、大宜都比売神
　　【八大龍王―武甕槌神と稚産霊神の三男】
・疫神社 2 柱
　　天日槍命、天火明命
・悪王子社 1 柱
　　多岐都姫命
・美御前社 1 柱
　　豊受大神〔ヒエ〕
・大国主社 1 柱
　　罔象女神
・北向蛭子社 1 柱
　　稲田姫命
・玉光稲荷社 1 柱
　　稚日女命
・太田社 1 柱
　　誉田別命
・大年社 1 柱
　　稚産霊神
・十社 1 柱
　　市杵島姫命
・厳島社 1 柱
　　栲幡千千姫命
・祖霊社 1 柱
　　吉備津彦命
・五社 1 柱
　　天羽槌雄命

316

- 刃物神社1柱
  - 天忍穂耳命
- 日吉社1柱
  - 磐長姫命
- 大神宮社1柱
  - 衣通姫
- 命婦稲荷社1柱
  - 大綿津見神
- 常磐神社1柱
  - 鸕鶿草葺不合尊
- 冠者殿社2柱
  - 柿本人麿、大山咋神
- 又旅社1柱
  - 神大市姫命
- お政所社1柱
  - 豊受大神〔ムギ〕

53　藤森神社　京都府京都市伏見区深草鳥居崎町609

神様17柱

その他の神様1柱

龍神様4柱
　黄龍1柱、白龍1柱、青龍2柱

- ● 御祭神
- ・御本殿4柱
  - 多紀理姫命、多岐都姫命、国御柱命、柿本人麿
- ☆龍神様4柱
  - 黄龍1柱、白龍1柱、青龍2柱
- ・拝殿3柱
  - 大禍津日神、矢乃波波木神、奥津姫命
- ・八幡宮社2柱
  - 大宮能売命、須勢理姫神

317

第7章　龍神様がおられる神社 100 社の神様、龍神様

- 祖霊社2柱
  磐鹿六雁命、倭迹迹日百襲姫命
- 七宮社1柱
  天忍穂耳命
- 大将軍社1柱
  天石門別命
- 天満宮社1柱
  久久能智神
- 藤森稲荷社1柱
  気長足姫神
- 神楽殿2柱
  奥津彦命、迦具土神

54　松尾大社　京都府京都市西京区嵐山宮町3

神様12柱
その他の神様1柱
龍神様5柱
　　白龍1柱、赤龍1柱、朱龍1柱、青龍2柱
● 御祭神
- 御本殿3柱
  武甕槌神、賀茂別雷神、柿本人麿
☆ 龍神様1柱
  青龍1柱
- 拝殿2柱
  猿田彦命、田道間守命
- 三宮社1柱
  高倉下命
- 四大神社1柱
  気長足姫神
- 滝御前1柱
  石凝姥命

318

・衣手社1柱
　　五十猛命
・一挙社1柱
　　天宇受売命
・金刀比羅社1柱
　　衣通姫
・祖霊社1柱
　　天穂日命
☆龍神様4柱
　　白龍1柱、赤龍1柱、朱龍1柱、青龍1柱

55　出雲大神宮　京都府亀岡市千歳町出雲無番地

神様21柱
その他の神様1柱
龍神様3柱
　　朱龍1柱、青龍2柱
● 御祭神
・御本殿3柱
　　家都御子神、熊野夫須美神、弟橘媛命
☆龍神様2柱
　　朱龍1柱、青龍1柱
・拝殿3柱
　　天御柱命、大宮能売命、天宇受売命
・辯財天社2柱
　　磐鹿六雁命、保食神
・稲荷社2柱
　　金毘羅神、玉依姫命
・春日社2柱
　　天手力男命、稚日女命
・上の社2柱
　　武内宿禰、彦火火出見命

第 7 章　龍神様がおられる神社 100 社の神様、龍神様

・崇神天皇社 1 柱
　　伊奢沙別命
・笑殿社 2 柱
　　火雷神、甕布都神
・黒太夫社 2 柱
　　栲幡千千姫命、金精神
☆龍神様 1 柱
　　青龍 1 柱
・祖霊社 2 柱
　　豊受大神〔コメ〕、五十猛命

56　宇治上神社　京都府宇治市宇治山田 59

神様 14 柱
その他の神様 2 柱
龍神様 6 柱
　　朱龍 1 柱、青龍 5 柱
● 御祭神
・御本殿 3 柱
　　天照大御神、建御名方神、磐鹿六雁命
☆龍神様 2 柱
　　朱龍 1 柱、青龍 1 柱
・拝殿 3 柱
　　稚産霊神、天日槍命、天香山命
・春日社 4 柱
　　豊受大神〔ムギ〕、稲田姫命、天火明命、中筒男命
☆龍神様 1 柱
　　青龍 1 柱
・住吉社 1 柱
　　底筒男命
・香椎社 1 柱
　　多岐都姫命

・武本稲荷社1柱
　　市杵島姫命
・厳島社1柱
　　多紀理姫命
☆龍神様3柱
　　青龍3柱

57　宇治神社　京都府宇治市宇治山田1

神様7柱
その他の神様3柱
龍神様5柱
　　赤龍1柱、朱龍3柱、青龍1柱
● 御祭神
・御本殿1柱
　　大綿津見神
☆龍神様5柱
　　赤龍1柱、朱龍3柱、青龍1柱
・住吉大社1柱
　　天羽槌雄命
・日吉神社1柱
　　大宮能売命
・春日大社1柱
　　宇摩志麻遅命
・伊勢神宮1柱
　　伊奢沙別命
・高良大社1柱
　　思金神
・松尾大社1柱
　　金毘羅神
・廣田神社1柱
　　磐鹿六雁命

321

第7章　龍神様がおられる神社100社の神様、龍神様

58　白山神社　京都府宇治市白川娑婆山16

神様9柱

その他の神様5柱

龍神様15柱

　銀龍2柱、黄龍2柱、白龍2柱、黒龍2柱、赤龍3柱、朱龍2柱、
　青龍2柱

● 御祭神

・御本殿3柱

　　宇摩志阿斯訶備比古遅神、伊邪那岐神、伊邪那美神

☆龍神様7柱

　　黄龍1柱、白龍1柱、黒龍1柱、赤龍2柱、朱龍1柱、青龍1柱

・拝殿2柱

　　天忍穂耳命、衣通姫

・阿多古神社1柱

　　天羽槌雄命

・春日大社1柱

　　大宜都比売神

・石清水八幡宮1柱

　　哭沢女神

・北野天満宮1柱

　　鹿屋野姫神

☆龍神様8柱

　　銀龍2柱、黄龍1柱、白龍1柱、黒龍1柱、赤龍1柱、朱龍1柱、青
　　龍1柱

59　住吉大社　大阪府大阪市住吉区住吉2−9−89

神様44柱

その他の神様2柱

龍神様10柱

　黄龍1柱、赤龍2柱、朱龍2柱、青龍5柱

● 御祭神

・第一本宮3柱
　　素盞嗚尊、豊受大神〔イネ〕、高龗神
☆龍神様5柱
　　黄龍1柱、朱龍2柱、青龍2柱
・第二本宮2柱
　　賀茂別雷神、猿田彦命
・第三本宮2柱
　　田道間守命、鹿屋野姫神
・第四本宮2柱
　　熊野夫須美神、高倉下命
・大海神社2柱
　　国御柱命、玉祖命
・船玉神社2柱
　　天御柱命、衣通姫
・若宮八幡宮2柱
　　八意思兼命、大宜都比売神
☆龍神様3柱
　　赤龍2柱、青龍1柱
・志賀神社2柱
　　天太玉命、五十猛命
☆龍神様2柱
　　青龍2柱
・侍者社1柱
　　吉備津彦命
・楠珺社1柱
　　柿本人麿
・種貸社1柱
　　饒速日命
・大歳社1柱
　　豊受大神〔ムギ〕
・浅澤社1柱
　　甕布都神

323

第 7 章　龍神様がおられる神社 100 社の神様、龍神様

- 市戒社 1 柱
  大年神
- 大国社 1 柱
  大国主命
- 楯社 1 柱
  思金神
- 鉾社 1 柱
  迦具土神
- 后土社 1 柱
  倭迹迹日百襲姫命
- 児安社 1 柱
  天穂日命
- 新宮社 1 柱
  熊野速玉男神
- 立聞社 1 柱
  天稚彦命
- 貴船社 1 柱
  豊受大神〔アワ〕
- 星宮 1 柱
  彦火火出見命
- 斯主社 1 柱
  天児屋根命
- 今主社 1 柱
  天羽槌雄命
- 招魂社 1 柱
  家都御子神
- 港住吉神社 1 柱
  役行者
- 龍社 2 柱
  金山彦命、瓊瓊杵尊
- 八所社 1 柱
  宇摩志麻遅命

・五社1柱
　　金精神
・薄墨社1柱
　　玉依姫命
・姫松稲荷社1柱
　　野見宿禰
・吉松稲荷社1柱
　　天宇受売命
・結乃神社1柱
　　保食神

60　大阪天満宮　大阪府大阪市北区天神橋2－1－8

神様44柱
その他の神様1柱
龍神様1柱
　　白龍1柱
● 御祭神
・御本殿3柱
　　宇摩志阿斯訶備比古遅神、磐鹿六雁命、大宮能売命
☆龍神様1柱
　　白龍1柱
・幣殿3柱
　　多紀理姫命、市杵島姫命、多岐都姫命
・拝殿2柱
　　豊受大神〔ムギ〕、迦具土神
・神楽殿2柱
　　伊奢沙別命、大山祇神
・白米稲荷社2柱
　　栲幡千千姫命、金精神
・稲荷奥宮1柱
　　豊受大神〔コメ〕

325

第 7 章　龍神様がおられる神社 100 社の神様、龍神様

- 八坂社 1 柱
  衣通姫
- 妻社 1 柱
  思金神
- 亀吉・鶴姫大明神社 1 柱
  大屋都姫命
- 大将軍社 1 柱
  大山咋神
- 神明社 1 柱
  鹿屋野姫神
- 蛭子遷殿 1 柱
  甕布都神
- 十二社 1 柱
  思金神
- 霊符社 1 柱
  倭迹迹日百襲姫命
- 松尾社 1 柱
  瓊瓊杵尊
- 八幡社 1 柱
  大綿津見神
- 吉備社 1 柱
  大宜都比売神
- 住吉社 1 柱
  哭沢女神
- 老松社紅梅殿 1 柱
  彦火火出見命
- 白太夫社 1 柱
  野見宿禰
- 老松神社 1 柱
  宇摩志麻遅命
- 祖霊社 1 柱
  石凝姥命

★境外
・高坐招魂社1柱
　稚日女命

61　伊弉諾神宮　兵庫県淡路市多賀740

神様15柱
その他の神様1柱
龍神様18柱
　金龍2柱、銀龍1柱、黄龍1柱、白龍3柱、黒龍1柱、赤龍1柱、朱龍
　4柱、青龍5柱
● 御祭神
・御本殿3柱
　伊邪那岐神、伊邪那美神、八意思兼命
☆龍神様11柱
　金龍2柱、銀龍1柱、黄龍1柱、白龍3柱、黒龍1柱、赤龍1柱、朱
　龍1柱、青龍1柱
・拝殿3柱
　天照大御神、天児屋根命、天太玉命
・祓殿1柱
　天忍穂耳命
・左右神社1柱
　大国主命
☆龍神様4柱
　朱龍2柱、青龍2柱
・鹿島神社1柱
　饒速日命
・住吉神社1柱
　五十猛命
・根神社1柱
　天宇受売命
・竃神社1柱

第7章　龍神様がおられる神社100社の神様、龍神様

　　　　迦具土神
　・淡路祖霊社1柱
　　　　田道間守命
　・岩楠神社1柱
　　　　大宜都比売神
　☆龍神様3柱
　　　　朱龍1柱、青龍2柱
　★境外
　・濱神社1柱
　　　　鹿屋野姫神

62　西宮神社　兵庫県西宮市社家町1−17

神様22柱
その他の神様1柱
龍神様4柱
　　　黄龍1柱、白龍1柱、青龍2柱
　●御祭神
　・御本殿2柱
　　　　大屋都姫命、事代主命
　☆龍神様4柱
　　　　黄龍1柱、白龍1柱、青龍2柱
　・拝殿2柱
　　　　豊玉姫命、宇摩志麻遅命
　・祈祷殿2柱
　　　　磐鹿六雁命、大宮能売命
　・神輿殿2柱
　　　　彦火火出見命、石凝姥命
　・六英堂1柱
　　　　哭沢女神
　・南宮神社1柱
　　　　鹿屋野姫神

・火産霊神社1柱
　　瓊瓊杵尊
・百太夫神社1柱
　　倭迹迹日百襲姫命
・六甲山神社1柱
　　底筒男命
・大國主西神社1柱
　　罔象女神
・新明神社1柱
　　迦具土神
・松尾神社1柱
　　稚産霊神
・市杵島神社1柱
　　豊受大神〔ムギ〕
・宇賀魂神社1柱
　　野見宿禰
・沖恵美酒神社1柱
　　衣通姫
・梅宮神社1柱
　　上筒男命
・庭津火神社1柱
　　金毘羅神
・住吉神社1柱
　　甕布都神

63　神戸神社　　兵庫県たつの市揖保川町神戸北山222

神様5柱
その他の神様1柱
龍神様5柱
　　朱龍2柱、青龍3柱
　●御祭神

第7章　龍神様がおられる神社 100 社の神様、龍神様

・御本殿2柱
　　豊受大神〔アワ〕、豊受大神〔ヒエ〕
☆龍神様5柱
　　朱龍2柱、青龍3柱
・八幡宮2柱
　　玉依姫命、思金神
・金比羅宮1柱
　　衣通姫

64　春日大社　奈良県奈良市春日野町160

神様36柱
その他の神様4柱
龍神様10柱
　　赤龍2柱、朱龍5柱、青龍3柱
● 御祭神
・御本殿3柱
　　天照大御神、建御名方神、武甕槌神
☆龍神様7柱
　　赤龍1柱、朱龍4柱、青龍2柱
・後殿2柱
　　市杵島姫命、五十猛命
☆龍神様3柱
　　赤龍1柱、朱龍1柱、青龍1柱
・椿本神社2柱
　　豊受大神〔アワ〕、鸕鷀草葺不合尊
・多賀神社1柱
　　甕布都神
・風宮神社1柱
　　神大市姫命
・岩本神社1柱
　　金精神

- 幣殿、舞殿1柱
  - 武内宿禰
- 榎本神社1柱
  - 瀬織津姫神
- 桂昌殿1柱
  - 菊理媛神
- 祈祷所1柱
  - 彦火火出見命
- 総宮社1柱
  - 熊野速玉男神
- 一言主神社1柱
  - 思金神
- 龍王社1柱
  - 豊受大神〔ヒエ〕
- 水谷神社1柱
  - 伊奢沙別命
- 聖明神社1柱
  - 多紀理姫命
- 愛宕神社1柱
  - 大宮能売命
- 天神社1柱
  - 誉田別命
- 浮雲神社1柱
  - 木花咲耶姫神
- 船戸神社1柱
  - 石凝姥命
- 神楽殿1柱
  - 事代主命
- 三輪神社1柱
  - 国御柱命
- 兵主神社1柱
  - 弟橘媛命

第7章　龍神様がおられる神社100社の神様、龍神様

- ・南宮神社1柱
    玉依姫命
- ・若宮神社1柱
    吉備津彦命
- ・広瀬神社1柱
    中筒男命
- ・葛城神社1柱
    大山祇神
- ・三十八所神社1柱
    宇迦之御魂神
- ・佐良気神社1柱
    気長足姫神
- ・宗像神社1柱
    豊受大神〔ムギ〕
- ・紀伊神社1柱
    多岐都姫命
- ・金龍神社1柱
    哭沢女神
- ・夫婦大國社1柱
    石凝姥命

65　白山神社　奈良県生駒郡平群町福貴1551

神様6柱
その他の神様0柱
龍神様7柱
　黄龍3柱、白龍4柱
- ● 御祭神
- ・御本殿2柱
    豊受大神〔ムギ〕、天火明命
- ☆龍神様6柱
    黄龍3柱、白龍3柱

332

・拝殿2柱
　　宇迦之御魂神、天稚彦命
・弥勒堂2柱
　　稚日女命、武内宿禰
☆龍神様1柱
　　白龍1柱

66　廣瀬大社　奈良県北葛城郡河合町川合99

神様13柱
その他の神様4柱
龍神様9柱
　青龍9柱
● 御祭神
・御本殿2柱
　　鸕鷀草葺不合尊、哭沢女神
☆龍神様6柱
　　青龍6柱
・幣殿1柱
　　甕布都神
・拝殿2柱
　　豊受大神〔アワ〕、役行者
・水足明神1柱
　　柿本人麿
・祓戸社1柱
　　天香山命
・祖霊社1柱
　　天石門別命
・稲荷社1柱
　　天火明命
・日吉社1柱
　　天日槍命

第7章　龍神様がおられる神社100社の神様、龍神様

・饒速日命社1柱
　　　饒速日命
☆龍神様1柱
　　　青龍1柱
・八神殿社1柱
　　　塩土老翁神
・水分神社1柱
　　　神大市姫命
☆龍神様2柱
　　　青龍2柱

67　大和神社　奈良県天理市新泉町306

神様12柱
その他の神様2柱
龍神様15柱
　　　白龍3柱、赤龍1柱、朱龍6柱、青龍5柱
● 御祭神
・御本殿2柱
　　　天照大御神、大国主命
☆龍神様6柱
　　　朱龍3柱、青龍3柱
・拝殿2柱
　　　月読命、少彦名命
・祖霊社2柱
　　　豊受大神〔ヒエ〕、磐鹿六雁命
・高靇神2柱
　　　多岐都姫命、若宇加能売命
☆龍神様9柱
　　　白龍3柱、赤龍1柱、朱龍3柱、青龍2柱
・朝日神社1柱
　　　経津主命

334

・厳島神社1柱
　　火雷神
・事代神社1柱
　　阿遅鋤高彦根命
・増御子神社1柱
　　伊邪那美神

68　大神神社　奈良県桜井市三輪1422

神様119柱
その他の神様4柱
龍神様26柱
　　金龍4柱、黄龍4柱、白龍3柱、朱龍6柱、青龍9柱
●御祭神
・御本殿2柱
　　活杙神、角杙神
☆龍神様8柱
　　金龍4柱、朱龍4柱
・勅使殿9柱
　　大斗乃弁神、須比智邇神、意富斗能地神、宇比地邇神、阿夜訶志古
　　泥神、淤母陀流神、伊邪那岐神、伊邪那美神、天之常立神
・祈祷殿6柱
　　天照大御神、八意思兼命、天児屋根命、豊受大神〔ヒエ〕、金毘羅
　　神、栲幡千千姫命
・狭井神社6柱
　　建御名方神、伊奢沙別命、若宇加能売命、天穂日命、大年神、鸕鷀
　　草葺不合尊
　　【八大龍王―武甕槌神と稚産霊神の三男】
☆龍神様5柱
　　黄龍3柱、朱龍2柱
・三ツ鳥居3柱
　　素盞嗚尊、豊受大神〔イネ〕、高龗神

第7章　龍神様がおられる神社100社の神様、龍神様

- 市杵島姫神社3柱
  多紀理姫命、市杵島姫命、多岐都姫命
- 大直禰子神社6柱
  国之常立神、磐鹿六雁命、大山祇神、天手力男命、天津彦根命、思
  金神
- 活日神社3柱
  櫛名田比売神、猿田彦命、弟橘媛命
- 磐座神社3柱
  柿本人麿、天目一箇命、大屋都姫命
- 神坐日向神社3柱
  豊雲野神、大禍津日神、天忍穂耳命
- ☆龍神様3柱
  青龍3柱
- 祓戸神社3柱
  瀬織津姫神、須勢理姫神、玉依姫命
- 久延彦神社4柱
  武甕槌神、豊受大神〔ムギ〕、熱田神、彦火火出見命
- 天皇社6柱
  天香山命、経津主命、少彦名命、田道間守命、事代主命、哭沢女神
- 神宝神社4柱
  天太玉命、家都御子神、熊野夫須美神、熊野速玉男神
- 貴船神社5柱
  饒速日命、五十猛命、稚日女命、武内宿禰、倭迹迹日百襲姫命
- 志貴御縣坐神社4柱
  吉備津彦命、宇迦之御魂神、矢乃波波木神、罔象女神
- 素佐男神社5柱
  役行者、天石門別命、火雷神、野見宿禰、金精神
- 大行事社7柱
  天火明命、誉田別命、保食神、高倉下命、木花咲耶姫神、玉祖命、
  迦具土神
- 成願稲荷神社6柱
  高御産巣日神、神産巣日神、天御柱命、国御柱命、金山彦命、衣通

姫

☆龍神様3柱

　　青龍3柱

★境外

・率川神社3柱

　　月読命、天日槍命、菊理媛神

・玉列神社3柱

　　稚産霊神、豊受大神〔アワ〕、大山咋神

☆龍神様3柱

　　白龍3柱

・綱越神社4柱

　　大国主命、天宇受売命、大綿津見神、天羽槌雄命

・八阪社2柱

　　鹿屋野姫神、大宜都比売神

・神御前社3柱

　　気長足姫神、阿遅鋤高彦根命、**甕布都神**

・富士・厳島社3柱

　　豊受大神〔コメ〕、石凝姥命、宇摩志麻遅命

・檜原神社4柱

　　天之御中主神、大宮能売命、久久能智神、天稚彦命

☆龍神4柱

　　黄龍1柱、青龍3柱

・豊鍬入姫宮9柱

　　稲田姫命、賀茂別雷神、神大市姫命、天之御影命、奥津彦命、奥津
　　姫命、磐長姫命、豊玉姫命、**瓊瓊杵尊**

69　阿紀神社　宇多秋宮　奈良県宇陀市大字陀迫間252

神様2柱

その他の神様2柱

龍神様14柱

　　黄龍2柱、白龍1柱、黒龍6柱、赤龍1柱、朱龍3柱、青龍1柱

第7章　龍神様がおられる神社100社の神様、龍神様

●御祭神
・御本殿2柱
　　伊邪那美神、神産巣日神
☆龍神様14柱
　　黄龍2柱、白龍1柱、黒龍6柱、赤龍1柱、朱龍3柱、青龍1柱

70　橿原神宮　奈良県橿原市久米町934

神様16柱
その他の神様1柱
龍神様4柱
　　青龍4柱
●御祭神
・御本殿3柱
　　天照大御神、瀬織津姫神、大国主命
☆龍神様2柱
　　青龍2柱
・幣殿2柱
　　奥津彦命、奥津姫命
・拝殿2柱
　　天日槍命、誉田別命
・土間殿1柱
　　宇迦之御魂神
・神饌所1柱
　　大宮能売命
・神楽殿1柱
　　矢乃波波木神
・文華殿1柱
　　天忍穂耳命
・祓所1柱
　　須勢理姫神
・祈祷殿1柱

338

天香山命
・長山稲荷社3柱
　　天火明命、大禍津日神、火雷神
☆龍神様2柱
　　青龍2柱

71　御霊神社　奈良県五條市小島町547

神様5柱
その他の神様1柱
龍神様1柱
　青龍1柱
● 御祭神
・御本殿5柱
　　吉備津彦命、神大市姫命、柿本人麿、天火明命、豊玉姫命
☆龍神様1柱
　　青龍1柱

72　玉置神社　奈良県吉野郡十津川村玉置川1

神様25柱
その他の神様2柱
龍神様4柱
　朱龍1柱、青龍3柱
● 御祭神
・御本殿3柱
　　豊雲野神、国之常立神、若宇加能売命
☆龍神様2柱
　　朱龍1柱、青龍1柱
・三柱神社3柱
　　豊受大神〔ムギ〕、豊受大神〔コメ〕、菊理媛神
・玉石社3柱

第7章　龍神様がおられる神社100社の神様、龍神様

　　　塩土老翁神、経津主命、天石門別命
・出雲大社教2柱
　　宇比地邇神、月読命
・水神社2柱
　　高御産巣日神、家都御子神
・白山社2柱
　　櫛名田比売神、気長足姫神
・若宮社2柱
　　武甕槌神、迦具土神
・神武社2柱
　　久久能智神、金山彦命
・神輿殿2柱
　　豊玉姫命、哭沢女神
・大日堂社2柱
　　大綿津見神、衣通姫
☆龍神様2柱
　　青龍2柱
・神楽殿2柱
　　熊野夫須美神、熊野速玉男神

73　熊野那智大社　和歌山県東牟婁郡那智勝浦町那智山1

神様29柱
その他の神様2柱
龍神様13柱
　　黄龍2柱、朱龍2柱、青龍9柱
● 御祭神
・御本殿3柱
　　大斗乃弁神、阿夜訶志古泥神、淤母陀流神
☆龍神様6柱
　　朱龍2柱、青龍4柱
・瀧宮3柱

伊奢沙別命、天手力男命、金山彦命
・証誠殿2柱
　　大宮能売命、宇摩志麻遅命
☆龍神様1柱
　　青龍1柱
・中御前3柱
　　建御名方神、賀茂別雷神、吉備津彦命
・西御前3柱
　　少彦名命、大年神、甕布都神
☆龍神様4柱
　　青龍4柱
・若宮3柱
　　経津主命、天稚彦命、大宜都比売神
・八社殿3柱
　　天火明命、栲幡千千姫命、衣通姫
・礼殿3柱
　　保食神、気長足姫神、金精神
・御縣彦社3柱
　　野速玉男神、稚産霊神、豊受大神〔コメ〕
・宝物殿3柱
　　饒速日命、五十猛命、高倉下命
☆龍神様2柱
　　黄龍2柱

74　賣布神社　島根県松江市和多見町81

神様19柱
その他の神様1柱
龍神様6柱
　朱龍2柱、青龍4柱
●御祭神
・御本殿3柱

第7章　龍神様がおられる神社100社の神様、龍神様

　　　　豊受大神〔ムギ〕、稚産霊神、経津主命
　☆龍神様4柱
　　　　朱龍2柱、青龍2柱
　・拝殿2柱
　　　　大宮能売命、誉田別命
　・和田津見神社2柱
　　　　吉備津彦命、甕布都神
　・金刀羅神社2柱
　　　　石凝姥命、哭沢女神
　・船霊神社2柱
　　　　金精神、思金神
　・恵美須神社2柱
　　　　金山彦命、衣通姫
　・道祖神社2柱
　　　　多岐都姫命、野見宿禰
　・常光神社2柱
　　　　市杵島姫命、稲田姫命
　☆龍神様2柱
　　　　青龍2柱
　・大松荒神2柱
　　　　賀茂別雷神、迦具土神

75　須佐神社　島根県出雲市佐田町須佐730

　神様20柱
　その他の神様1柱
　龍神様6柱
　　　金龍6柱
　● 御祭神
　・御本殿2柱
　　　豊受大神〔イネ〕、高龗神
　・東末社2柱

熊野夫須美神、熊野速玉男神
・西末社2柱
　　瀬織津姫神、田道間守命
・稲荷社2柱
　　豊受大神〔コメ〕、天穂日命
・三穂社2柱
　　家都御子神、磐鹿六雁命
・天照社2柱
　　大国主命、天宇受売命
★境外
・厳島神社2柱
　　誉田別命、大年神
・須賀神社6柱
　　素盞嗚尊、饒速日命、猿田彦命、五十猛命、保食神、高倉下命
☆龍神様6柱
　　金龍6柱

76　出雲大社　島根県出雲市大社町杵築東195

神様69柱
その他の神様13柱
龍神様9柱
　　朱龍5柱、青龍4柱
●御祭神
・御本殿6柱
　　大斗乃弁神、須比智邇神、意富斗能地神、宇比地邇神、淤母陀流
　　神、神産巣日神
☆龍神様2柱
　　朱龍2柱
・御向社4柱
　　素盞嗚尊、豊受大神〔イネ〕、高龗神、役行者
☆龍神様4柱

第7章　龍神様がおられる神社100社の神様、龍神様

　　　朱龍2柱、青龍2柱
・天前社3柱
　　　家都御子神、天火明命、天目一箇命
・釜社2柱
　　　天児屋根命、野見宿禰
・東十九社2柱
　　　多紀理姫命、若宇加能売命
・門神社（西）2柱
　　　熊野夫須美神、大山咋神
・神饌所2柱
　　　熊野速玉男神、天稚彦命
・拝殿2柱
　　　天之御中主神、市杵島姫命
　　　【大物主神―天之冬衣神（活杙神と天之御中主神の次男）と熊野夫
　　　須美神の三男】
☆龍神様3柱
　　　朱龍1柱、青龍2柱
・筑紫社2柱
　　　大国主命、誉田別命
・門神社（東）2柱
　　　稲田姫命、饒速日命
・氏社（南）2柱
　　　柿本人麿、保食神
・氏社（北）2柱
　　　多岐都姫命、五十猛命
・西十九社2柱
　　　猿田彦命、弟橘媛命
・素鵞社0柱
・祓社2柱
　　　櫛名田比売神、天香山命
・命主社2柱
　　　気長足姫神、栲幡千千姫命

344

- 出雲井社2柱
    天之御影命、上筒男命
- 乙見社2柱
    豊受大神〔ムギ〕、大宜都比売神
- 野見宿禰神社2柱
    須勢理姫神、稚日女命
- 三歳社2柱
    宇迦之御魂神、鸕鷀草葺不合尊
- 國造家鎮守社2柱
    磐鹿六雁命、経津主命
- 天満宮2柱
    金毘羅神、木花咲耶姫神
- 神楽殿2柱
    中筒男命、底筒男命
- 金刀比羅宮1柱
    大宮能売命
- 都稲荷社2柱
    豊受大神〔コメ〕、天日槍命
- 祖霊社2柱
    火雷神、天羽槌雄命
- 大歳社2柱
    稚産霊神 、田道間守命
- 上宮2柱
    宇摩志麻遅命、迦具土神
- 下宮2柱
    玉祖命、倭迹迹日百襲姫命
- 因佐社2柱
    甕布都神、金山彦命
- 湊社1柱
    鹿屋野姫神
- 阿式社2柱
    事代主命、哭沢女神

第 7 章　龍神様がおられる神社 100 社の神様、龍神様

・大穴持伊那西波岐神社2柱
　　金精神、思金神

77　最上稲荷　岡山県岡山市北区高松稲荷712

神様35柱
その他の神様4柱
龍神様3柱
　赤龍3柱
●御祭神
・御本殿（霊光殿）5柱
　　素盞鳴尊、豊受大神〔イネ〕、高龗神、磐長姫命、木花咲耶姫神
☆龍神様3柱
　　赤龍3柱
・旧御本殿（霊応殿）6柱
　　天香山命、天火明命、金毘羅神、若宇加能売命、石凝姥命、倭迹迹
　　日百襲姫命
・七十七末社2柱
　　磐鹿六雁命、大宮能売命
・縁の末社　4柱
　　最正位離別天王
　　　金山彦命、大宜都比売神
　　最正位縁引天王
　　　須勢理姫神、鹿屋野姫神
・巌開明王7柱
　　饒速日命、猿田彦命、天宇受売命、五十猛命、保食神、田道間守
　　命、高倉下命
・八畳岩3柱
　　豊受大神〔ヒエ〕、伊奢沙別命、迦具土神
・荒行堂8柱
　　天穂日命、大年神、中筒男命、底筒男命、上筒男命、栲幡千千姫
　　命、衣通姫、哭沢女神

78　由加神社　本宮　岡山県倉敷市児島由加2852番地

神様14柱
その他の神様5柱
龍神様6柱
　朱龍6柱
● 御祭神
・御本殿5柱
　　須比智邇神、宇比地邇神、八意思兼命、天児屋根命、天太玉命
☆龍神様6柱
　　朱龍6柱
・稲荷宮4柱
　　豊受大神〔コメ〕、磐鹿六雁命、大宮能売命、金毘羅神
・天満宮5柱
　　市杵島姫命、多岐都姫命、豊受大神〔ムギ〕、稲田姫命、稚産霊神

79　厳島神社　広島県廿日市市宮島町1－1

神様32柱
その他の神様6柱
龍神様9柱
　赤龍3柱、青龍6柱
● 御祭神
・御本殿3柱
　　素盞嗚尊、豊受大神〔イネ〕、高龗神
☆龍神様9柱
　　赤龍3柱、青龍6柱
・幣殿1柱
　　大国主命
・拝殿3柱
　　家都御子神、熊野夫須美神、熊野速玉男神
・祓殿1柱
　　饒速日命

第 7 章　龍神様がおられる神社 100 社の神様、龍神様

- ・天神社 1 柱
    - 豊受大神〔コメ〕
- ・大国神社 1 柱
    - 神大市姫命
- ・左門客神社 1 柱
    - 天穂日命
- ・右門客神社 1 柱
    - 大年神
- ・客神社
    - 御本殿 1 柱
        - 磐鹿六雁命
    - 幣殿 1 柱
        - 大宜都比売神
    - 拝殿 1 柱
        - 伊奢沙別命
    - 祓殿 1 柱
        - 菊理媛神
- ・大国神社 0 柱
- ・天神社 1 柱
    - 稲田姫命
- ★境外摂社
- ・大元神社 1 柱
    - 吉備津彦命
- ・長浜神社 1 柱
    - 火雷神
- ・三翁神社 1 柱
    - 事代主命
- ・御山神社 1 柱
    - 衣通姫
- ・地御山神社 1 柱
    - 鹿屋野姫神
- ★境外末社

348

- 荒胡子神社1柱
  - 高倉下命
- 豊国神社1柱
  - 少彦名命
- 金刀比羅神社1柱
  - 哭沢女神
- 清盛神社1柱
  - 賀茂別雷神
- 滝宮神社1柱
  - 保食神
- 粟島神社1柱
  - 田道間守命
- 道祖神社1柱
  - 天宇受売命
- 北之神社1柱
  - 久久能智神
- 今伊勢神社1柱
  - 猿田彦命
- 四宮神社1柱
  - 五十猛命
- 幸神社0柱
- 北之神社0柱
- 祖霊社0柱
- 包ケ浦神社0柱
- 養父崎神社0柱

80　防府天満宮　山口県防府市松崎町14－1

神様25柱

その他の神様2柱

龍神様12柱

　黄龍2柱、赤龍2柱、朱龍4柱、青龍4柱

第 7 章　龍神様がおられる神社 100 社の神様、龍神様

● 御祭神

・御本殿 3 柱

　天照大御神、大国主命、月読命

☆龍神様 8 柱

　黄龍 1 柱、赤龍 1 柱、朱龍 3 柱、青龍 3 柱

・拝殿 3 柱

　市杵島姫命、多岐都姫命、豊受大神〔コメ〕

・愛宕社 5 柱

　豊受大神〔ヒエ〕、金毘羅神、若宇加能売命、弟橘媛命、鸕鶿草葺
　不合尊

☆龍神様 4 柱

　黄龍 1 柱、赤龍 1 柱、朱龍 1 柱、青龍 1 柱

・老松社・若松社 5 柱

　豊受大神〔アワ〕、磐長姫命、木花咲耶姫神、豊玉姫命、天羽槌雄
　命

・須賀社 5 柱

　磐鹿六雁命、大宮能売命、天穂日命、大年神、天稚彦命

・酒垂神社 4 柱

　稚日女命、久久能智神、武内宿禰、気長足姫神

81　住吉神社　山口県下関市一の宮住吉 1 - 11 - 1

神様 16 柱

その他の神様 1 柱

龍神様 4 柱

　朱龍 3 柱、青龍 1 柱

● 御祭神

・第一殿 2 柱

　吉備津彦命、金毘羅神

・第二殿 2 柱

　久久能智神、気長足姫神

・第三殿 2 柱

賀茂別雷神、饒速日命

・第四殿2柱
　　菊理媛神、迦具土神

・第五殿2柱
　　鸕鶿草葺不合尊、瓊瓊杵尊

☆龍神様4柱
　　朱龍3柱、青龍1柱

・拝殿3柱
　　彦火火出見命、金山彦命、倭迹迹日百襲姫命

・蛭子社3柱
　　底筒男命、上筒男命、玉依姫命

82　赤間神宮　山口県下関市阿弥陀寺町4－1

神様36柱
その他の神様1柱
龍神様3柱
　黄龍3柱

● 御祭神

・御本殿6柱
　　大斗乃弁神、意富斗能地神、天之御中主神、八意思兼命、天児屋根
　　命、天太玉命

☆龍神様3柱
　　黄龍3柱

・拝殿5柱
　　大禍津日神、矢乃波波木神、奥津彦命、奥津姫命、磐長姫命

・大安殿5柱
　　市杵島姫命、豊受大神〔コメ〕、天日槍命、金毘羅神、彦火火出見
　　命

・鎮守八幡宮5柱
　　天照大御神、大国主命、月読命、多紀理姫命、木花咲耶姫神

・龍宮殿5柱

第7章　龍神様がおられる神社100社の神様、龍神様

　　　天香山命、天火明命、**磐鹿六雁命**、大山祇神、久久能智神
　・大連神社5柱
　　　多岐都姫命、伊奢沙別命、野見宿禰、石凝姥命、衣通姫
　・紅石稲荷神社5柱
　　　豊受大神〔ムギ〕、稲田姫命、稚産霊神、大山咋神、**甕布都神**

83　田村神社　香川県高松市一宮町286

神様17柱
その他の神様1柱
龍神様16柱
　黄龍2柱、白龍2柱、赤龍3柱、朱龍4柱、青龍5柱
● 御祭神
・御本殿3柱
　　　天太玉命、瀬織津姫神、役行者
☆龍神様8柱
　　　黄龍1柱、白龍1柱、赤龍2柱、朱龍3柱、青龍1柱
・奥殿1柱
　　　豊受大神〔コメ〕
・拝殿1柱
　　　天穂日命
・宇都伎社1柱
　　　栲幡千千姫命
・姫の宮1柱
　　　磐鹿六雁命
☆龍神様5柱
　　　黄龍1柱、白龍1柱、赤龍1柱、朱龍1柱、青龍1柱
・一宮天満宮2柱
　　　阿遅鋤高彦根命、哭沢女神
・素婆倶羅社2柱
　　　金毘羅神、衣通姫
・弁財天2柱

気長足姫神、鸕鶿草葺不合尊
☆龍神様3柱
　　　青龍3柱
・厳島社2柱
　　　大宮能売命、野見宿禰
・稲荷社2柱
　　　大年神、迦具土神

84　久礼八幡宮　高知県高岡郡中土佐町久礼6545

神様3柱
その他の神様1柱
龍神様2柱
　　朱龍1柱、青龍1柱
● 御祭神
・御本殿3柱
　　　多紀理姫命、市杵島姫命、多岐都姫命
☆龍神様2柱
　　　朱龍1柱、青龍1柱

85　宗像大社　福岡県宗像市田島2331

神様25柱
その他の神様5柱
龍神様8柱
　　赤龍4柱、青龍4柱
● 御祭神
・御本殿3柱
　　　大斗乃弁神、須比智邇神、意富斗能地神
☆龍神様4柱
　　　赤龍4柱
・拝殿　4柱

第7章　龍神様がおられる神社100社の神様、龍神様

　　　　八意思兼命、天児屋根命、天太玉命、賀茂別雷神
　・上高宮2柱
　　　　饒速日命、倭迹迹日百襲姫命
　・済明殿2柱
　　　　猿田彦命、哭沢女神
　・祓舎2柱
　　　　建御名方神、五十猛命
　・祈願殿2柱
　　　　国之常立神、田道間守命
　・宗像祖霊社1柱
　　　　武甕槌神
　・宗像護国神社2柱
　　　　豊雲野神、保食神
　・第二宮2柱
　　　　高倉下命、迦具土神
　・第三宮2柱
　　　　弟橘媛命、宇摩志麻遅命
　・辺津宮1柱
　　　　多紀理姫命
　・中津宮1柱
　　　　市杵島姫命
　・沖津宮1柱
　　　　多岐都姫命
　☆龍神様4柱
　　　　青龍4柱

86　太宰府天満宮　福岡県太宰府市宰府4－7－1

　神様14柱
　その他の神様1柱
　龍神様10柱
　　白龍1柱、赤龍1柱、朱龍4柱、青龍4柱

●御祭神

・御本殿3柱

　　役行者、宇迦之御魂神、阿遅鋤高彦根命

☆龍神様6柱

　　朱龍3柱、青龍3柱

・老松社1柱

　　瓊瓊杵尊

・福部社1柱

　　家都御子神

・御子社1柱

　　田道間守命

・野見宿禰社1柱

　　豊受大神〔コメ〕

・天開稲荷社1柱

　　保食神

・中島神社1柱

　　五十猛命

・楓社1柱

　　賀茂別雷神

・志賀社1柱

　　思金神

★境外

・天拝山社1柱

　　武甕槌神

・榎社1柱

　　衣通姫

・安行社1柱

　　建御名方神

☆龍神様4柱

　　白龍1柱、赤龍1柱、朱龍1柱、青龍1柱

第 7 章　龍神様がおられる神社 100 社の神様、龍神様

87　鷲尾愛宕神社　福岡県福岡市西区愛宕 2 − 7 − 1

神様 16 柱
その他の神様 1 柱
龍神様 3 柱
　　白龍 1 柱、朱龍 1 柱、青龍 1 柱
● 御祭神
・御本殿 3 柱
　　素盞嗚尊、豊受大神〔イネ〕、高龗神
☆龍神様 3 柱
　　白龍 1 柱、朱龍 1 柱、青龍 1 柱
・拝殿 2 柱
　　玉祖命、石凝姥命
・太郎坊社 2 柱
　　火雷神、金山彦命
・福寿稲荷社 2 柱
　　大年神、玉依姫命
・大黒天社 2 柱
　　天太玉命、天稚彦命
・弁財天社 2 柱
　　天穂日命、甕布都神
・宇賀神社 3 柱
　　八意思兼命、天児屋根命、久久能智神

88　愛宕神社　佐賀県佐賀市呉服元町 7 − 26

神様 10 柱
その他の神 1 柱
龍神様 2 柱
　　青龍 2 柱
● 御祭神
・御本殿 5 柱
　　家都御子神、熊野夫須美神、熊野速玉男神、稲田姫命、稚産霊神

356

☆龍神様2柱

　　青龍2柱

・拝殿3柱

　　豊玉姫命、弟橘媛命、天稚彦命

・森稲荷社2柱

　　哭沢女神、迦具土神

89　住吉神社　長崎県壱岐市芦辺町住吉東触470－1

神様7柱

その他の神様1柱

龍神様10柱

　　白龍3柱、赤龍2柱、朱龍3柱、青龍2柱

● 御祭神

・御本殿2柱

　　素盞鳴尊、豊受大神〔イネ〕

☆龍神様10柱

　　白龍3柱、赤龍2柱、朱龍3柱、青龍2柱

・拝殿3柱

　　家都御子神、熊野夫須美神、鸕鶿草葺不合尊

・竹生島神社2柱

　　久久能智神、気長足姫神

90　本渡諏訪神社　熊本県天草市諏訪町8－3

神様12柱

その他の神様1柱

龍神様9柱

　　白龍1柱、赤龍2柱、朱龍3柱、青龍3柱

● 御祭神

・御本殿2柱

　　稚産霊神、菊理媛神

第7章　龍神様がおられる神社100社の神様、龍神様

　　☆龍神様5柱
　　　　白龍1柱、赤龍2柱、朱龍1柱、青龍1柱
　　・拝殿2柱
　　　　天穂日命、大年神
　　・恵比須神社2柱
　　　　磐鹿六雁命、弟橘媛命
　　・御霊神社2柱
　　　　豊受大神〔ヒエ〕、大宜都比売神
　　☆龍神様2柱
　　　　朱龍1柱、青龍1柱
　　・四基の神祠2柱
　　　　玉祖命、哭沢女神
　　・十五社神社2柱
　　　　大山祇神、玉依姫命
　　☆龍神様2柱
　　　　朱龍1柱、青龍1柱

91　宇佐神宮　大分県宇佐市南宇佐2859

神様46柱
その他の神様1柱
龍神様13柱
　赤龍2柱、朱龍6柱、青龍5柱
　●御祭神
　・一之御殿3柱
　　　素盞嗚尊、豊受大神〔イネ〕、高龗神
　☆龍神様3柱
　　　赤龍1柱、朱龍1柱、青龍1柱
　・二之御殿3柱
　　　多紀理姫命、市杵島姫命、多岐都姫命
　・三之御殿3柱
　　　神産巣日神、賀茂別雷神、神大市姫命

・八子神社3柱
　　饒速日命、猿田彦命、五十猛命
・春日神社3柱
　　柿本人麿、天穂日命、大年神
・北辰神社3柱
　　稲田姫命、天宇受売命、甕布都神
・住吉神社2柱
　　稚産霊神、若宇加能売命
☆龍神様3柱
　　朱龍1柱、青龍2柱
・祈祷殿2柱
　　大綿津見神、鹿屋野姫神
・亀山神社2柱
　　豊玉姫命、迦具土神
・若宮神社2柱
　　熊野速玉男神、天石門別命
・下宮2柱
　　少彦名命、伊奢沙別命
・祓所2柱
　　豊受大神〔コメ〕、気長足姫神
☆龍神様2柱
　　朱龍1柱、青龍1柱
・春宮神社2柱
　　石凝姥命、思金神
・八坂神社2柱
　　久久能智神、宇摩志麻遅命
・黒男神社2柱
　　天之御中主神、大宜都比売神
・木匠祖神社2柱
　　大綿津見神、金精神
・頓宮2柱
　　阿遅鋤高彦根命、衣通姫

第7章　龍神様がおられる神社100社の神様、龍神様

・水分神社2柱
　　家都御子神、熊野夫須美神
・護皇神社2柱
　　彦火火出見命、野見宿禰
・大尾神社2柱
　　豊受大神〔ムギ〕、豊受大神〔ヒエ〕
☆龍神様5柱
　　赤龍1柱、朱龍3柱、青龍1柱

92　臼杵護国神社　大分県臼杵市大字臼杵7582

神様4柱
その他の神様1柱
龍神様17柱
　黒龍4柱、赤龍13柱
● 御祭神
・御本殿2柱
　　豊受大神〔ムギ〕、豊受大神〔コメ〕、
☆龍神様17柱
　　黒龍4柱、赤龍13柱
・拝殿2柱
　　大屋都姫命、甕布都神

93　天岩戸神社　東本宮　宮崎県西臼杵郡高千穂町岩戸1073－1

神様5柱
その他の神様1柱
龍神様4柱
　黒龍1柱、朱龍2柱、青龍1柱
● 御祭神
・御本殿2柱
　　国之常立神、菊理媛神

360

☆龍神様4柱
　　黒龍1柱、朱龍2柱、青龍1柱
・拝殿3柱
　　磐長姫命、木花咲耶姫神、天手力男命

94　白鬚神社　宮崎県児湯郡川南町川南1987

神様18柱
その他の神様1柱
龍神様7柱
　　白龍1柱、赤龍1柱、朱龍2柱、青龍3柱
● 御祭神
・御本殿3柱
　　素盞嗚尊、豊受大神〔イネ〕、高龗神
☆龍神様5柱
　　白龍1柱、朱龍2柱、青龍2柱
・拝殿0柱
・荒神社2柱
　　五十猛命、野見宿禰
・大黒社2柱
　　保食神、金精神
・恵比寿社1柱
　　高倉下命
・水神社1柱
　　田道間守命
・稲荷社1柱
　　石凝姥命
・山神社2柱
　　思金神、衣通姫
・浦島社1柱
　　迦具土神
・畜鎮魂社5柱

第7章　龍神様がおられる神社100社の神様、龍神様

　　　天穂日命、大年神、彦火火出見命、甕布都神、倭迹迹日百襲姫命
　☆龍神様2柱
　　　赤龍1柱、青龍1柱

95　宮崎神宮　宮崎県宮崎市神宮2－4－1

　神様17柱
　その他の神様5柱
　龍神様10柱
　　　赤龍3柱、朱龍1柱、青龍6柱
　●御祭神
　・御本殿3柱
　　　素盞嗚尊、豊受大神〔イネ〕、高龗神
　☆龍神様7柱
　　　赤龍3柱、朱龍1柱、青龍3柱
　・拝殿0柱
　・祈祷殿3柱
　　　野見宿禰、石凝姥命、哭沢女神
　・皇宮神社2柱
　　　甕布都神、金精神
　・五所稲荷神社3柱
　　　天穂日命、大年神、彦火火出見命
　・護国神社6柱
　　　饒速日命、猿田彦命、天宇受売命、五十猛命、保食神、田道間守命
　☆龍神様3柱
　　　青龍3柱

96　霧島神宮　鹿児島県霧島市霧島田口2608－5

　神様24柱
　その他の神様1柱
　龍神様2柱

362

青龍2柱
●御祭神
・御本殿3柱
　　須比智邇神、高御産巣日神、役行者
☆龍神様2柱
　　青龍2柱
・拝殿3柱
　　素盞嗚尊、豊受大神〔イネ〕、高龗神
・税所神社3柱
　　市杵島姫命、豊受大神〔コメ〕、稚日女命
・新神楽殿3柱
　　多紀理姫命、天日槍命、天香山命
・山神社3柱
　　熊野速玉男神、月読命、豊受大神〔ムギ〕
・御座所3柱
　　家都御子神、熊野夫須美神、多岐都姫命
・鎮守神社3柱
　　稲田姫命、稚産霊神、磐鹿六雁命
・若宮神社3柱
　　金毘羅神、伊奢沙別命、天手力男命

97　有盛神社　鹿児島県奄美市名瀬浦上町43

神様　3柱
その他の神様1柱
龍神様7柱
　　黄龍3柱、赤龍1柱、青龍3柱
●御祭神
・御本殿3柱
　　素盞嗚尊、豊受大神〔イネ〕、高龗神
☆龍神様7柱
　　黄龍3柱、赤龍1柱、青龍3柱

第7章　龍神様がおられる神社100社の神様、龍神様

98　砂川神社　沖縄県宮古島市城辺砂川

神様3柱

その他の神様1柱

龍神様6柱

　　黄龍1柱、白龍1柱、赤龍1柱、朱龍1柱、青龍2柱

● 御祭神

・御本殿3柱

　　八意思兼命、天児屋根命、熱田神

☆龍神様6柱

　　黄龍1柱、白龍1柱、赤龍1柱、朱龍1柱、青龍2柱

99　世持神社　沖縄県那覇市若狭1－25－11

神様3柱

その他の神様1柱

龍神様5柱

　　赤龍1柱、朱龍2柱、青龍2柱

● 御祭神

・御本殿3柱

　　天御柱命、国御柱命、豊受大神〔アワ〕

☆龍神様5柱

　　赤龍1柱、朱龍2柱、青龍2柱

100　浮島神社　沖縄県那覇市若狭1－25－11

神様4柱

その他の神様11柱

龍神様3柱

　　赤龍1柱、朱龍1柱、青龍1柱

● 御祭神

・御本殿4柱

　　賀茂別雷神、吉備津彦命、神大市姫命、柿本人麿

364

☆龍神様3柱
　　赤龍1柱、朱龍1柱、青龍1柱

　このように、全ての日本人は、神様の分け御霊をいただいて多くの神様に守られて生きております。日本人に生まれてきたことへの感謝の心と誇りを持ち、氏神神社、神社にお参りしていただければ、神様も喜ばれることと思います。
　神社に参拝するときは、常に守ってくださっている氏神様からお参りするのが基本です。そのため、私が正式にお参りするときには、まず氏神様にご挨拶してから、行きたい神社にお参りするようにしています。活代神様もそのようにしてほしいと言っておられますので、皆様も正式に神社にお参りするときには、氏神神社からお参りしていただければ嬉しく思います。

あとがき

あとがき

大切な天命に生きる

　素盞嗚尊様には、私が12歳だった年の12月27日4時37分に景行天皇の
ことを、14歳だった年の11月28日14時08分に文武天皇のことを教えて
いただきましたが、今回大切な天命を全て思い出せたおかげで、このお2
人の天皇が私の天命と深く関わりがあるということが、ようやく分かりま
した。

　景行天皇（83歳の生涯で18歳から53歳の間に）と八坂入媛命（須比智
邇神様の魂で天照大御神の神様が入られていた）との間に、23人の子供
がおり、文武天皇と藤原宮子（角杙神様の魂で高龗神の神様が入られてい
た）との間に、3人の子供がおり、その子供たち、孫たちが私の天命に深
く関わっていることを知りました。そして、私が子供の頃に何度か見せて
いただいていた、「2柱（活杙神様と角杙神様）で力を合わせてお前たち
の子孫を助けてやれ、お前たちの過去世の子供や孫たちなのだから」と天
界で創造主様から言われていたビジョンの意味もようやく全て理解できま
した。そして、Mさんとは、活杙神様と角杙神様のとき、文武天皇と藤
原宮子のときにツインレイの統合が行われており、今回が3回目の統合だ
とも分かることができ、大切な天命を遂行するために生きていきたいとワ
クワクしております。

　その大切な天命を遂行するために活杙神様は、私の1番最初の先祖（素
盞嗚尊様と高龗神様の32人の子供のうちの長男）にも素盞嗚尊様を神様
として入れられました。私は104代目になるのですが、私の先祖の101代
目までの奇数の先祖51回の全てに、素盞嗚尊様を神様として入れていた
だき（私の過去世の全てに素盞嗚尊様が神様として入られていましたの
で、そのときは分身で神様として2柱になって入られていた）、2代目から
102代目の祖父までの偶数の先祖51回の全てに八意思兼命様を分け御霊で
入れていただき、8回名字を変えながら計画通りにきたと教えていただき
ました。

私の先祖で39代目の長男が大神（おおみわ）神社の血筋になり、それまで名字の変更は2回ありましたが、そのときに三輪という名字に3回目の変更が行われ、39代から42代まで三輪となりました。

　43代目は次男として生まれ、そこから4回目の名字に変更したと教えていただきました。39代目の次男は須佐神社の血筋になり、そこから須佐という名字で素盞嗚尊様の血筋を引き継いでいるとも教えていただきました。

　私の先祖の中で有名な方には、66代目の先祖の日蓮聖人様、83代目の先祖の織田信長様がおり、織田信長様の長男が6回目の名字変更をしたとも教えていただきました（このことは歴史の本には載っていないそうです）。織田信長様は奇数の先祖ですので、素盞嗚尊様が神様として入られていたとも教えていただきました。

　歴史の本では、織田信長様は本能寺の変で明智光秀様に殺されたことになっていますが、織田信長様は天命を全うし、寿命で亡くなられたと教えていただきました。明智光秀様は最後まで織田信長様に尽くしており、殺してはいないそうです。織田信長様も明智光秀様も本当に良い人だったのに、歴史が書き換えられて悪者にされたのだと教えていただきました。

　さらに、活代神様との統合に万全を期すために、私の曽祖父と祖父と父を16の筋から1の筋に、私の曽祖母と祖母は16の筋で変わらず、私の母方の祖母を16の筋から15の筋に、私の母を16の筋から3の筋に、ツインレイの祖父と父を16の筋から2の筋に、ツインレイの祖母とツインレイの母方の祖母は16の筋で変わらず、ツインレイの母を16の筋から4の筋にしてくれていたとも教えていただきました。

　そして、103代目の父には天照大御神様の分け御霊が入られ（1回目の過去世から4回目の過去世には天忍穂耳命様の分け御霊が入られていた）、母は大斗乃弁様の魂を持ち、豊受大神様〔イネ〕の神様が入られました（1回目の過去世から6回目の過去世には天御柱命様が神様として入られていた）。

あとがき

　さらに、活代神様との統合をしやすくするために、私の兄に角代神様の分け御霊が特別に入られ（1回目の過去世から4回目の過去世には彦火火出見命様の分け御霊が入られていた）、あえて次男で誕生させた私に素盞嗚尊様の神様が入られたと教えていただきました。

　天界で結婚する人を決めて生まれる人は7％で、そのうち、結婚できる人は0.04％しかいないそうですが、私の先祖の曽祖父、曽祖母、祖父、祖母、父、母、ツインレイの先祖の祖父、祖母、父、母はその0.04％だとも教えていただきました。

　さらに、生まれたときから私の身体には、活代神様、角代神様、地球を守っている全ての神様（17,100柱）と大日如来様、阿弥陀如来様、薬師如来様、毘盧舎那仏如来様、天人丈夫観音菩薩様、大梵深遠観音菩薩様、不動明王様、六字明王様の仏様8柱がついてくれていたと教えていただきました。そして、途中から釈迦如来様、聖天様も私の身体についてくれていたと教えていただきました。
　大切な天命をやり遂げるために、万全の準備をして常に導いて守ってくれていたことがよく分かり、感謝の気持ちでいっぱいになりました。

　私は生まれつき神様の御霊が見えるのですが、昔から目の前で米粒くらいの御霊（神様の分身で1〜2％の割合でついてくれているため）がかなりの数で光って見えていました。その御霊が、私を守ってくれていた神様だったのだとよく分かりました（仏様の御霊は光らず色のみで見えます）。
　最近は少しだけエネルギーが上がったので（といっても、まだ4.2％ですが）、2柱の金龍様とよく一緒におられる、私の顔より大きい緑と赤の御霊が、活代神様と角代神様だと分かるようになりました。御霊の大きさは神様の1万倍以上の大きさだと教えていただきました。また、その金龍様2柱は、私の家によくおられて見守ってくれているとも教えていただきました。

　私は、今（2022年11月7日現在）はまだ4.2％の力しか出せていませんが、私が68歳になるまでに100％の能力を出せるようになると教えてい

ただきました。しかし、この能力はすんなり上がらないようです。32あるDNAのスイッチが3つしかONになっていないため、まだ予定の1/5も戻っていないらしいのです。ここまで能力が戻っていないのは想定外のことだと教えていただきました。

　能力が想定以上に大きく不足しているのは、私が能力を全て剥ぎ取って生まれたことにより、13歳からメンタルブロックができたことで、日々平凡に生きてきたツケが回ってきたからかも知れません。天命を思い出すのは予定より早かったのですが、能力が大きく不足しているので日々の訓練がかなり必要だと教えていただきました。

　そのように言われてショックを受けたのと、大切な天命をやり遂げなければならないという責任とプレッシャーで体調を少し崩してしまいました。しかし、能力を全て剥ぎ取らずに生まれていたら舞い上がってしまい、活朳神様との統合ができなかったかも知れないと思うと、私自身はこれで良かったと前向きに考えております。

　私自身、本当に多くの神様たちに守られて育ったことや、絶対にやり遂げなければならない天命があるということが、よく分かりました。

　私は人間の身体をしていますので、統合しても統合する前の活朳神様の力の1/100,000の力も出せないそうですが、宇宙の決まりである神様が力を貸せない部分の地球を守るための天命を授かって生まれてきました。

　私の能力は、ある時期が来るまでゼロで示されるように守ってくれているそうです。活朳神様に「目立つな、表には出るな」と言われているので、ある時期が来るまで表に出ないようにしています。

　私は実家に戻ったあとに能力が戻りましたが、活朳神様に目立たないようにと言われているために、第3章で触れたH先生にはいまだに挨拶もできておらず失礼しています。大変申し訳ございません。ある時期が来て表に出られるようになりましたら、恩返しがしたいと思っております。

　私が自分の天命を全てやり遂げるには、私の魂の片割れである角朳神様

の魂を持ち、高龗神様が身体に入られている私の一番大切な人であるＭさんとの統合（ツインレイとの統合は、7組目になるそうです）を絶対に果たさなければなりません。

それを達成させ、真の愛を学び、そして、運命の人（過去世の子供や孫）を助け、地球を5次元に上げる礎を創るために私たちは生まれてきました。それが私たちの天命であり使命です。

そのために、眠っている力を解放できるように2人で力を合わせて能力を出し切れるように訓練に励み、絶対的な力で地球を守り、全力を尽くして大切な天命をやり遂げたいと思っています。そして、上の上の世界に統合した状態で戻ると心に誓っております。

ここまで、この本を読んでくださった皆様は、なぜ神様の子である日本人なのに、争いがあり、悪い人がたくさんいるのか疑問に思われると思います。私もそのように思いましたのでお伝えしたいと思います。

活杙神様は、良い人ばかりになると魂が成長に繋がらないので、5から100の数字で人間の魂を数値化されました。50以上が活杙神様から見て魂が高い人（良い人）になります。数字が低い人ほど魂が低い人（悪い人）になっております。

5 ～ 10が1％、
11 ～ 20が3％、
21 ～ 30が6％、
31 ～ 40が9％、
41 ～ 50が33％、
51 ～ 60が31％、
61 ～ 70が9％、
71 ～ 80が5％、
81 ～ 90が2％、
91 ～ 100が1％です。

5 ～ 50が52％で、活杙神様から見て魂が低い人（悪い人）のほうが多く生まれてきています。

私は、活杙神様のおかげで、生まれてきたときの数字がどのように変化

したのかが分かります。

　生まれてきたときに72で、その後が98まで上がった人もいました。また、生まれてきたときに28だったのに1まで下がった人もいました。その人からは、2019年11月27日に分け御霊が出ていかれました。その人は故意に人の魂を傷つけたので出ていかれたと教えていただきました。0になると死ぬとも教えていただきました。

　この数字は、なかなか変わりません。84%以上の人は生まれてから一度も変化していません。良い方向に変化するためには、自分自身の天命、使命に向けて行動すれば魂の成長は早くなります。しかし、自分自身の天命、使命が分からない人は、自分自身で決めた目標に取り組んでみてください。魂は必ず成長します。

　日本人は、外国人より高い目標に向かっていく気持ちや成長しようとする心が112%高く誕生していると教えていただきました。しかし、神様と違い万能でなく、魂の修行のために生まれてきたので、たくさんの試練を与えられます。もちろん神様の魂をもった人も修行のために生まれてきております。その中でも数値が低い人は悪いほうへと引っ張られやすいので、特に自分自身の天命、使命に向けて行動することが大切になります。良い行いをすれば来世が変わります。因果応報は必ずありますので、日本人に生まれたことに感謝し、魂の成長に取り組んでいただければ嬉しいです。

地球の未来

　未来に関しても波動の変動があり、確実ではありませんが、私は神様のおかげで（私の力ではありません）未来も見えるようになりました。

　活杙神様からは、2009年11月7日から始まったアセンションは2030年3月31日に完了すると教えていただきました。アセンションが完了すると、エネルギーの波動が変わります。現在も少しずつ変わっていっていますが、私たちが良い行いをすれば波動はどんどん良くなり、悪い行いをすればどんどん悪くなっていくため、5次元に移行する前には、日本人を含

あとがき

め地球上の人間は、最悪の場合、この世にいられなくなります。行いの良し悪しでかなりの差ができていきますので、気を付けていただきたいと思います。

　活代神様が地球に来られたときから、このままでは地球の生命が滅びることが目に見えていたので、素晴らしい星である地球を残すために3,022年前に日本人を誕生させ、私を誕生させました。
　そして、今後の日本を守るために私たちの息子に宇摩志阿斯訶備比古遅神様が初めて人間の身体に神様として入られ、私たちの娘に大国主命様が初めて人間の身体に神様として入られ、今から56年後の2078年11月7日20時15分42秒（11月7日は私たちが住んでいる宇宙の誕生の日）から17日間かけて、地球を優先的に5次元に切り換えてくれることになりました。

　地球が5次元になった世界とはどのような世界なのかについては、ここでは詳しくは書けませんが、次の3項目のみ伝えるように言われましたので書かせていただきます。
　①他の星には行けなくなる。
　②人間の根源の地域にしか住めなくなり、他の地域に住んでる方々も強
　　制的に自分の根源の地域に移動させられることになる。
　③日本には純日本人しか住めなくなる。
　この3項目です。

　神様と龍神様は5次元にいますのでそのままですが、3次元にいる善良な宇宙人246柱、仏様、人間から上を目指されている方、菩薩界、地上の人間を含む全ての哺乳類は全て5次元に移行します。

　地球が5次元になると、今から約116年後の2138年10月5日に宇摩志阿斯訶備比古遅神様が初めて神様の世界から神様の上の世界に上がると教えていただきました。
　なお、6億年以上かけることで150年前（西暦1872年）の地球に戻せるそうですが、それが限界のようです。

372

また、地球が5次元になった時点では、人間の身体に入っている神様は
そのままですが、神様の分け御霊は全て出ていかれるそうです。そして、
神様誕生に携わった124柱の神様は全て、次に5次元に上げる星に移動に
なり、地球を守っている神様は1,670柱になり、そのうち、日本は1,000
柱になると教えていただきました。

　そして、188年後の2210年から40年かけて活杙神様と角杙神様から長
女、次女、長男、次男の順番に4柱の神様を誕生させます。そして、宇摩
志阿斯訶備比古遅神様の代わりにこの4柱が神様のピラミッドの1段にな
ります。No.1が長女、No.2が次女、No.3が長男、No.4が次男になると教
えていただきました。
　宇摩志阿斯訶備比古遅神様が神様の上の世界に上がりトップ不在の間
は、大斗乃弁神様が2段のトップと1段のトップを兼任すると教えていた
だきました。
　さらに、活杙神様と宇摩志阿斯訶備比古遅神の長女の神様が、地球と日
本のトップになると教えていただきました。エネルギーが26,134の神様
です。

　あと、52億3,224年前からある3次元の善良な宇宙人の世界と海の中、
またその他の3次元の宇宙人は3次元のままだとも教えていただきまし
た。

　私のように地球を5次元に上げる礎を創るために生まれてきたスター
シードと言われている人間は、地球に241,445人いると教えていただきま
した。
　そのうち、日本人が50,545人（スターシードのみが263人、インディゴ
チルドレンが47,986人、クリスタルチルドレンが2,033人、レインボーチ
ルドレンが263人）です。スターシードの63％は女性だとも教えていただ
きました。
　そのうち、日本人で、現在（2022年11月7日現在）天命、使命に気が
付いているのは、141人（インディゴチルドレンが140人、クリスタルチ

あとがき

ルドレンが1人）で、あとの方々は気が付かずに生きているそうです。

2075年11月7日までに、全てのスターシードが自分の天命、使命に気が付くようにしていると言われています。

最後になりましたが、神様たちは、私たち一人ひとりに自分の天命、使命に気が付いて生きてほしいという強い願いを持っておられます。この本を読んでくださった皆様が、2075年11月7日より少しでも早く神様たちの想いに気が付き、日本人に生まれてきたことへの感謝の心と誇りを持って生きてほしいと思います。そして、地球は、世界は変わると心に刻み、一人ひとりが行動していかれることを願っています。そうすれば未来は必ず変わっていきます。神様に守られている日本人の力で地球を、世界を変えていきましょう。

この本が、ご自分の天命、使命に気が付かれるきっかけになり、皆様と一緒に地球を5次元に上げる礎を創ることができれば嬉しいです。ありがとうございます。

2022年11月7日 吉日
伊原 聖麿

〈著者紹介〉

伊原 聖麿（いはら しょうま）

幼い頃より霊能力があり、神様からのお言葉やビジョンを受け取り育ちました。そして、2016年5月25日に、この宇宙の神様を創世した神様の上の存在である11次元の活杙神様（イクダイノカミサマ）が、私の身体に入られてから霊能力が飛躍的に開眼。

2022年4月8日に、自身の天命を全て理解し、5次元になった後の地球を守る仕組みづくりをするためには、能力がぜんぜん足りていないこと、そして、活杙神様の力を発揮するには、かなりの修行が必要だと分かり、現在は、五黄殺という一番悪い方位に出向き、エネルギーがプラス30の土地でわざと不規則な生活を行い修行しております。

全ての日本人は神様108柱から
分け御霊をいただいている
― 全解説‼　宇宙誕生から日本人誕生までの本当の歴史

2024年11月7日　第1刷発行

著　者　　伊原聖麿
発行人　　久保田貴幸

発行元　　株式会社 幻冬舎メディアコンサルティング
　　　　　〒151-0051　東京都渋谷区千駄ヶ谷4-9-7
　　　　　電話　03-5411-6440（編集）

発売元　　株式会社 幻冬舎
　　　　　〒151-0051　東京都渋谷区千駄ヶ谷4-9-7
　　　　　電話　03-5411-6222（営業）

印刷・製本　中央精版印刷株式会社
装　丁　　弓田和則

検印廃止
©SHOMA IHARA, GENTOSHA MEDIA CONSULTING 2024
Printed in Japan
ISBN 978-4-344-69060-8 C0095
幻冬舎メディアコンサルティングＨＰ
https://www.gentosha-mc.com/

※落丁本、乱丁本は購入書店を明記のうえ、小社宛にお送りください。
送料小社負担にてお取替えいたします。
※本書の一部あるいは全部を、著作者の承諾を得ずに無断で複写・複製することは
禁じられています。
定価はカバーに表示してあります。